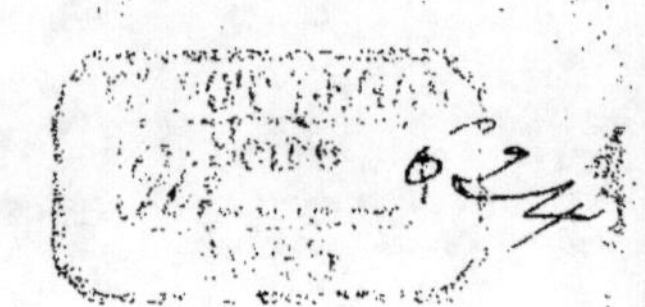

LA ROUTE DE LA VICTOIRE

Au Poilu français

Vainqueur de la Grande Guerre

Je dédie ce petit livre.

A. L.

«... Que des hommes ayant reculé pendant
dix jours, que des hommes couchés par terre,
à demi morts de fatigue, puissent reprendre le
fusil et attaquer au son du clairon, c'est là une
chose avec laquelle nous n'avons jamais appris
à compter; c'est là une possibilité dont il n'a
jamais été question dans nos écoles de guerre...»

VON KLUCK. *(Mémoires.)*

A. LOMONT

INSPECTEUR DE L'ENSEIGNEMENT PRIMAIRE
MEMBRE DU CONSEIL SUPÉRIEUR DE L'INSTRUCTION PUBLIQUE
CHEF DE BATAILLON DE RÉSERVE
CHEVALIER DE LA LÉGION D'HONNEUR
CROIX DE GUERRE

LA ROUTE DE LA VICTOIRE

HISTOIRE DE LA GRANDE GUERRE

Août 1914 — Novembre 1918

Préface de PAUL PAINLEVÉ

MEMBRE DE L'INSTITUT
ANCIEN PRÉSIDENT DU CONSEIL
ANCIEN MINISTRE DE LA GUERRE

LIBRAIRIE GEDALGE

PARIS

PRÉFACE

de M. Paul PAINLEVÉ,

MEMBRE DE L'INSTITUT,
ANCIEN PRÉSIDENT DU CONSEIL, ANCIEN MINISTRE DE LA GUERRE.

Les événements qui se sont déroulés entre l'été de 1914 et l'hiver de 1919 constituent la période la plus grandiose et la plus tragique de l'histoire humaine. C'est la France qui a été le protagoniste central de l'immense drame ; c'est son peuple de citoyens qui a été l'indomptable artisan de la victoire, le peuple en armes dans les tranchées d'abord, et aussi le peuple au travail, vieillards, femmes et enfants, peuple des champs et des usines.

Pourtant, de cette histoire héroïque qu'elle a pétrie de sa chair et de son sang, la nation ne sait rien encore, du moins rien d'exact, de général et de précis. Ceux de l'arrière n'ont eu pour se renseigner que le communiqué quotidien, à travers lequel les nécessités militaires ne laissaient transparaître la vérité qu'après de longs retards, et combien élaborée, affaiblie, édulcorée !

Ceux de l'avant, aux heures meurtrières où ils étaient acteurs, voyaient bien se dérouler sous leurs yeux une phase imperceptible de la tragédie sans limite ; ils bondissaient sous un pan minuscule de la muraille de feu qu'ils savaient exister des Vosges jusqu'à la mer ; mais quand paraissait le récit de la bataille dont ils étaient, ils avaient peine à reconnaître leur emplacement et leur rôle dans la synthèse officielle : sur l'ensemble de leur secteur même, ils ne savaient rien que les bruits fabuleux circulant, de-ci de-là, au lendemain des grands chocs.

Et puis, pour tous, pour ceux du front comme pour les autres, chaque événement nouveau chassait le souvenir de l'événement de la veille. C'est ce qui explique que l'histoire de la grande guerre demeure si vague et si incertaine chez les soldats mêmes qui l'ont faite, chez la nation qui l'a supportée.

Depuis que la paix est venue, les ouvrages ne manquent pas qui ont prétendu apporter la lumière sur les phases essentielles de la lutte mondiale. Mais ces ouvrages, à part de très rares exceptions, sont écrits ou inspirés par des chefs désireux de plaider leur cause ou de vanter leur génie et leurs services, et le jugement le plus indulgent qu'on puisse porter sur la plupart, c'est qu'ils font bon marché des faits, des ordres, des dates, et qu'ils obscurcissent ce qu'ils prétendaient éclairer. Quant aux ouvrages de vulgarisation, aux livres destinés à l'enseignement, ils sont presque tous inspirés de l'esprit le plus tendancieux : à les croire, la guerre n'aurait été si longue et si coûteuse qu'à cause du régime républicain ; sans lui, nos chefs militaires auraient vaincu vite et à peu de frais.

Il est utile que la vérité s'oppose à ces légendes accumulées. Le livre qu'on va lire est un livre de bonne foi, qui reproduit avec exactitude et simplicité l'enchaînement des événements de la guerre et remet choses et hommes en place en laissant parler les faits et les dates. L'auteur est un de ces nombreux membres du corps enseignant qui ont payé héroïquement de leur personne et donné l'exemple infatigable du sacrifice. Patriote de tous temps, il a estimé qu'il faisait simplement son devoir durant la guerre. En publiant ce livre, il fait son devoir durant la paix.

Inspecteur de l'enseignement primaire, membre du Conseil supérieur de l'Instruction publique, il a su écrire en historien et en éducateur. Aucune trace de polémique dans son récit ; pas un mot qui puisse blesser ; pas une ligne qu'on puisse contester.

J'ai plaisir à saluer avec une haute estime cette œuvre loyale d'un de nos maîtres, d'un honnête homme et d'un combattant.

PAUL PAINLEVÉ,
Membre de l'Institut,
Ancien Président du Conseil,
Ancien Ministre de la Guerre.

PREMIÈRE PARTIE

LES ORIGINES LOINTAINES DE LA GUERRE
LES CAUSES IMMÉDIATES
LE PRÉTEXTE

—

CHAPITRE PREMIER

L'ALLEMAGNE A VOULU LA GUERRE

Histoire sommaire de la Prusse. — L'Empire allemand. — Le rêve de Guillaume II et des Pangermanistes. — La force allemande. — L'âme allemande. — La France voulait la paix : provocations de l'Allemagne, ses préparatifs. — Le prétexte de la guerre. — La déclaration de guerre. — Les mécomptes de l'Allemagne. — Le plan allemand. — La méthode allemande.

La guerre de 1914 a été voulue par l'Allemagne dirigée par la Prusse. Pour bien comprendre qu'elle est le résultat de la politique pratiquée par la Prusse depuis ses origines, par l'Empire allemand depuis 1870, il est nécessaire de jeter un rapide coup d'œil en arrière.

HISTOIRE SOMMAIRE DE LA PRUSSE

Les origines de la Prusse. La monarchie prussienne, constituée à l'origine par la marche de Brandebourg et le duché de Prusse, pays bien distincts et sans lien entre eux, ne correspondait nullement à une nationalité dont la communauté de race et d'aspirations politiques pouvait agglomérer les éléments.

Ce n'est qu'en 1618 que Prusse et Brandebourg furent réunis sous l'administration commune d'un descendant de Frédéric

Hohenzollern, burgrave de Nuremberg, qui, en 1417, avait reçu le margraviat de Brandebourg de l'empereur d'Autriche.

La Prusse au XVIIIe siècle. Trois souverains, Frédéric-Guillaume, dit le Grand Électeur (1644-1688), Frédéric-Guillaume Ier, dit le Roi Sergent (1713-1740) et Frédéric II le Grand (1750-1786), travaillèrent à souder les deux tronçons primitifs de l'État prussien et à en augmenter la puissance par des acquisitions territoriales faites sans scrupule au détriment des États voisins, Suède, Pologne, Autriche. Une armée solide, une administration fortement centralisée, tinrent lieu tout d'abord d'unité nationale.

Napoléon Ier et la Prusse : Iéna (1806). Sous des rois moins habiles, une période de décadence et de fautes conduisit la Prusse à la défaite de Valmy (1792), puis au désastre d'Iéna (1806), suivi du traité de Tilsit par lequel Napoléon Ier enlève à la Prusse la moitié de son territoire, toutes ses possessions à l'ouest de l'Elbe et la plus grande partie de ses acquisitions polonaises.

Sept ans plus tard, la Prusse qui, silencieusement, s'était préparée à la revanche par des réformes sociales et la réorganisation de son armée, prenait la tête de la coalition contre la France. Avec ses alliés, victorieuse de Napoléon Ier à Leipzig et à Waterloo, elle voyait à nouveau son unité territoriale réalisée au Congrès de Vienne, prenant pied en outre sur le Rhin et dans la Saxe.

Des difficultés intérieures arrêtent la Prusse dans son œuvre d'expansion territoriale et d'unification.

Guillaume Ier et Bismarck. Guillaume Ier la reprend dès son avènement (1861) et avec son ministre Bismarck, malgré le Parlement qui pendant trois ans refuse de voter le budget, il s'attache tout d'abord à réorganiser l'armée.

Aussitôt prêt, il pense à se servir de l'outil qu'il a forgé. En 1864, avec la complicité de l'Autriche, il enlève au Danemark les duchés du Slesvig et du Holstein.

La guerre contre l'Autriche (1866). En 1866, il se retourne contre l'Autriche et la bat à Sadowa. L'empereur d'Autriche est dépouillé de son titre de président de la Confédération germanique, la Confédération de l'Allemagne du Nord est formée sous la direction du roi de Prusse et des traités d'alliance sont conclus entre la Prusse et les États de l'Allemagne du Sud.

La guerre contre la France (1870-1871). L'unité allemande. Napoléon III n'avait pas su s'opposer à cette première tentative pour l'unification de l'Allemagne. La France devait bientôt en supporter les conséquences.

Isolée, mal organisée au point de vue militaire, elle tomba dans le piège que lui tendait Bismarck. Ce fut la guerre de 1870-71 et la défaite.

Les États du Sud entrèrent dans la Confédération qui devint le nouvel Empire allemand et, le 18 janvier 1871, Guillaume Ier fut couronné empereur dans le château de Versailles.

Le traité de Francfort (10 mai 1871), en les arrachant à la France, ajoutait aux territoires allemands l'Alsace et une partie de la Lorraine.

Ainsi, après deux siècles de luttes, se trouvait réalisée la pensée des grands rois de la Prusse : autour du noyau prussien, constitution d'un puissant Empire germanique.

L'EMPIRE ALLEMAND

L'Autriche abaissée et sans force après Sadowa; la France amputée de deux riches provinces et saignée par le payement d'une contribution de guerre de 5 milliards, il semblait que désormais aucune puissance ne pourrait s'opposer à la force allemande.

Le relèvement de la France. Cependant le relèvement rapide de la France, qui s'acquitta de sa dette avant le délai fixé et qui, aussitôt après la défaite, reconstitua son armée et se mit résolument au travail, inquiéta Guillaume Ier. D'accord avec Bismarck, sans l'intervention de l'Angleterre et de la Russie, il aurait, dès 1875, repris les armes pour abattre définitivement la France. N'osant tenter l'aventure, il travailla à consolider ses conquêtes et se tint prêt à les défendre en constituant une armée sans cesse renforcée.

Politique de Bismarck : la Triple Alliance (1887). — Guillaume Ier et Bismarck, après avoir réalisé l'unité allemande, ne perdaient pas de vue leur but plus ambitieux : dominer l'Europe, puis le monde, par la maîtrise des mers et la conquête de colonies ; mais, prudents pour ne pas compromettre leur œuvre, ils poursuivirent une politique pacifique, se contentant de développer au maximum les forces militaires et économiques de l'Allemagne et cherchant des alliés pour se protéger contre une revanche possible des Français. De cette préoccupation est née, en 1887, la Triple Alliance conclue avec l'Autriche et l'Italie.

Guillaume II. — Guillaume II, qui monta sur le trône allemand en 1888, avec les mêmes ambitions, continua tout d'abord la même politique. Jaloux de ses prérogatives de souverain, voulant gouverner lui-même et se réserver toute la gloire des conquêtes matérielles et morales qu'il rêvait pour l'Allemagne, il se sépara des collaborateurs de Guillaume Ier, Bismarck, de Moltke, et travailla résolument à la réalisation de son rêve de domination universelle : « l'Allemagne au-dessus de tout ! »

LE RÊVE DE GUILLAUME II ET DES PANGERMANISTES

La formidable puissance de l'Empire allemand étayé par l'Autriche et l'Italie ne suffisait pas à Guillaume II. Son désir de conquêtes s'étendait à l'ouest sur les bouches du Rhin (Hollande) et le port d'Anvers (Belgique), en France sur les minerais de fer et les usines de la Lorraine et des Ardennes, les charbonnages, les industries prospères du Nord et du Pas-de-Calais. A l'est, un débouché sur la mer Noire par Odessa, les riches Terres Noires, les provinces baltiques, étaient la proie dont il fallait s'emparer aux dépens de la Russie.

A l'exemple de l'Autriche et de l'Italie entraînées dans la Triple Alliance, tous les peuples de l'Europe centrale ou de la péninsule des Balkans devaient se courber de gré ou de force sous l'autorité allemande : la Turquie, la Bulgarie, la Grèce, satellites de l'Allemagne, ouvraient les voies sur la Méditerranée et vers l'Orient.

Un empire colonial, enfin, qui aurait enlevé le Maroc à la

France, le Congo à la Belgique, s'ajoutant aux colonies allemandes, aurait complété l'œuvre gigantesque d'expansion mondiale désirée par les gouvernants et le peuple allemands.

Ce rêve étant réalisé, seule en face de l'Angleterre, jusque-là ménagée, l'Allemagne espérait bien lui enlever la maîtrise des mers et, enfin, se dresser contre les États-Unis d'Amérique pour leur disputer la suprématie économique dans le monde.

LA FORCE ALLEMANDE

Pour réaliser de telles ambitions, Guillaume II, soutenu par l'Allemagne tout entière, s'attacha à créer les forces nécessaires.

L'armée. Grâce à une population qui avait presque doublé depuis 1870 et qui atteignait près de 70 millions d'habitants, il put porter l'armée, réorganisée par Guillaume Ier, au chiffre d'un million de soldats sur le pied de paix, de 8 millions de combattants sur le pied de guerre. Rien ne fut négligé pour doter cette armée formidable des armes les plus perfectionnées et des services nécessaires en temps de guerre. Tous les Allemands furent militarisés et chacun, en temps de paix, se prépara au rôle qu'il aurait à jouer le jour où la guerre éclaterait.

La marine. La marine de guerre, à peu près nulle en 1870, fut l'objet d'une attention particulière et, par le nombre et la valeur de ses unités de combat, dépassant la flotte militaire française, tenta d'égaler la force navale de l'Angleterre.

L'usine Krupp, à Essen, travaillait sans relâche à doter l'armée et la marine allemandes de l'outillage le plus perfectionné.

L'essor économique. Parallèlement à cet effort constant en vue de la guerre que voulait l'Allemagne, ses gouvernants s'efforçaient, par tous les moyens et sur tous les points du globe, d'établir leur suprématie économique. Sous l'impulsion de Guillaume II et de ses conseillers, l'industrie allemande prit un essor considérable et concurrença l'industrie anglaise. La marine marchande, très inférieure à la nôtre en 1870, était deux fois plus puissante en 1914. Des paquebots monstres, partant de Hambourg, tentaient de supplanter les lignes françaises ou anglaises à destination de l'Amérique.

De puissantes compagnies étaient créées. Toute la science allemande, largement subventionnée, appuyait de ses découvertes l'effort économique du pays.

L'AME ALLEMANDE

L'histoire de l'Empire allemand ne date que de 1870. Constitué autour de la Prusse d'États jusqu'alors rivaux les uns des autres, aucun passé n'établissait une communauté de sentiments et de souvenirs entre des peuples assez disparates. Par l'intérêt et par une forte éducation, les gouvernants de l'Allemagne s'appliquèrent à créer une âme allemande en développant l'orgueil de la force et en attisant les convoitises d'une race brutale et envieuse.

L'éducation du peuple allemand. — Guillaume II prétendait être l'instrument du Très Haut. Écrivains, journalistes, professeurs répétaient à l'envi que le peuple allemand « élu de Dieu » était chargé de régénérer le monde. Le cerveau des enfants était imprégné de cette pensée. Jeunes gens et hommes faits étaient embrigadés dans des associations puissantes qui exaltaient la mission divine de l'Allemagne et le culte de la force. Tous apprenaient à mépriser les autres peuples indolents et corrompus, la France surtout où, au dire des Allemands, régnaient l'anarchie et la dépravation..

La haine contre les Français. — L'anniversaire de Sedan était une grande fête pour l'Allemagne et, en glorifiant les victoires de 1870, on entretenait avec soin la haine de la France par le souvenir de l'humiliation d'Iéna. La guerre aux Français était représentée comme une guerre sainte.

Les convoitises allemandes. — Ce devait être aussi une opération fructueuse capable de remplir de milliards le trésor allemand, de fournir de la houille et du fer à l'industrie, des terres incomparablement riches aux paysans, des œuvres d'art, des bijoux à tous ceux qui auraient la chance de participer au pillage de notre pays. Les jeunes gens promettaient à leurs fiancées une part des trésors de France. Le peuple allemand était d'accord avec ses gouvernants pour désirer la guerre « fraîche et joyeuse » que leur laissait entrevoir Guillaume II.

L'espionnage.   Pour s'y préparer, il se soumettait à toutes les exigences et à toutes les brutalités du militarisme prussien. Pour en assurer la réussite, chacun, dans toutes les sphères de la société, se mettait au service d'un espionnage savamment organisé, dont les ramifications s'étendaient sur tous les pays du monde. La France, en particulier, futur champ de bataille, était sillonnée d'espions allemands, touristes, commerçants, agriculteurs, qui relevaient tous nos travaux militaires, notaient dans le détail toutes nos ressources, préparaient, en pleine paix, les cantonnements de l'armée de Guillaume.

LA FRANCE VOULAIT LA PAIX : LES PROVOCATIONS DE L'ALLEMAGNE, SES PRÉPARATIFS

En face de l'Allemagne arrogante et provocatrice, la France, prudente et digne, pendant de longues années, s'efforça d'éviter la guerre.

Attitude de la France après 1870.   Elle travailla tout d'abord à panser ses blessures de 1870. La protestation des députés alsaciens-lorrains était présente dans tous les cœurs, mais nul ne songeait à provoquer un conflit sanglant pour retrouver les provinces perdues. Toute l'activité française fut dirigée vers le développement économique du pays et la création d'un vaste empire colonial : Tunisie, Tonkin, Madagascar, Maroc.

Provocation allemande en 1887.   Cependant Guillaume Ier et Bismarck furent tentés, dès 1875, de s'opposer, par une nouvelle guerre, au relèvement de notre pays. Obligés de s'incliner devant l'opposition du tsar Alexandre II et de la reine Victoria d'Angleterre, ils cherchèrent des alliés en Europe et, en 1887, constituèrent la Triple Alliance avec l'Autriche et l'Italie. Forts de cet appui, à la même date, ils tentèrent de provoquer un conflit en faisant arrêter en territoire français le commissaire Schnæbelé, de Pagny-sur-

Moselle. La guerre ne fut évitée que grâce à la modération et au sang-froid du gouvernement français.

L'alliance de la France avec la Russie. Avec Guillaume II qui, en 1888, devint empereur d'Allemagne, les intrigues et les provocations se multiplièrent. En présence de l'attitude menaçante de l'Allemagne et pour parer au danger de l'isolement en face de la Triple Alliance, la France se rapprocha de la Russie : en 1891, une flotte française se rend à Cronstadt saluer le tsar Alexandre III ; en 1893, les marins russes viennent en France, où ils sont accueillis avec enthousiasme ; en 1896, le tsar Nicolas II assiste, à Paris, à l'inauguration du pont Alexandre III ; en 1897, le président Félix Faure se rend à Saint-Pétersbourg. L'alliance franco-russe est conclue et fait contre-poids à la Triple Alliance.

L'Entente cordiale. En 1904, l'Entente cordiale se fait avec l'Angleterre, sous l'égide d'Edouard VII, roi clairvoyant et sincère ami de la France, et la situation de notre pays se trouve consolidée.

Provocations de Guillaume II. Cependant Guillaume II, dont les intrigues n'ont pu réussir à isoler la France, affecte de se sentir menacé par des alliances qui n'ont d'autre but que le maintien de la paix et de l'équilibre européen.

Tanger (1905). La conférence d'Algésiras. En 1905, il se rend à *Tanger* et pompeusement se déclare le protecteur du monde musulman. Il espère contrarier notre action au Maroc, reconnue légitime par les accords franco-anglais. Il cherche surtout un prétexte à la guerre qu'il désire. La diplomatie déjoue ses projets. Une conférence réunie à Algésiras reconnaît l'influence française au Maroc et l'Allemagne est obligée de s'incliner.

Agadir (1911). Les intrigues allemandes au Maroc continuent cependant. Plusieurs incidents se produisent. L'un d'eux, en 1911, a un caractère de gravité tel qu'on se croit à la veille de la guerre : Guillaume II, sous prétexte de « répondre à l'appel des maisons de commerce et des protégés allemands inquiets de la situation troublée de la région », envoie devant *Agadir* un vaisseau de guerre, la *Panther*. L'attitude énergique de l'Angleterre, qui se range du côté de la France, oblige l'Allemagne à une attitude plus conciliante. De son côté, la France, désireuse avant tout de maintenir la paix, sentant qu'elle n'est pas prête à la guerre et qu'elle se trouverait isolée dans un conflit purement colonial, abandonne aux Allemands deux zones de terres incultes voisines de notre colonie du Congo. Grâce à ce sacrifice, compensé par la reconnaissance de l'influence française au Maroc, la guerre, encore une fois, put être évitée.

Les préparatifs de Guillaume. — Cependant, de par la volonté de Guillaume II, suivi avec enthousiasme par toute l'Allemagne, la guerre était inévitable. Ouvertement l'empire s'y préparait ; l'effectif de l'armée était renforcé, d'immenses approvisionnements étaient constitués, un matériel perfectionné était établi, des lignes de chemin de fer étaient construites en grand nombre en vue d'une mobilisation rapide, des camps étaient formés à proximité de notre frontière. Une énorme contribution de guerre enfin était votée par tous les partis, dans l'espoir qu'elle serait largement récupérée par l'indemnité de 50 milliards qu'à l'avance on se proposait d'imposer à la France vaincue.

Les desseins de Guillaume. — L'empereur d'Allemagne ne se cachait même plus de ses desseins. En 1913, à Bruxelles, Guillaume II déclare au roi Albert que la guerre est « inévitable et prochaine ». Le 12 juin 1914, au château de Konopischt, il propose à l'archiduc d'Autriche, héritier de la couronne, un nouveau partage de l'Europe centrale destiné à constituer une force capable de dominer le monde.

Précautions prises par la France : loi de trois ans. — Notre pays ne pouvait fermer les yeux devant de tels préparatifs, ni rester impassible en face de provocations répétées. La loi de trois ans fut votée, un emprunt fut émis pour couvrir les dépenses militaires indispensables. Foncièrement pacifique, la France se préparait à toutes les éventualités. En prenant ces précautions contre une agression possible, elle espérait encore que l'Allemagne hésiterait à se lancer dans la sanglante aventure.

Situation difficile de l'Allemagne au point de vue économique et financier.

Or l'Allemagne ne voulait ni ne pouvait plus hésiter. L'orgueil allemand avait souffert des échecs répétés de sa diplomatie. Les territoires abandonnés par la France, dans un désir de paix, après le coup d'Agadir, n'avaient nullement satisfait les pangermanistes qui accusaient leur chancelier d'avoir fait un marché de dupe en abandonnant l'immense et riche Maroc contre un pays marécageux où régnaient la fièvre et la maladie du sommeil. La « camelote » allemande ne trouvait plus à s'écouler sur les marchés du monde et l'industrie était dans le marasme. Les finances étaient obérées. Il fallait à tout prix une guerre victorieuse pour compenser les sacrifices consentis par le peuple allemand, pour créer de nouveaux débouchés à l'industrie, pour satisfaire les appétits et le désir de gloire militaire de la plus grande Allemagne personnifiée en Guillaume II.

Le moment semblait favorable aux Allemands.

D'autre part, le moment semblait propice. Il ne fallait pas laisser la France achever sa préparation militaire. Il fallait profiter des embarras de la Russie travaillée par l'or allemand et secouée par de graves conflits sociaux. On pouvait espérer que le conflit qui dressait l'Irlande contre l'Angleterre obligerait celle-ci à la neutralité.

L'armée allemande était prête; l'armée autrichienne était dotée d'une artillerie lourde de premier ordre; l'armée turque était réorganisée par des officiers allemands; des accords secrets liaient la Bulgarie et la Grèce aux empires centraux. Le moment était favorable.

La guerre étant décidée, il suffisait d'en trouver le prétexte. Ce ne pouvait être un embarras pour des élèves de Bismarck, falsificateur de la dépêche d'Ems.

LE PRÉTEXTE DE LA GUERRE

Le meurtre de l'archiduc héritier d'Autriche.

Le samedi 28 juin 1914, à Sarajevo, capitale de la Bosnie, un jeune étudiant bosniaque d'origine serbe, sujet autrichien, Danilo Princep, tua à coups de revolver l'archiduc héritier d'Autriche, François-Ferdinand, et sa femme.

Manifestement, ce meurtre avait été accompli par des conspirateurs qui avaient voulu protester ainsi contre l'annexion de la Bosnie et de l'Herzégovine à l'Autriche et préparer la réunion de ces provinces à la Serbie. Pour cette raison, l'Autriche posa tout de suite comme une évidence que l'origine de ce complot devait être cherchée à Belgrade et qu'il avait été organisé, sinon par le gouvernement serbe, du moins par des associations que ce gouvernement avait le tort de tolérer et même de protéger.

L'attitude de la Serbie. — En vain, dès le 30 juin, la Serbie réprouva-t-elle, de la façon la plus catégorique, l'attentat. Journaux autrichiens et allemands se déchaînèrent contre elle et prétendirent la rendre responsable du crime de Sarajevo.

Le 5 juillet, de hauts personnages autrichiens se rencontrent à Potsdam avec de hauts personnages allemands. Les documents qui ont été publiés par la suite apportent la preuve que de ce jour-là la guerre fut décidée.

L'hypocrisie des Empires centraux. — Mais pour l'entreprendre avec le minimum de risques et donner aux Empires centraux le temps de faire en secret leurs derniers préparatifs, ceux-ci s'efforcèrent d'endormir la vigilance des États européens et de donner le change sur leurs desseins.

Pendant quelques jours, en apparence, c'est le calme. François-Joseph reprend à Ischl la cure qu'il avait interrompue. Guillaume s'embarque à bord de son yacht de plaisance et entreprend une croisière aux fjords de Norwège. L'empereur d'Autriche, dans une lettre publique à ses ministres, écrit qu'on ne peut rendre le peuple serbe responsable du « vertige d'un petit nombre d'hommes induits en erreur » et le chancelier Berchtold déclare que la note autrichienne sera rédigée en termes conciliants.

L'Europe respire : le président Poincaré avec le président du Conseil Viviani s'embarquent pour la Russie, voyage prévu depuis plusieurs semaines.

L'Autriche jette le masque. — C'était le moment attendu : les Empires centraux allaient profiter de l'absence des dirigeants français pour précipiter les événements.

Le 23 juillet, le gouvernement austro-hongrois adresse à la Serbie un ultimatum, dicté au chancelier autrichien par l'ambassadeur allemand, qui devait être accepté dans les quarante-huit heures. Conseillée par la France, la Russie et l'Angleterre, la Serbie, malgré la dureté des conditions imposées, ne faisant qu'une timide réserve relative à son indépendance, se soumit dans le délai prescrit.

LA DÉCLARATION DE GUERRE

Cette attitude ne répondait pas à l'attente de l'Autriche et de l'Allemagne qui ne voulaient pas laisser échapper le prétexte de guerre. Sans même vouloir lire la réponse de la Serbie, le chargé d'affaires autrichien quitte Belgrade et, le 27, l'Autriche déclare la guerre à la Serbie.

Efforts des puissances pour maintenir la paix. En vain la Russie, la France, l'Angleterre, l'Italie s'efforcèrent de localiser le conflit par des propositions d'arbitrage. Le 29 juillet, le jour même où le président Poincaré, interrompant ses visites, était ramené en hâte de Copenhague à Dunkerque sur le cuirassé *France*, le Kaiser, rentré de sa croisière dès le 26, tenait un conseil où la guerre était résolue.

Mobilisation anticipée des forces allemandes. Déjà, depuis le 21 juillet, deux jours avant la remise de l'ultimatum à la Serbie, la mobilisation allemande avait été commencée et M. de Schœn, l'ambassadeur allemand à Paris, avait l'audace, tandis que se tenait le conseil de Potsdam, de se présenter au quai d'Orsay et d'aviser M. Viviani que les « préparatifs de guerre de la France » obligeaient l'Allemagne à proclamer « l'état de danger », c'est-à-dire à commencer sa mobilisation pour parer à toutes les éventualités.

La mauvaise foi de l'Allemagne. Fidèle à ses traditions, avec la plus évidente mauvaise foi, l'Allemagne s'efforçait ainsi, par des affirmations impudentes, de rejeter sur nous les responsabilités d'une agression qu'elle avait décidée et dont les préparatifs étaient en cours.

Attitude loyale de la France. A cette manœuvre, la France répondit, le 30, en donnant l'ordre aux troupes de couverture de se retirer à 10 kilomètres en deçà de la frontière. On ne pouvait affirmer de façon plus éclatante aux yeux du monde notre désir de paix, la volonté d'éviter tout incident pouvant donner prétexte à une agression.

L'ultimatum allemand à la Russie et à la France. Le 31, la Russie, protectrice de la Serbie, décide la mobilisation générale. Le même jour, l'Allemagne proclame le « danger de guerre » et Guillaume télégraphie hypocritement au tsar qu'il décline « la responsabilité de l'affreux désastre qui menace le monde civilisé ». En même temps, il lance deux ultimatums, un à la Russie qui est invitée, malgré la menace autrichienne, à démobiliser dans les douze heures, un à la France, la sommant de déclarer sa neutralité en cas de conflit avec la Russie, et de donner en gage à l'Allemagne, jusqu'à la fin des opérations germano-russes, les forteresses de Toul et de Verdun !

L'Allemagne déclare la guerre à la Russie. Le 1er août, à 17 heures, le délai accordé à la Russie étant expiré, la mobilisation allemande est décrétée et, le même jour, à 19 heures, l'Allemagne déclare la guerre à la Russie.

La mobilisation française. Dès le 29, le gouvernement français avait déclaré à l'ambassadeur autrichien que, fidèle à l'alliance, il donnerait à la Russie un appui sans réserve. Le 1er août, à 15 h. 40, l'ordre de mobilisation générale était lancé « dans un but purement défensif », les troupes de couverture continuant à être maintenues à 10 kilomètres de la frontière.

Le premier jour de la mobilisation fut le dimanche 2 août 1914.

Violation de notre territoire par les Allemands. Sans attendre, avant toute déclaration de guerre, les patrouilles allemandes violent notre territoire, à Delle, à Cirey-sur-Vezouse, à Longwy, franchissant la zone neutre de 10 kilomètres soigneusement observée par nos troupes. A Jonchery, dès le 2 août, le sang coule : un chef de poste, le caporal Peugeot, du 44e de ligne, tombe sous les balles

d'un officier allemand. En même temps, les avant-gardes ennemies pénètrent dans le Luxembourg et occupent le bassin de
Briey.

*L'Allemagne dé-
clare la guerre
à la France.*

Le gouvernement français proteste.
La réponse ne se fait pas attendre. Jetant
le masque, le 3 août, à 16 h. 45, le baron
de Schœn apporte à M. Viviani la décla-
ration de guerre de l'Allemagne sous le prétexte — mensonge
effronté reconnu par la suite — que des bombes avaient été
lancées sur Nuremberg par des aviateurs français et que nos
avions auraient survolé diverses régions allemandes ou belges.
Or, à cette date, seuls les dirigeables allemands avaient survolé
le territoire français, à Verdun et Commercy, et jeté des bombes
sur Lunéville.

LES MÉCOMPTES DE L'ALLEMAGNE

*La responsabilité
allemande.*

Ce n'est que le 3 août, à la suite de
ces incidents, que le général Joffre, commandant en chef des troupes françaises,
autorisa les chefs d'armée à rejeter jusqu'à la frontière, et
jusque-là seulement, les patrouilles allemandes qui franchiraient
la zone de protection de 10 kilomètres établie entre les poteaux
frontières et nos avant-postes. Ce n'est que le 5 août qu'ils
furent autorisés à conduire leurs opérations jusqu'au delà, si
c'était nécessaire. Ainsi, jusqu'au dernier moment, la France
affirmait son désir de laisser aux Allemands toute la responsabilité de l'agression, acquérant ainsi aux yeux du monde une
force morale dont elle devait profiter plus tard.

*L'attitude de la
France.*

Les Français l'avaient si bien compris
que, le 2 août 1914, ce fut toute la France
qui, debout, répondit à l'appel du gouvernement. Grave mécompte pour l'Allemagne : toutes les
classes sociales, tous les partis se groupèrent d'un même élan
autour du drapeau. Le sang du grand chef socialiste Jaurès,
lâchement assassiné le 31 juillet, avait scellé l'union de tous les
Français à l'heure du danger. Le 4 août, dans une inoubliable
séance, la Chambre des députés, à l'unanimité, vota les cré-
dits de guerre demandés par M. Viviani. Dans un éloquent
message, le président Poincaré fit appel au patriotisme de tous

les Français : « A cette heure il n'y a plus de partis. Il y a la France éternelle, la France pacifique et résolue. Dans la guerre qui s'engage, elle sera héroïquement défendue par tous ses fils dont rien ne brisera devant l'ennemi l'union sacrée et qui sont aujourd'hui fraternellement assemblés dans une même indignation contre l'agresseur. »

Si l'Allemagne avait escompté nos divisions, elle ne fut pas longue à s'apercevoir qu'elle s'était lourdement trompée. Gravement mais fièrement, conscients de leur devoir, tous les hommes valides rejoignirent leur poste de combat.

Violation de la Belgique. — Autre mécompte. Sans se soucier des traités (en 1830 la Prusse avait signé, avec la France et l'Angleterre, la convention qui garantissait la neutralité et l'inviolabilité de la Belgique), les Allemands avaient d'avance choisi « la voie la plus rapide et la plus facile » pour se porter sur Paris. Traversant la Belgique par les vallées de la Sambre et de l'Oise, ils devaient prendre de l'avance et frapper un coup décisif.

Avec leur mauvaise foi habituelle, ils tentèrent de rejeter sur nous la responsabilité de cette nouvelle violation du droit international.

Fière attitude de la Belgique. — Le 2 août, le gouvernement allemand avait informé le gouvernement belge que l'armée française ayant l'intention de marcher par la Belgique sur l'Allemagne, celle-ci se trouvait obligée « par les mesures de ses ennemis » à entrer en Belgique. En échange de ce passage forcé, elle promettait toutes les compensations désirables. Deux heures étaient données pour une réponse qu'on escomptait favorable.

Déception : la petite Belgique repoussa l'offre déshonorante et, se groupant autour du noble roi Albert Ier, refusa le passage et déclara qu'elle s'y opposerait par la force. Passant outre à ce refus. le 4 août, à 6 heures, l'armée de von Emmich franchissait la frontière belge.

L'Angleterre déclare la guerre à l'Allemagne. — A côté de la Belgique debout pour défendre son honneur, l'Angleterre, implacable, allait se lever unanime pour la défense du droit

Sollicitée dès le 30 par l'Allemagne, qui faisait miroiter à ses yeux des compensations à sa neutralité, l'Angleterre, sans prendre l'engagement formel de se placer aux côtés de la France, avait fièrement répondu que l'honneur britannique se refusait à la honte d'un marché passé aux dépens de la France et de la Belgique. A l'annonce de la violation de la neutralité belge, elle exige des explications immédiates. L'ambassadeur anglais à Berlin réclame ses passeports. Le chancelier Bethmann-Hollweg qui, au Reichstag, venait d'avouer que l'Allemagne agissait « contre le droit des nations », mais que « nécessité ne connaît pas de loi », tente en vain de retenir l'ambassadeur. « Rien que pour un mot, neutralité, rien que pour un chiffon de papier, la Grande-Bretagne va faire la guerre à une nation qui ne demande pas mieux que d'être son amie! »

Inutile cynisme. Par respect de la parole donnée, parce qu'elle a apposé sa signature au bas d'un traité, le 5 à minuit, sans y être aucunement préparée, l'Angleterre déclare la guerre à l'Allemagne. Sa flotte puissante défendra nos côtes. Sa « misérable petite armée », selon le mot méprisant de Guillaume, combattra loyalement aux côtés de la nôtre. Par un effort persévérant, elle deviendra la splendide armée anglaise qui contribuera largement à la victoire.

L'Italie reste neutre. L'Italie enfin, dernier mécompte pour l'Allemagne, refusa de s'associer à la politique de « brigandage » des Empires centraux. Dès le début, elle avait blâmé l'ultimatum autrichien. Pendant les négociations, elle avait appuyé les efforts de la Triple Entente en vue de la paix. Aussi, dès le 1er août, le gouvernement italien avait-il averti l'ambassadeur allemand à Rome que « la guerre entreprise *ayant un caractère agressif* ne cadrant pas avec le caractère défensif de la Triple Alliance, l'Italie ne pourrait participer à la guerre ». Ainsi devenaient disponibles nos divisions des Alpes.

Que nous sommes loin de l'incident de Sarajevo et comme, à la lueur des faits, on voit bien qu'il ne fut qu'un prétexte à la guerre voulue par l'Allemagne! Le 5 août, seule elle est en guerre contre la Russie contre la France et contre l'Angleterre Ce n'est que le 6 que les hostilités sont ouvertes entre l'Autriche et la Russie, et ce n'est que le 12 que l'Autriche rompt avec la France et l'Angleterre. Le 23 août, le Japon déclarait la guerre à l'Allemagne.

LE PLAN ALLEMAND

Depuis Frédéric le Grand, la politique traditionnelle de l'état-major général prussien a toujours été de frapper le premier coup. Frédéric avait attaqué l'Autriche à une époque de paix profonde, sans déclaration de guerre; en 1866, les troupes prussiennes avaient traversé la frontière du Hanovre quelques heures avant que la déclaration de guerre eût été faite. De même, en 1914, en vue d'agir sur le moral, le gouvernement allemand tenta de nous surprendre par un coup soudain.

Le grand état-major allemand avait conçu un plan qui, en quelques semaines, devait lui assurer la victoire.

Escomptant la lenteur de la mobilisation russe, il ne devait laisser, à l'Est, que quelques troupes de couverture. Toute l'armée allemande, traversant rapidement la Belgique, devait se jeter sur l'armée française, qui, concentrée vers l'Est, face aux Vosges, mais surprise par derrière, n'aurait pas le temps de faire volte-face pour barrer la route du Nord. Par la vallée de l'Oise, l'armée allemande devait, à marches forcées, se porter sur Paris, « vrai cœur et abrégé de la France » (Vauban), où Guillaume II devait faire une entrée solennelle à la fin du mois d'août. La France étant mise ainsi hors de cause, l'Allemagne se retournerait contre les Russes et la guerre serait terminée avant la fin de septembre.

Cynisme de l'Allemagne. « Il nous faut, avait déclaré von Jagow à l'ambassadeur anglais, pénétrer en France par la voie la plus rapide et la plus facile, de manière à prendre une bonne avance et pouvoir frapper un coup décisif le plus tôt possible. C'est pour nous une question de vie ou de mort. Par le sud, en raison du petit nombre des chemins et des forteresses, nous rencontrerions une opposition formidable, d'où une grosse perte de temps qui permettrait aux Russes d'amener leurs troupes sur la frontière allemande. Agir avec rapidité, voilà le maître atout de l'Allemagne, celui de la Russie étant d'avoir d'inépuisables ressources en soldats. » (Livre bleu.)

La barrière des côtes de Meuse était trop forte pour être abordée de front. C'est pour éviter cette barrière que, sans souci de la neutralité belge et des conventions diplomatiques, les Allemands choisirent la trouée de l'Oise, route classique des invasions du Nord.

LA MÉTHODE ALLEMANDE

A ce plan qui faisait litière de l'honneur international et des conventions diplomatiques, simples « chiffons de papier », devait s'ajouter dans la conduite de la guerre une méthode barbare destinée à frapper les imaginations et à affaiblir les courages.

La barbarie allemande. Villes saccagées, villages incendiés, civils fusillés sans jugement, otages emmenés dans les camps de l'Allemagne, tous ces crimes commis en Belgique d'abord, en France, ensuite, le furent volontairement, suivant des ordres implacables, dans le but d'atteindre le moral des nations en guerre contre l'Allemagne et de les mener plus rapidement à la paix.

La destruction systématique des usines, la guerre sous-marine, les bombes portées au loin par les avions ou les dirigeables, les canons monstres tirant sur Paris à une distance de plus de 100 kilomètres et préludant à la grande offensive de 1918, procèdent de la même méthode.

La propagande pacifiste. Enfin une propagande inouïe, cherchant à susciter le découragement ou la trahison, tenta, lorsque le sort des armes devint incertain, de suppléer à la valeur militaire et de nous conduire à une paix sans gloire.

Comme l'Allemagne s'était abusée sur la force de ses armées, elle se trompa sur les effets de moyens indignes d'une grande nation. En Belgique comme en France, ainsi que les soldats sur le front, la population civile rejeta avec dégoût les suggestions de l'ennemi et sut tenir jusqu'à la victoire.

1. — Dès 1913, Guillaume II était décidé à la guerre.

« Je tiens d'une source absolument sûre la relation d'une conversation que l'empereur aurait eue avec le roi des Belges, en présence du chef d'état-major général de Moltke, il y a une quinzaine de jours, conversation qui aurait, paraît-il, vivement frappé le roi Albert ; je ne suis nullement surpris de son impression, qui répond à celle que moi-même je ressens depuis quelque temps : l'hostilité contre nous s'accentue et l'empereur a cessé d'être partisan de la paix.

L'interlocuteur de l'empereur d'Allemagne pensait jusqu'ici, comme tout le monde, que Guillaume II, dont l'influence personnelle s'était exercée dans bien des circonstances critiques au profit du maintien de la paix, était toujours dans les mêmes dispositions d'esprit. Cette fois, il l'aurait trouvé complètement changé : l'empereur d'Allemagne n'est plus à ses yeux le champion de la paix contre les tendances belliqueuses de certains partis allemands. Guillaume II en est venu à penser que la guerre avec la France est inévitable et qu'il faudra en venir là, un jour ou l'autre. Il croit naturellement à la supériorité écrasante de l'armée allemande et à son succès certain...

Au cours de cette conversation, l'empereur était, du reste, apparu surmené et irritable. A mesure que les années s'appesantissent sur Guillaume II, les traditions familiales, les sentiments rétrogrades de la Cour, et surtout l'impatience des militaires, prennent plus d'empire sur son esprit. Peut-être éprouve-t-il on ne sait quelle jalousie de la popularité acquise par son fils, qui flatte les passions des pangermanistes et ne trouve pas la situation de l'Empire dans le monde égale à sa puissance. Peut-être aussi la réplique de la France à la dernière augmentation de l'armée allemande, dont l'objet était d'établir sans conteste la supériorité germanique, est-elle pour quelque chose dans ces amertumes, car, quoi qu'on dise, on sent qu'on ne peut guère aller plus loin.

S'il m'était permis de conclure, je dirais qu'il est bon de tenir compte de ce fait nouveau que l'empereur se familiarise avec un ordre d'idées qui lui répugnait autrefois, et que, pour lui emprunter une locution qu'il aime à employer, nous devons tenir notre poudre sèche. »

(Dépêche de M. J. Cambon, ambassadeur à Berlin,
au ministre des Affaires étrangères, 22 novembre 1913.
Livre jaune.)

2. — La déclaration de guerre.

*(Lettre adressée par M. de Schœn, ambassadeur d'Allemagne à
Paris, à M. Viviani, président du Conseil des ministres.)*

« Monsieur le Président,

Les autorités administratives et militaires allemandes ont constaté un
certain nombre d'actes d'hostilité caractérisée, commis sur le territoire allemand par des aviateurs militaires français. Plusieurs de ces derniers ont
manifestement violé la neutralité de la Belgique, survolant le territoire de
ce pays. L'un a essayé de détruire des constructions près de Wesel, d'autres
ont été aperçus sur la région de l'Eifel, un autre a jeté des bombes sur le
chemin de fer, près de Carlsruhe et de Nuremberg.

Je suis chargé et j'ai l'honneur de faire connaître à Votre Excellence
qu'en présence de ces agressions, l'Empire allemand se considère en état de
guerre avec la France, du fait de cette dernière puissance.

J'ai en même temps l'honneur de porter à la connaissance de Votre
Excellence que les autorités allemandes retiendront les navires marchands
français dans les ports allemands, mais les relâcheront si, dans les quarante-
huit heures, la réciprocité complète est assurée.

Ma mission diplomatique ayant pris fin, il ne me reste plus qu'à prier
Votre Excellence de vouloir bien me munir de mes passeports et de prendre
les mesures qu'elle jugerait utiles pour assurer mon retour en Allemagne
avec le personnel de l'ambassade ainsi qu'avec le personnel de la légation
de Bavière et du consulat général d'Allemagne à Paris.

Veuillez agréer, Monsieur le Président, l'expression de ma très haute considération.

3 août 1914.   Schœn. »

Par la suite, les Allemands durent reconnaître que la violation du territoire allemand par des aviateurs français n'avait
pas été prouvée, et que ce n'avait été qu'un prétexte pour
justifier l'agression.

3. — Réponse de la Belgique à l'Allemagne.

« Votre note a provoqué chez le gouvernement du Roi un profond et
douloureux étonnement.

Les intentions qu'elle attribue à la France sont en contradiction avec les
déclarations formelles qui nous ont été faites le 1er août, au nom du gouvernement de la République.

D'ailleurs, si, contrairement à notre attente, une violation de la neutralité
belge venait à être commise par la France, la Belgique remplirait tous ses

devoirs internationaux, et son armée opposerait à l'envahisseur la plus vigoureuse résistance.

Les traités de 1839, confirmés par les traités de 1870, consacrent l'indépendance et la neutralité de la Belgique sous la garantie des Puissances et notamment du gouvernement de Sa Majesté le Roi de Prusse.

La Belgique a toujours été fidèle à ses obligations internationales ; elle a accompli ses devoirs dans un esprit de loyale impartialité : elle n'a négligé aucun effort pour maintenir ou faire respecter sa neutralité.

L'atteinte à son indépendance, dont la menace le gouvernement allemand, constituerait une flagrante violation du droit des gens. Aucun intérêt stratégique ne justifie la violation du droit.

Le gouvernement belge, en acceptant les propositions qui lui sont notifiées, sacrifierait l'honneur de la nation, en même temps qu'il trahirait ses devoirs vis-à-vis de l'Europe.

Conscient du rôle que la Belgique joue depuis plus de quatre-vingts ans dans la civilisation du monde, il se refuse à croire que l'indépendance de la Belgique ne puisse être conservée qu'au prix de la violation de sa neutralité.

Si cet espoir était déçu, le gouvernement belge est fermement décidé à repousser par tous les moyens en son pouvoir toute atteinte à son droit. »

4. — L'aveu de la préméditation.

En 1916, Guillaume II déclarait solennellement : « Devant Dieu et devant l'Histoire, je le jure : Je n'ai pas voulu la guerre ! »

En 1918, à l'occasion du trentième anniversaire de son avènement, il prononçait les paroles suivantes :

« Le peuple allemand ne vit pas clairement, quand la guerre éclata, quelle signification elle aurait. Je le savais très exactement. Aussi la première explosion d'enthousiasme ne put pas m'aveugler ni apporter de changement à mes projets et à mes calculs. Je savais très bien de quoi il s'agissait, car a participation de l'Angleterre signifiait la guerre mondiale. Qu'on le veuille ou non, il ne s'agissait pas d'une campagne stratégique, mais d'une lutte entre deux conceptions du monde : ou bien la conception prussienne, allemande, germanique, du droit, de la liberté, de l'honneur, de la morale, doit continuer à être respectée, ou bien la conception anglaise doit triompher, c'est-à-dire que tout doit se ramener à l'adoration de l'argent et que les peuples de la terre devront travailler comme des esclaves pour la race de maîtres des Anglo-Saxons qui les tient sous le joug.

Ces deux conceptions luttent l'une contre l'autre. Il faut absolument que l'une d'elles soit vaincue. Cela m'apparaissait très clairement.

La victoire de la conception allemande du monde : voilà ce qui est en jeu.

GUILLAUME II. »

5. — La rupture de l'Angleterre avec l'Allemagne

« ... Je trouvai le chancelier très agité. Il me tint une harangue qui dura environ vingt minutes. Il me dit que la mesure prise par le gouvernement de Sa Majesté Britannique était terrible au plus haut point. Rien que pour un mot : *neutralité*, un mot dont, en temps de guerre, on n'avait si souvent tenu aucun compte, rien que pour un *chiffon de papier*, la Grande-Bretagne allait faire la guerre à une nation de la même famille, qui ne demandait pas mieux que d'être son amie... Ce que nous faisions était inconcevable ; c'était frapper par derrière un homme au moment où il défend sa vie contre deux assaillants. Je protestai avec force contre cette déclaration, et je dis que, de même que M. de Jagow avait voulu me persuader que, pour des raisons stratégiques, c'était pour l'Allemagne une affaire de vie ou de mort de violer la neutralité belge, de même, à mon tour, je voulais lui faire comprendre que c'était pour ainsi dire une affaire de vie ou de mort, pour l'honneur de la Grande-Bretagne, de tenir son engagement solennel. Cet engagement était de faire, en cas d'attaque, son possible pour défendre la neutralité de la Belgique...

Il était dans un tel état d'excitation, si évidemment démonté par la nouvelle de notre action, et si peu disposé à entendre raison, que je m'abstins d'argumenter davantage, et je pris congé de lui... »

(Dépêche de l'ambassadeur d'Angleterre
au ministre des Affaires étrangères, 8 août 1914,
Livre bleu.)

6. — Pourquoi les Anglais sont entrés dans la lutte.

« Si l'on me demande pourquoi nous nous battons, je puis le dire en deux phrases. D'abord pour remplir un engagement solennel international, un engagement qui, s'il avait été contracté par de simples particuliers dans les affaires courantes de la vie, eût été regardé comme un engagement non seulement au point de vue du droit, mais au point de vue de l'honneur, qu'aucun homme se respectant n'aurait pu vraiment répudier. En second lieu, nous combattons pour défendre le principe qui, à notre époque où la force, la force matérielle, semble être quelquefois l'influence et le facteur dominant dans le développement de l'humanité, nous combattons pour défendre le principe que les petites nationalités ne doivent pas être écrasées, au mépris de la bonne foi internationale, par la volonté arbitraire d'une puissance très forte et tyrannique. Je ne crois pas qu'une nation se soit jamais engagée dans une grande lutte — et cette lutte est une des plus grandes que l'histoire connaîtra jamais — avec une conscience plus nette et une conviction plus forte, qu'elle lutte, non pas dans un but agressif, non pas même pour défendre ses propres intérêts égoïstes, mais qu'elle lutte pour soutenir des principes dont le maintien est essentiel à la civilisation du monde. C'est avec la conviction pleine et entière, non seulement de la sagesse et de la justice de notre cause, mais des obligations qui nous obligent à en courir le risque, que nous nous enga-geons dans la lutte. »

(Discours de Sir Edward Grey, premier ministre,
à la Chambre des Communes, 6 août 1914.)

7. — Paroles allemandes.

LES SOUVERAINS

« Lorsque les princes veulent faire la guerre, ils la commencent, puis ils font venir un juriste habile qui prouve qu'ils ont bien agi. On fait donc la guerre et l'on démontre ensuite que « l'autre » l'a faite ou du moins qu'il l'aurait faite et qu'on a dû le prévenir. »

FRÉDÉRIC II.

« Toutes les chartes ne sont que des chiffons de papier. »

FRÉDÉRIC-GUILLAUME IV
(Discours du Trône, 11 avril 1847.)

« Ne donnez pas de quartier ; soyez aussi terribles que les Huns. »

GUILLAUME II
(au corps expéditionnaire de Chine.)

« Vous pouvez être appelés d'un moment à l'autre à tirer sur les membres de votre famille, ou à sabrer père, mère, frères ou sœurs. Mes ordres à ce sujet doivent être exécutés avec entrain et sans murmure, comme tout ordre que je donne. Vous devez faire votre devoir sans écouter la voix de votre cœur. »

GUILLAUME II
(aux recrues de Potsdam.)

« Il faut faire une guerre atroce. Il ne peut plus être question d'humanité ni de sentiment. Brûler, ravager, détruire, ruiner de fond en comble, massa-crer impitoyablement, semer la terreur et l'épouvante, tel est le mot d'ordre qui permettra d'obtenir le résultat maximum dans le minimum de temps. »

GUILLAUME II
(Instructions aux armées.)

LES HOMMES D'ÉTAT

« La force crée le droit : la guerre est une loi naturelle. »

BISMARCK.

« Si dans l'étendue du territoire que nous occuperons, nous ne pouvons pas tout garnir de nos troupes, nous enverrons de temps en temps une colonne volante... nous fusillerons, pendrons et brûlerons. »

BISMARCK
(17 janvier 1871.)

« L'Allemagne doit être, sur mer comme sur terre, assez forte pour assurer partout et toujours, la paix allemande, l'honneur allemand, la propriété allemande... Décidés, tenaces, énergiques, c'est ainsi que nous devons, que nous voulons marcher vers notre but... Et de même que ce vapeur se redressera par-dessus tous les autres, si nombreux soient-ils, qui sillonnent les mers, puisse à tout jamais, pour tout Allemand, l'Allemagne être par-dessus tout, par-dessus tout au monde ! »

VON BÜLOW
(Au baptême du « Deutschland ».)

« La guerre doit être un instrument dur et rude. Elle doit être aussi impitoyable que possible... C'est là, d'ailleurs, un principe de plus grande humanité. Si l'on trouvait le moyen d'anéantir Londres tout entier, ce serait plus humain que de laisser saigner un seul Allemand sur le champ de bataille... C'est pourquoi l'Allemagne est autorisée à user de tous les moyens de guerre existants pour abattre son adversaire. Qu'on fasse donc marcher à fond les sous-marins allemands ! Tous les moyens doivent nous être bons et si même nous possédions le secret de déverser une pluie de fer sur le sol anglais, pourquoi ne nous en servirions-nous pas ? »

ERZBERGER
(député au Reichstag).

LES CHEFS MILITAIRES

« La guerre est saine, elle a été instituée par Dieu.
La paix perpétuelle est un rêve et n'est même pas un beau rêve. »

DE MOLTKE.

« De même que la Prusse a été le noyau de l'Allemagne, de même l'Allemagne régénérée sera le noyau du futur Empire d'Occident.

Et, afin que nul n'en ignore, nous proclamons, dès à présent, que notre nation continentale a droit à la mer, non seulement à la mer du Nord, mais encore à la Méditerranée et à l'Atlantique. Nous absorberons donc, l'une après l'autre, toutes les provinces qui avoisinent la Prusse ; nous nous annexerons successivement le Danemark, la Hollande, la Belgique, la Franche-Comté, le nord de la Suisse, la Livonie, puis Trieste et Venise ; enfin le nord de la région gauloise, de la Somme à la Loire.

Il faut diriger nos entreprises surtout vers des objectifs qui seront de nature à augmenter les dommages infligés à l'ennemi. La première de ces méthodes est l'invasion des provinces ennemies, mais pour y lever des contributions de guerre, voire simplement pour les dévaster. »

GÉNÉRAL CLAUSEWITZ.

« La guerre est un instrument de progrès... C'est une erreur de croire qu'il ne faut jamais provoquer ou rechercher une guerre. »

GÉNÉRAL VON BERNHARDI.

« En face de la propagande pacifiste qui s'étend d'une manière envahissante, il faut garder les yeux fermement fixés sur ce fait qui la contredit : c'est qu'aucun tribunal d'arbitrage en ce monde ne sera capable d'éviter ou d'aplanir des conflits qui reposent sur des vitalités nationales profondes, économiques et politiques, et qu'il est, d'autre part, impossible de changer à notre avantage, par l'art diplomatique, le partage de la terre, tel qu'il est établi aujourd'hui. Si nous voulons obtenir pour notre nation la place qui lui convient dans le monde, il faut nous confier à notre glaive, renoncer à toute utopie pacifiste efféminée, et regarder avec fermeté les dangers qui nous entourent. »

GÉNÉRAL VON BERNHARDI.
(La guerre d'aujourd'hui, 1911.)

LA MISSION DIVINE DU KAISER

« Rappelez-vous que vous êtes le peuple élu. L'esprit du Seigneur est descendu sur moi; parce que je suis l'Empereur des Germains. Je suis l'instrument du Très-Haut. Je suis son glaive, son représentant.

Malheur et mort à tous ceux qui résisteront à ma volonté ! Malheur à ceux qui ne croient pas en ma mission ! Malheur et mort aux lâches !

Qu'ils périssent, tous les ennemis du peuple allemand ! Dieu exige leur destruction, Dieu qui, par ma bouche, vous commande d'exécuter sa volonté ! »

(Proclamation de Guillaume II à son armée de l'Est.)

8. — Paroles françaises.

M. RAYMOND POINCARÉ
Président de la République.

(MESSAGE DU 4 AOÛT 1914)

« La France vient d'être l'objet d'une agression brutale et préméditée, qui est un insolent défi au droit des gens... A l'heure des premiers combats, elle a le droit de se rendre solennellement cette justice, qu'elle a fait jusqu'au dernier moment des efforts suprêmes pour conjurer la guerre qui vient d'éclater et dont l'empire d'Allemagne supportera devant l'Histoire l'écrasante responsabilité.

... Dans la guerre qui s'engage, la France aura pour elle le droit dont les peuples non plus que les individus ne sauraient impunément méconnaître l'éternelle puissance morale.

Elle sera héroïquement défendue par tous ses fils, dont rien ne brisera devant l'ennemi l'union sacrée et qui sont aujourd'hui fraternellement assemblés dans une même indignation contre l'agresseur et dans une même foi patriotique.

... Et déjà de tous les points du monde civilisé viennent à elle les sympathies et les vœux. Car elle représente aujourd'hui, une fois de plus, devant l'univers, la liberté, la justice et la raison. »

M. RENÉ VIVIANI
Président du Conseil

(DÉCLARATION DEVANT LES CHAMBRES, 4 AOUT 1914)

« La France, injustement provoquée, n'a pas voulu la guerre. Elle a tout fait pour la conjurer. Puisqu'on la lui impose, elle se défendra contre l'Allemagne et contre toute puissance qui prendrait part, aux côtés de cette dernière, au conflit entre les deux pays.

Un peuple libre et fort qui soutient un idéal séculaire et qui s'unit tout entier pour la sauvegarde de son existence ; une démocratie qui a su discipliner son effort militaire et n'a pas craint l'an dernier d'en alourdir le poids pour répondre aux armements voisins ; une nation armée, luttant pour sa vie propre et pour l'indépendance de l'Europe, voilà le spectacle que nous nous honorons d'offrir aux témoins de cette lutte formidable qui, depuis plusieurs jours, se prépare dans le calme le plus méthodique.

Nous sommes sans reproche. Nous serons sans peur. »

9. — L'attitude de la France.

« Je ne connais pas un seul ministre français, je ne connais pas un seul président de la République, qui ait jamais prononcé le mot de revanche ; je n'en connais pas un qui ait nourri, publiquement ou en secret, l'idée d'un conflit armé. Tous nos gouvernements, les uns après les autres, conservateurs, républicains, modérés ou radicaux, ont cherché à entretenir avec l'Allemagne des relations, je ne dis pas simplement correctes, je ne dis pas seulement polies, mais, si possible, aimables... La seule chose à laquelle tous successivement, depuis 1871, ils se soient refusés, c'est la renonciation à leurs sentiments intimes, la répudiation de deux provinces françaises, c'est la lâcheté d'une trahison... L'Allemagne aurait pu comprendre la généreuse pensée de la France, ménager nos légitimes susceptibilités et entretenir simplement avec nous des rapports de bon voisinage, sans vouloir nous mettre au régime alterné des cajoleries et des coups de poing. Mais elle était poussée par la fatalité qui avait présidé à la constitution de son unité et à la naissance de l'Empire. »

RAYMOND POINCARÉ.

(Conférences sur les origines de la guerre.)

10. — La première victime française de la guerre.

L'Allemagne déclara la guerre à la France, le 3 août 1914. Or, le 2 août, avant l'ouverture des hostilités, à 18 kilomètres de la frontière, près du petit village de Jonchery (territoire de Belfort), un soldat français tombait sous les balles d'un officier allemand.

Le caporal Peugeot, du 44e régiment d'infanterie, avait reçu l'ordre d'installer un petit poste sur la route de Faverais. Ayant placé un de ses hommes en sentinelle, il rentra avec les autres dans une maison proche, et, tranquillement, écrivit deux lettres, l'une à un fournisseur, l'autre à ses parents. Il les remit au facteur rural qui passait et se prit à deviser avec deux hommes de corvée qui, de Jonchery, apportaient la soupe au petit poste.

Il était 9 h. 45 quand, soudain, la sentinelle crie : « Aux armes ! voilà les Prussiens ! » Quatre cavaliers, dont un officier, apparaissaient sur la route. Le petit poste, les hommes de corvée avaient sauté sur leurs fusils et accouraient. Le caporal Peugeot fit quelques pas en avant et prit la position du tireur à genoux. Avant qu'il ne pût tirer, l'officier, d'un coup de revolver, le tua.

Les soldats du petit poste vengèrent aussitôt leur camarade. Le lieutenant allemand, frappé de deux balles, tomba, tandis que les cavaliers qui l'accompagnaient s'enfuyaient au galop.

Le caporal Peugeot, première victime française de la guerre, était un instituteur. Un monument a été élevé à sa mémoire à l'endroit même où il mourut pour la France.

DEUXIÈME PARTIE

LA GUERRE

———

CHAPITRE II

LES FORCES EN PRÉSENCE. — 1914 : LA GUERRE DE MOUVEMENT. — LA VICTOIRE DE LA MARNE

LES FORCES EN PRÉSENCE. — L'ATTAQUE ALLEMANDE EN BELGIQUE. — LA RIPOSTE FRANÇAISE EN ALSACE. — L'OFFENSIVE ALLEMANDE EN BELGIQUE. — L'OFFENSIVE GÉNÉRALE FRANÇAISE. — LA RETRAITE. — LES HEURES CRITIQUES DE SEPTEMBRE 1914. — BATAILLE DE L'OURCQ. — VICTOIRE DE LA MARNE. — L'ARRÊT SUR L'AISNE. — LA COURSE A LA MER. — LA GUERRE EN BELGIQUE. — LA GUERRE EN RUSSIE. — LA GUERRE EN SERBIE.

LES FORCES EN PRÉSENCE

Sept armées allemandes (1), échelonnées d'Aix-la-Chapelle à Mulhouse, sont destinées, dès la déclaration de guerre, à écraser la France. Cinq sont concentrées le long de la frontière belge et dans le Luxembourg, une se forme en Lorraine, l'autre en Alsace. Toutes disposent d'un matériel perfectionné : mitrailleuses en grand nombre, artillerie lourde, aviation.

Cinq armées françaises (2), sous le commandement du général Joffre, dans les premiers jours d'août, s'établissent face à l'Est, entre Belfort et Sedan. Les régiments français, moins bien

---

(1) Du nord au sud : 1re armée (von Klück) ; 2e (von Bülow); 3e (von Hausen) ; 4e (duc de Wurtemberg); 5e (Kronprinz) ; 6e (prince de Bavière); 7e (von Heeringen).

(2) Du sud au nord : 1re armée (général Dubail) ; 2e (de Castelnau); 3e (Ruffey) ; 5e (de Lanrezac) ; 4e armée en réserve (de Langle de Cary).

dotés que les Allemands en mitrailleuses et en artillerie lourde, disposent d'un excellent canon de campagne, le 75.

L'Allemagne compte sur sa force qu'elle croit irrésistible. La France, qui combat pour le droit et pour la défense de son sol, puise dans ce sentiment un élan incomparable.

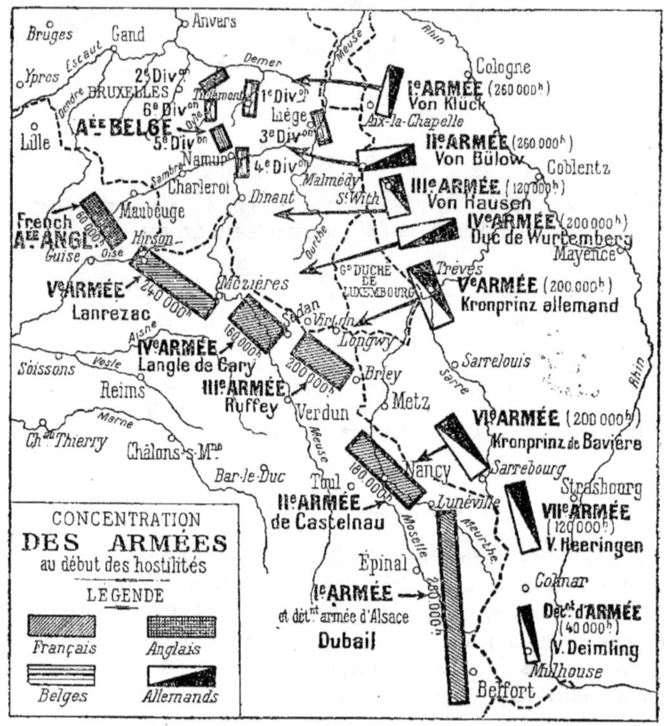

L'ATTAQUE ALLEMANDE EN BELGIQUE

Le 3 août, fièrement, la Belgique avait rejeté l'ultimatum allemand.

Le grand état-major de Berlin avait réuni secrètement sur la frontière belge une armée de 300 000 hommes, avec mission de se diriger sur Paris par la vallée de la Meuse et la vallée de l'Oise.

Siège de Liège. En travers se dressait la place de Liége défendue par ses douze forts, une garnison de quatre mille hommes et une force mobile de vingt-cinq mille soldats. Un brave, le général Leman, commandait ces troupes.

Le 5 août, une sommation de capituler est repoussée avec dédain. Dès le lendemain, des contingents allemands, se glissant par les intervalles, parvenaient à pénétrer dans la ville, sous la conduite de celui qui devait être plus tard le grand maître allemand de la guerre, le général Ludendorff.

Les Belges se retirent dans les forts, que les 420 de Krupp et les 305 autrichiens commencent à écraser de leurs obus formidables. Le général Leman a choisi comme poste de commandement le fort de Loncin. Il tient là pendant neuf jours et, quand les Allemands pénètrent dans le fort détruit par les explosions, ils trouvent le général évanoui, enseveli sous les décombres d'une tourelle.

La magnifique résistance de Liége coûta cher aux Allemands. Elle fit avorter l'attaque foudroyante qui était prévue, et, en retardant de dix jours l'invasion de la Belgique, donna à l'état-major français le temps de préparer le changement de front devenu nécessaire par la violation de la neutralité belge. Quarante mille cadavres allemands, en outre, restèrent sous les murs de la ville.

La riposte française en Alsace. L'éducation militaire française avait été dirigée surtout en vue de l'offensive. Fidèle à ce principe et pour attirer les armées allemandes hors de la Belgique, l'état-major français résolut d'attaquer en Alsace et en Lorraine.

En Alsace, un détachement de l'armée Dubail refoula les avant-gardes allemandes par le combat d'Altkirch (7 août) et occupa Mulhouse (8 août). Mais nos troupes se heurtèrent aux organisations défensives de la forêt de Hardt et, attaquées à leur tour par des forces supérieures, elles durent reculer et céder le terrain conquis.

L'offensive allemande en Belgique. Pendant que les troupes du général von Emmich s'emparaient de Liége, l'armée du général von Klück se dirigeait sur Louvain, Bruxelles et, se rabattant vers le sud, arrivait, le 22 août, au nord de Mons; le général von Bülow marchait sur Namur et Charleroi ; le général von Hausen vers la

Meuse à Dinant ; le prince de Wurtemberg traversait le Luxembourg belge en direction de la Semoy, et, enfin, l'armée du Kronprinz occupait le grand-duché de Luxembourg.

Les atrocités alle-mandes en Bel-gique. Pour punir la Belgique de sa noble résistance et frapper de terreur la population, les Allemands se livrèrent dans ce malheureux pays à des atrocités sans nom. Des villes et des villages furent pillés et incendiés sans nécessité stratégique. Louvain, Termonde, Dinant furent saccagés avec un déchaînement de sauvagerie qui dépasse toute imagination. Les monuments furent détruits, les notables fusillés ; des habitants, chassés de leurs foyers, furent astreints aux plus durs travaux. A Andenne, à Aerschot eurent lieu d'effroyables massacres. Les vieillards, les femmes, les enfants mêmes ne furent pas respectés par les barbares soldats teutons et tombèrent nombreux, victimes innocentes des plus abominables violences. Tous ceux qui le purent, abandonnant leur foyer et leur patrie, fuirent devant l'envahisseur.

Les Allemands dans le Luxem-bourg. Le Luxembourg, où les Allemands cependant n'avaient rencontré aucune résistance, fut traité en pays conquis. Le chef de la milice fut fusillé, toutes les personnes suspectes de sympathie pour la France furent déportées, les usines et hauts fourneaux en partie détruits.

L'OFFENSIVE GÉNÉRALE FRANÇAISE

Quand la violation de la neutralité belge fut un fait accompli et que le gouvernement belge eut réclamé l'appui de l'Angleterre et de la France, il fallut modifier rapidement la disposition de nos armées.

Changement de front des armées françaises. On étendit l'action de la 2e armée jusqu'à Verdun. La 3e armée s'intercala sur la Meuse, entre la 4e et la 5e, et la 5e armée glissa vers le nord-ouest, le long de la frontière belge. Deux corps d'armée furent transportés de Lorraine vers Mézières et Hirson, suivis par les divisions d'Algérie et du Maroc.

L'armée anglaise, qui ne comprit au début que **deux corps** d'armée, sous le commandement du maréchal French, n'arriva que le 20 août et se plaça de Condé à Mons, formant le prolongement à l'extrême gauche des armées françaises.

Enfin, au delà de l'armée anglaise, pour parer à toute éventualité, des forces d'active, de réserve et de territoriale s'étendirent le long de la frontière belge, de Tournai à Dunkerque.

La résistance de Liége permit ce changement de front et nous sauva du désastre qu'escomptaient les Allemands par une attaque brusquée à travers la Belgique, alors que les armées françaises, faisant face à l'Est, ne pouvaient croire à la violation cynique de traités internationaux signés par l'Allemagne et garantissant la neutralité belge.

Ce n'est que trois jours après que les Allemands eurent violé la frontière belge que la cavalerie française pénétra en Belgique.

L'offensive générale. Vers le milieu d'août, l'offensive générale des armées françaises est décidée : les armées des Vosges et de Lorraine tenteront de poursuivre l'offensive commencée par elles en Alsace et en Lorraine annexée, tandis que, sur la Meuse et sur la Sambre, nos autres armées iront à la rencontre des Allemands en Belgique.

Le 19 août, une gigantesque bataille s'engage tout le long de notre frontière. En Alsace, en Lorraine, dans les Ardennes et sur la Sambre, les armées françaises et allemandes se heurtent en des combats furieux où le courage de nos soldats ne peut triompher de la supériorité numérique de l'ennemi et surtout de son outillage perfectionné et formidable, artillerie à longue portée, mitrailleuses, qui firent dans nos rangs de terribles ravages.

Dans le but de soulager nos forces de gauche, dont la concentration se termine péniblement, c'est notre aile droite qui, la première, se porte à l'attaque.

En Alsace. *En Alsace*, le général Pau ramène pour la seconde fois les troupes françaises à Mulhouse et s'empare des cols des Vosges. Mais la poussée allemande est trop forte. Mulhouse est évacuée et nous ne gardons qu'un coin de territoire alsacien, avec Thann, qu'on organise en secteur défensif et qui ne nous sera plus enlevé.

En Lorraine. Dans la *Lorraine annexée,* nos soldats des 1re et 2e armées marchent en direction de Morhange, Château-Salins, Sarrebourg. Mais ils se heurtent à des positions puissamment défendues. Notre artillerie est impuissante à combattre l'artillerie lourde allemande qui, à grande distance, sème la mort dans nos rangs. Le courage ne peut rien contre le monstrueux matériel de l'ennemi. Il faut reculer. Des combats meurtriers marquent chaque étape de la route. Franchissant la frontière française, une armée allemande entre à Lunéville (22 août), une autre arrive sur la Mortagne. Ces armées, s'avançant par la trouée de Charmes, tentent de déborder notre aile droite au moment où une manœuvre identique menace notre aile gauche sur la Sambre et sur l'Oise. Si ce mouvement réussissait, ce serait un désastre : nos armées, resserrées le long de la Meuse, seraient réduites à l'impuissance. Aussi, pour arrêter la marche de l'ennemi, les 1re et 2e armées livrent-elles, du 24 au 27 août, de furieuses batailles. Au prix d'efforts inouïs, les Allemands sont rejetés sur la Mortagne, puis sur la Meurthe. Malgré une préparation d'artillerie formidable et des assauts répétés, ils ne peuvent s'emparer des hauteurs du Grand-Couronné, qui protège Nancy. De part et d'autre, les pertes sont lourdes, mais le but est atteint : l'effort allemand est brisé sur notre droite.

Sans plus de succès, du 4 au 12 septembre, les Allemands, encouragés par la présence du Kaiser, venu pour faire une entrée solennelle à Nancy, tenteront de s'emparer du Grand-Couronné. Les Français repousseront tous leurs assauts et, passant à l'attaque, reprendront Lunéville, le 13 septembre, complétant sur ce front la victoire de la Marne.

Dans les Ardennes. Dans les *Ardennes,* les 3e et 4e armées prirent l'offensive, le 21 août. Dès le 15, des combats avaient mis aux prises autour de Dinant les troupes françaises et allemandes.

Du 22 au 24 août, des batailles acharnées se livrèrent dans la région Marche-Rochefort, Ethe-Virton. Le but était de prendre en flanc les Allemands du Luxembourg belge, mais, à travers un terrain boisé, accidenté, très favorable à la défensive, la marche de nos troupes ne fut pas aussi rapide que l'exigeaient les circonstances. L'offensive dut être arrêtée.

Nos troupes se replièrent et, malgré des engagements violents à Fumay, à Sedan, pour retarder la marche de l'ennemi, les Allemands franchirent la Meuse.

Bataille de la Sambre.
Mais c'est sur la *Sambre, entre Mons, Charleroi et Namur*, que se livra la bataille décisive.

Or, quand l'offensive générale fut ordonnée, le 19 août, le mouvement de glissement qu'avait dû effectuer la 5ᵉ armée, pour se porter de la Meuse sur la Sambre, n'était pas encore terminé. Sur quatre corps, deux seulement étaient en ligne. A gauche, l'armée anglaise ne comptait guère que la moitié de ses effectifs.

Sur ces forces encore mal organisées s'avançaient trois armées allemandes : la 1ʳᵉ (von Klück) allait se heurter aux Anglais du maréchal French ; la 2ᵉ (von Bülow), à notre 5ᵉ armée, commandée par le général de Lanrezac ; la 3ᵉ (von Hausen), appuyant le mouvement vers la gauche, devait franchir la Meuse vers Dinant et tenter de nous tourner.

Mons et Charleroi.
A *Mons*, les Anglais supportèrent stoïquement le choc de forces supérieures en nombre et ne reculèrent que devant la menace d'être débordés.

Devant *Charleroi*, nos troupes furent admirables d'héroïsme. Les assauts répétés de nos troupes d'Afrique resteront légendaires. Charleroi fut pris et repris cinq fois. Mais si de lourdes pertes furent infligées à l'ennemi, les mitrailleuses et les canons allemands décimèrent nos magnifiques bataillons. L'armée von Hausen ayant réussi à franchir la Meuse à Dinant et menaçant de nous couper, il fallut abandonner Charleroi en ruines et commencer le mouvement de repli.

Ainsi, vers le 25 août, les Allemands étaient victorieux sur tout le front. Malgré le retard causé par la résistance de la Belgique, il semblait que leur plan devait se dérouler ainsi qu'ils l'avaient prévu.

La retraite.
Cependant, malgré les pertes cruelles qu'elles avaient subies, nos armées restaient en liaison les unes avec les autres. Elles n'étaient ni entamées, ni démoralisées.

Le 25 août, le général en chef Joffre lança l'ordre général de retraite. Résolu à sacrifier une partie du territoire national pour sauver le reste et trouver le temps de regrouper ses forces, il ordonna aux armées de se replier jusqu'à la Marne, décidé, si cela était nécessaire, à les ramener jusqu'à l'Aube et jusqu'à la Seine.

Surveillant la marche de l'ennemi, prêt à profiter de la moindre faute qu'il pourrait commettre, chacun devait se préparer à reprendre, au moment favorable, une vigoureuse offensive.

Prise de Maubeuge. Les troupes allemandes, suivant la vallée de l'Oise, n'avaient pour tout obstacle sur la route de Paris que le camp retranché de Maubeuge. La place ne put tenir longtemps et son siège n'arrêta même pas la marche de l'ennemi qui l'avait débordée par la droite et par la gauche.

Sur tout le front, la retraite s'accomplit assez rapidement, sans désordre grave, mais au prix de grandes fatigues. Des retours offensifs, destinés à ralentir la marche des armées allemandes, marquèrent les grandes étapes de la route.

La retraite des Anglais. Aunord, les Anglais, qui avaient dû se replier après Mons, livrèrent de glorieux combats à Cambrai, à Landrecies (26 août), près de Compiègne (1er septembre) et infligèrent à l'ennemi des pertes sévères. Gardant la liaison avec les armées françaises, ils purent se retirer au sud de la Marne.

Bataille de Guise. La 5e armée (général de Lanrezac), en descendant la vallée de l'Oise, livra, le 30 août, à *Guise*, une furieuse bataille aux troupes de von Bülow. Le 10e corps d'armée allemand et la garde prussienne, bousculés par nos soldats, laissèrent sur le champ de bataille des morts nombreux.

Sur l'Aisne, après de violents combats, l'ennemi nous obligea à continuer le mouvement de retraite jusqu'à la Marne.

Partout les armées allemandes talonnaient nos troupes. Précédées d'automobiles blindées, elles ne leur laissaient ni trêve ni repos. Leur marche était à peine ralentie par les ponts que le génie français faisait sauter dès que le dernier de nos soldats était passé.

*L'occupation alle-
mande.*

Les principales villes des départements situés au nord et à l'est de Paris
furent occupées. Guidés par leurs
espions qui, en temps de paix, avaient noté les resources de
chaque région, les Allemands frappèrent les villes d'énormes
contributions de guerre, réquisitionnèrent les vivres, confis-
quèrent les stocks de marchandises, saccagèrent les maisons
abandonnées, emmenèrent des otages, fusillèrent des habitants
inoffensifs. Dans la campagne, ils firent battre la moisson et
expédièrent le grain en Allemagne. Valenciennes, Lille, Roubaix, Tourcoing, Arras, Amiens, Compiègne, Soissons, Laon,
Reims, Châlons connurent les douleurs de l'occupation allemande et subirent les dures conditions des vainqueurs. A Senlis, le maire et plusieurs notables furent fusillés, la ville en
partie incendiée.

Le 31 août, les Allemands étaient à Compiègne; le 2 septembre,
de Chantilly ils poussaient leurs avant-gardes jusqu'à Creil,
à 50 kilomètres de Paris! Le 30 août, le 1er septembre, des avions
allemands survolèrent la capitale, jetant des bombes qui firent
de nombreuses victimes. Une patrouille de uhlans arriva jusqu'à
Gonesse, aux portes de la capitale!

LES HEURES CRITIQUES DE SEPTEMBRE 1914

La partie semblait perdue. Rien ne paraissait pouvoir désormais arrêter le flot germanique.

*Le gouvernement
à Bordeaux.*

Pour opposer à l'invasion une résistance plus efficace et affirmer qu'à
l'heure du danger toute la France se
groupait autour du gouvernement en un suprême effort, le
président du Conseil, M. Viviani, dès le 26 août, avait réorganisé
le ministère en y faisant entrer des hommes politiques appartenant à tous les partis.

Le nouveau gouvernement désigna comme gouverneur de
Paris le général Galliéni qui, dans une brève proclamation,
affirma sa volonté d'accomplir jusqu'au bout le mandat qu'il
avait reçu de défendre la capitale.

Le 2 septembre, à la demande de l'autorité militaire, pour ne
pas gêner l'action de celle-ci et pour conserver les moyens

d'organiser la résistance sur toute l'étendue du territoire, le gouvernement transporta momentanément sa résidence à Bordeaux. « Durer et combattre » devait être désormais le mot d'ordre de tous.

La réorganisation du haut commandement et des armées. Le général en chef, d'autre part, n'était pas resté inactif et avait profité du répit qui lui était donné par le mouvement de retraite générale pour opérer la réorganisation du haut commandement et des armées : le général Sarrail remplaça le général Ruffey à la tête de la 3e armée ; une nouvelle armée occupant la ligne de Sézanne au camp de Mailly fut confiée au général Foch ; à sa suite, au nord de Provins, le général Franchet d'Esperey remplaça le général de Lanrezac au commandement de la 5e armée. A l'extrême gauche enfin, une 6e armée, qui devait s'appuyer sur le camp retranché de Paris fut confiée au général Maunoury.

BATAILLE DE L'OURCQ. — VICTOIRE DE LA MARNE

Conversion vers le sud-est de la 1re armée allemande. Brusquement, le 4 septembre, la 1re armée allemande (von Klück) qui suivait la vallée de l'Oise, avait opéré, de Compiègne et de Creil, un mouvement de conversion vers le sud-est, dans la direction de Meaux. Négligeant Paris, le général allemand se rabattait sur l'armée française qu'il supposait affaiblie et désorganisée, dans le but de la mettre définitivement hors de cause. L'occupation de Paris ne serait ensuite qu'un jeu et terminerait la campagne dans une glorieuse apothéose de victoire.

Rôle de Galliéni. Immédiatement renseigné, le général Galliéni, d'un coup d'œil sûr, avait vu la faute. L'armée de von Klück, descendant à droite et à gauche de l'Ourcq, défilait en quelque sorte devant la 6e armée. Elle prêtait le flanc à une attaque. A tout prix il fallait l'attaquer sans aucun retard et par tous les moyens. Le général Galliéni sut imposer ses vues au grand quartier général qui ne pensait pas encore le moment venu de prendre l'offensive.

Le général Joffre, ébranlé puis gagné par Galliéni, se décida.

N.D. phot.

Général de Galliéni.

Le 5 septembre, dans un ordre du jour fameux, il ordonnait brusquement l'arrêt de la retraite et la reprise immédiate de l'offensive. « Au moment où s'engage une bataille dont dépend le salut du pays, il importe de rappeler à tous que le moment n'est plus de regarder en arrière ; tous les efforts doivent être employés à attaquer et à refouler l'ennemi. Une troupe qui ne peut plus avancer devra, coûte que coûte, garder le terrain conquis et se faire tuer sur place plutôt que de reculer. Dans les circonstances actuelles, aucune défaillance ne peut être tolérée. »

La victoire de l'Ourcq.

Le 6 septembre, l'armée du général Maunoury, dite armée de Paris, se porte vers l'Ourcq et attaque violemment le flanc droit de l'armée de von Klück. Pendant trois jours, des combats furieux sont livrés sans résultat décisif, quand, le 10, des renforts arrivent. Jetant toutes ses réserves dans la bataille, le général Galliéni, réquisitionnant les taxis-autos de Paris pour un transport plus rapide des troupes, décidait du sort de la bataille. Le 10, au matin, malgré des pertes cruelles, malgré la fatigue des journées précédentes, l'armée de Paris redoublait son effort et obligeait les Allemands à battre en retraite sur Villers-Cotterets et l'Aisne. La bataille de l'Ourcq était gagnée.

Armée anglaise et 5e armée française.

En même temps, l'armée anglaise du maréchal French, à Coulommiers, la 5e armée française commandée par le général Franchet d'Esperey, à Esternay et Montmirail, prononçaient une vigoureuse attaque contre

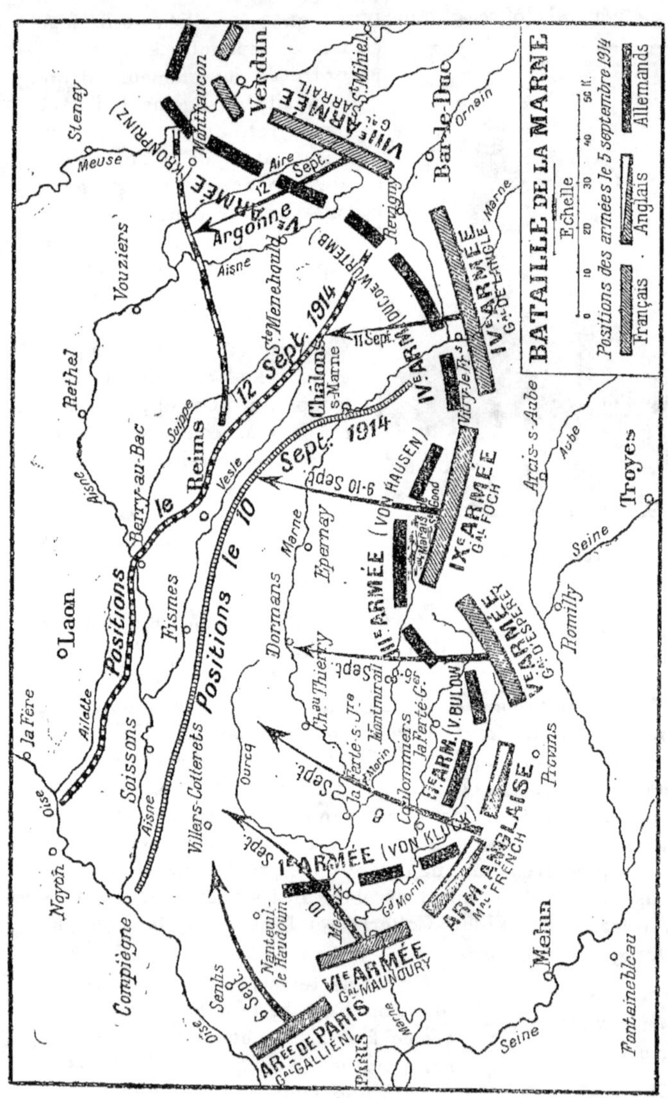
BATAILLE DE LA MARNE
Echelle
0 10 20 30 40 50 K.
Positions des armées le 5 septembre 1914
Français Anglais Allemands
Verdun
Montfaucon
VIII.e ARMÉE (SARRAIL)
G.al SARRAIL
G.al St-Mihiel
Bar-le-Duc
Ornain
Steney
Meuse
Aire
Sept.
12
Argonne
IV.e ARMÉE (CRONPRINZ)
Aisne
Vouziers
Ste-Menehould
12 Sept. 1914
Revigny
Marne
V.e ARMÉE
G.al DE L'ANGLE
Rethel
Suippe
Châlons-s-Marne
11 Sept.
IV.e ARMÉE (Duc de WURTEMB.)
Vitry-le-Fr.s
Berry-au-Bac
le Reims
Vesle
Sept. 1914
9-10 Sept.
IX.e ARMÉE (VON HAUSEN)
Marais de St-Gond
IX.e ARMÉE
G.al FOCH
Arcis-s-Aube
Aube
Troyes
Laon
Positions le 12
Fismes
Positions le 10
Epernay
Marne
Dormans
III.e ARMÉE (VON BULOW)
V.e ARMÉE
G.al D'ESPERÉ
Seine
Pomilly
la Fère
Ailette
Soissons
Aisne
Villers-Cotterets
Ourcq
Ch.au Thierry
la Ferté-s-Jr.e
Montmirail
Sept.
La Ferté-G.er
Coulommiers
II.e ARM.a (v.BULOW)
Provins
Oise
Noyon
Compiègne
Sept.
Nanteuil-le-Haudoum
Senlis
9 Sept.
Meaux
10
G.d Morin
I.er ARMÉE (VON KLUCK)
ARM. ANGLAISE
M.al FRENCH
Melun
VI.e ARMÉE
G.al MAUNOURY
A.rée DE PARIS
G.al GALLIENI
PARIS
Marne
Seine
Fontainebleau

les armées allemandes et les refoulaient sur la Marne.

Armée du général Foch. Au centre, le général Foch, qui avait difficilement contenu l'ennemi, passait à l'attaque le 8 septembre, culbutait la garde impériale prussienne dans les marais de Saint-Gond et, vainqueur à la Fère-Champenoise, forçait la 3e armée allemande à se replier sur Epernay, puis sur Reims.

Armées de l'Est. Plus loin, vers l'est, l'armée du général de Langle de Cary, par un effort analogue, après de durs combats autour de Sompuis et de Vitry-le-François, s'alignait sur le même front que l'armée Foch.

A l'aile droite enfin, l'armée du général Sarrail, violemment attaquée de front et de flanc par les troupes du Kronprinz, menacée d'encerclement dans Verdun, résista à tous les assauts. Invité à se replier sur la Marne, Sarrail ne put se résoudre à sacrifier Verdun, pivot de notre résistance ; il maintint ses positions sur tous les points, fit face à l'adversaire, soutint pendant plusieurs jours une lutte inégale et particulièrement âpre, et réussit enfin, après des combats heureux à Sermaize et à Revigny, à sortir de sa situation critique et à rejeter l'ennemi dans l'Argonne septentrionale.

Aux mêmes dates, l'armée de Lorraine (général de Castelnau), soutenue par l'armée Dubail, venue à son aide, arrêtait l'offensive allemande sur Nancy (12 septembre).

La victoire de la Marne. Le 13 septembre, après sept jours de combats incessants et acharnés, de l'Oise à la Meuse, les armées ennemies étaient en retraite. Du Grand Morin elles avaient été rejetées sur la Marne, puis sur l'Aisne. Le général Joffre pouvait affirmer que les troupes « avaient bien mérité de la Patrie » et télégraphier au gouvernement : « Notre victoire s'affirme de plus en plus complète... Le gouvernement de la République peut être fier de l'armée qu'il a préparée. »

C'est la victoire de la Marne.

Nous la devons à la sûreté de coup d'œil de Galliéni, à l'esprit de décision du général Joffre, à l'héroïsme de tous nos soldats qui, après les dures journées de la retraite, retrouvèrent toute leur vigueur pour foncer sur l'ennemi à l'appel du géné-

Le Vainqueur de la Marne.

ral en chef. « Que des hommes couchés par terre, à demi morts de fatigue, écrit von Klück, puissent reprendre le fusil et attaquer au son du clairon, c'est là une chose avec laquelle nous n'avons jamais appris à compter ; c'est là une possibilité dont il n'a jamais été question dans nos écoles de guerre. » Cette prodigieuse aptitude particulière au soldat français de se ressaisir rapidement fut la raison décisive de la victoire française.

L'arrêt sur l'Aisne. Malheureusement nos troupes, fatiguées par l'effort inouï qu'elles avaient dû produire depuis Charleroi, ne purent suivre d'assez près l'ennemi dans sa retraite précipitée.

Renforcées par des corps qui n'avaient pas pris part aux derniers combats, appuyées par l'artillerie lourde qu'elles retrouvaient en reculant, les armées allemandes s'arrêtèrent sur un terrain qui se prêtait admirablement à la défensive, qu'elles avaient étudié depuis longtemps et que, par prudence, au moment de leur avance sur Paris, elles avaient fait aménager en astreignant à ce travail la population civile des régions occupées.

Abrités dans les carrières du Soissonnais et les « creutes » de l'Aisne, fortifiés sur le plateau de Craonne, installés dans les anciens forts qui dominent Reims, retranchés sur les hauteurs qui bordent la Suippe et vont rejoindre l'Argonne, les Allemands barrèrent la route à nos soldats qui, en vain, tentèrent de forcer l'ennemi dans ses repaires.

A côté de nos soldats, les Anglais se couvrirent de gloire au passage de l'Aisne et à l'attaque du plateau de Craonne (13-16 septembre). Sur toute la ligne, à Craonne, à Berry-au-Bac, à Souain, une multitude d'engagements locaux très meurtriers décimèrent nos troupes sans grands résultats. L'ennemi, invisible, déjà terré, inaugurait une nouvelle guerre, la guerre de tranchées, et arrêtait, sur les positions qu'il avait fortifiées, l'élan de nos soldats.

La course à la mer. L'ennemi ne fut pas plus heureux dans les tentatives qu'il fit, notamment près de Reims et de Soissons, pour percer nos lignes.

De part et d'autre on se rendit compte bientôt de l'impossibilité d'arriver à un résultat décisif sur des positions où les adversaires s'étaient fortifiés en creusant des tranchées. Aussi, tandis que les Français cherchaient à déborder la droite de l'armée allemande, les Allemands, par un mouvement analogue, s'efforcèrent-ils de déborder notre gauche.

De Compiègne à la mer du Nord, ce fut une véritable « course à la mer », un glissement continu d'infanterie et d'artillerie, précédées par de la cavalerie, où nous eûmes l'avantage de maintenir la ligne ennemie sur une perpendiculaire la rapprochant constamment de la frontière belge.

Glissement des armées vers le nord. Dans ces mouvements, de nouvelles armées furent constituées par des prélèvements sur les dépôts de l'intérieur et les troupes devenues disponibles par l'organisation du terrain. Le 20 septembre, le général de Castelnau, rappelé de Lorraine, se plaçait à la gauche de l'armée Maunoury ; le 30, le général de Maudhuy continuait la ligne vers le nord, dans la région d'Arras et de Lens. Du 13 au 15 octobre, l'armée anglaise, à l'insu de l'ennemi, était transportée de l'Aisne vers Ypres. Une nouvelle armée française et l'armée belge, échappée d'Anvers et commandée par le roi Albert, prolongèrent la ligne jusqu'à la mer du Nord.

Les combats. L'extension de l'aile gauche vers le nord ne se fit pas sans de nombreux engagements. A Lassigny, à Roye, à Albert, autour d'Arras, les Allemands tentèrent sans y réussir de nous refouler. Ils réussirent malheureusement à occuper Lille (13 octobre) qui, avec Roubaix et Tourcoing, leur assurait la possession de la grande région industrielle et du bassin houiller du Nord. De violents combats enfin marquèrent le passage de la Lys, à la Bassée et Armentières.

Le 21 octobre, de la mer du Nord à la frontière suisse, un front unique et continu se trouvait ainsi constitué, suivant une ligne brisée, de Nieuport à Soissons, de Soissons à Verdun, de Verdun à Belfort.

LA GUERRE EN BELGIQUE

Après la chute de Namur (23 août), dont les forts, comme ceux de Liége, furent écrasés par la grosse artillerie allemande, l'ennemi avait pu pénétrer en France à la fois par les vallées de la Sambre et de la Meuse et par les plaines du Nord.

Tandis que le gros de ses armées se portait sur Paris, des forces suffisantes étaient restées en Belgique pour en assurer l'occupation. La petite armée belge se comporta vaillamment, mais les combats qu'elle livra ne firent que retarder la marche de l'ennemi. Le gouvernement dut se retirer à Anvers. Le 19 août, les Allemands occupèrent Bruxelles. Le 24, ils essuyèrent un échec devant Malines et se vengèrent en détruisant la ville et en saccageant Louvain (25 août).

L'offensive belge au moment de la bataille de la Marne. D'Anvers, où elle s'était retirée, l'armée belge poussa des pointes offensives, dont l'une, sur Termonde, coûta 4000 hommes aux Allemands.

Au moment de la bataille de la Marne, le roi Albert prit une vigoureuse offensive en direction de Malines et Bruxelles (9-12 septembre), retenant ainsi dans le nord plusieurs corps d'armée, gênant le transport des troupes et du matériel par d'incessants coups de main, rendant ainsi à notre cause un service inestimable.

Siège d'Anvers. Aussi, dès que le front fut stabilisé sur l'Aisne, les Allemands résolurent-ils de réduire la place d'Anvers qui servait de point d'appui à l'armée belge et constituait, par derrière, une menace constante. Ils amenèrent leur grosse artillerie et, suivant la méthode pratiquée à Liége et à Namur, ils écrasèrent les forts tandis que les aéroplanes lançaient des bombes sur la ville. Toute résistance devenant impossible et l'armée belge menaçant d'être encerclée dans la place, il fallut songer à la retraite. Un grand nombre d'habitants s'embarquèrent pour l'Angleterre ou se réfugièrent en Hollande, les approvisionnements furent détruits, et c'est dans une ville déserte que, le 9 octobre, les Allemands firent une entrée solennelle.

Arrivée sur l'Yser. L'armée belge, pendant ce temps, se dirigeait, non sans de grandes difficultés, sur Gand, Bruges, Ostende. Sans cesse menacée d'être coupée ou rejetée à la mer, elle fut aidée dans son mouvement par les fusiliers marins français qui, à Gand, se couvrirent de gloire. Le 16 octobre, elle arrivait enfin sur l'Yser, où elle se plaçait en position défensive, se reliant bientôt, par une armée française, à l'armée anglaise ramenée de l'Aisne.

Désormais, les opérations de l'armée belge se confondent avec celles des armées alliées, mais, de toute la Belgique, seul le petit coin à l'ouest de la ligne Nieuport-Ypres échappa à l'occupation étrangère. Le roi Albert y établit son quartier général, tandis que le gouvernement se rendait au Havre, où la France lui offrit l'hospitalité et où il devait attendre l'heure de la victoire.

LA GUERRE EN RUSSIE

Dès le début de la guerre, la presque totalité des armées allemandes fut dirigée contre la France.

Le plan allemand. L'état-major allemand, escomptant la lenteur de la mobilisation russe par suite du défaut de moyens de communication, avait pensé qu'il suffirait de quelques corps d'armée pour protéger les provinces orientales de l'Empire jusqu'au moment où, la France étant écrasée et mise hors de cause, les troupes nécessaires pourraient être transportées sur le front russe. Pas plus que la défaite française ne faisait de doute pour les généraux allemands, l'armée russe ne semblait devoir résister longtemps. Avant l'hiver, grand protecteur de la Russie, le tsar serait obligé à la paix. En attendant l'effort allemand, l'armée austro-hongroise, forte d'un million d'hommes et de 2500 canons, avait mission d'envahir la Pologne et d'attaquer les armées russes avant l'achèvement de leur concentration.

L'attaque russe en Prusse orientale. Comme la résistance belge troubla le plan allemand à l'ouest, la manœuvre russe jeta un moment l'inquiétude chez l'ennemi. Dès le 17 août 1914, en effet, et sans attendre que la mobilisation générale fût terminée, deux armées russes se jetèrent en Prusse orientale, ayant Kœnigsberg et Dantzig pour objectifs. Les corps allemands furent refoulés et les réfugiés, qui s'enfuirent devant les Cosaques, semèrent la panique jusqu'à Berlin.

En hâte, le gouvernement allemand dut expédier sur Dantzig les troupes qui, déjà, étaient en marche vers la France, et la

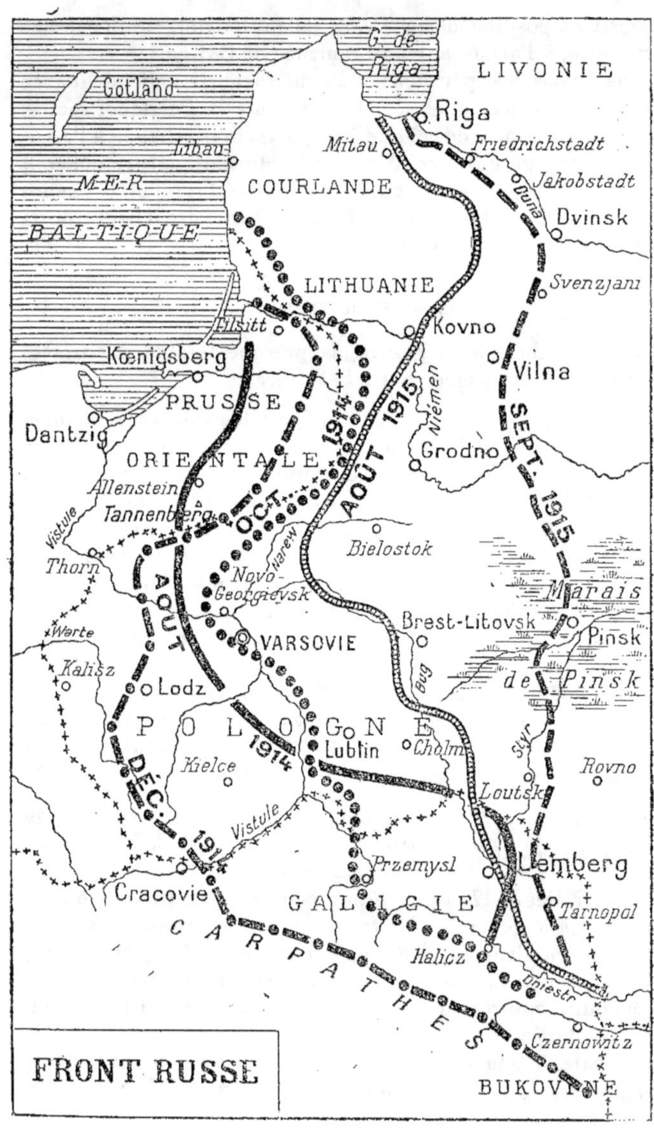
Götland
G. de Riga
LIVONIE
Riga
M-E-R
Libau
Mitau
Friedrichstadt
Jakobstadt
Dvinsk
COURLANDE
Düna
BALTIQUE
LITHUANIE
Svenzjani
Tilsitt
Kovno
Koenigsberg
Vilna
Niemen
SEPT. 1915
PRUSSE
AOÛT 1915
Dantzig
Grodno
ORIENTALE
OCT. 1914
Allenstein
Tannenberg
Vistule
Narew
Bielostok
Marais
Thorn
Novo-
Georgievsk
AOÛT
Brest-Litovsk
Pinsk
Warte
VARSOVIE
Bug
de Pinsk
Kalisz
Lodz
Styr
P O L O G N E
1914
Cholm
Rovno
DÉC.
Kielce
Lublin
191
Vistule
Loutsk
Przemysl
Lemberg
Cracovie
GALICIE
Tarnopol
CARPATHES
Halicz
Dniestr
Czernowitz
BUKOVINE
FRONT RUSSE

diversion opérée par les Russes contribua de la sorte à alléger les forces qui se portaient contre nous.

Hindenburg, mis à la tête de l'armée de Dantzig, après trois jours d'une furieuse bataille (27-29 août), rejeta les armées russes hors de la Prusse orientale, mais, jusqu'au 14 septembre, il fut impossible de distraire de ce front les soldats qui, peut-être, eussent pu, sur la Marne, assurer le triomphe des Allemands.

L'attaque russe en Galicie. Plus au sud, devançant les Autrichiens dans l'attaque qu'ils projetaient, les Russes envahirent la Galicie et, du 26 août au 15 septembre, après une série de victoires, occupèrent Lemberg, pénétrèrent en Bukovine jusqu'à Czernowitz, lançant des colonnes jusqu'en territoire hongrois. Au cours de cette période, les Autrichiens perdirent 250 000 hommes, tués, blessés ou prisonniers, plusieurs centaines de canons, une grande quantité de munitions, de mitrailleuses, un important matériel de guerre.

Ces événements, dont l'écho parvint jusqu'en France, contribuèrent à entretenir chez nous la confiance. Nous aurions tort d'oublier qu'au début de la guerre, les Russes se battirent avec bravoure et qu'ils furent des alliés fidèles et utiles.

LA GUERRE EN SERBIE

Qu'advenait-il pendant ce temps de la petite Serbie, qu'Allemands et Autrichiens entendaient rendre responsable de la guerre ?

Aussitôt après la déclaration de guerre, les Serbes détruisirent sur la Save le pont de Semlin, évacuèrent leur capitale, Belgrade, qui ne pouvait être défendue, et transportèrent le gouvernement dans une ville de l'intérieur, à Nisch.

L'offensive serbe. L'armée serbe, fortement trempée par les luttes balkaniques récentes, avait un armement excellent et était animée du plus ardent patriotisme. Aussi se porta-t-elle sans crainte contre les Autrichiens qui avaient envahi la Serbie au nord et à l'ouest, par la Save et la Drina. Dès le 12 août, elle arrêtait l'invasion autrichienne et, le 15, prenant l'offensive, elle culbutait l'ennemi dans la région du mont Tzer. Après six jours d'une lutte furieuse, l'armée autrichienne, abandonnant son artillerie et ses blessés, laissant aux mains des Serbes de nombreux prisonniers, était rejetée à l'ouest de la Drina et au nord de la Save.

Pendant tout le mois de septembre, de sanglants combats mirent aux prises Autrichiens et Serbes, sans que ceux-ci pussent tirer parti de leurs avantages. L'armée autrichienne était trop nombreuse et les munitions faisaient défaut à l'armée serbe.

Barbarie des Autrichiens. — Au cours de leur avance en Serbie, les Autrichiens se signalèrent par leur cruauté, ravageant tout, massacrant tout sur leur passage, commettant, sans utilité militaire, des atrocités sans nom. Comme les Allemands en Belgique, ils voulaient répandre la terreur chez les populations. Leur guerre fut sans merci, conduite avec fureur suivant des ordres impériaux. Les maisons étaient brûlées, les villages saccagés, les civils fusillés ! Sur tous les fronts, l'empereur d'Allemagne et l'empereur d'Autriche appliquaient systématiquement la même méthode barbare.

Nouvelle victoire des Serbes. — Mais, le 3 décembre, l'armée serbe qui s'était retirée dans les montagnes, ravitaillée en obus de 75, fond sur les Autrichiens et leur inflige la sanglante défaite du Roudnick. 30 000 prisonniers restent aux mains des Serbes et les Autrichiens s'enfuient jusqu'à la Drina.

Dans les premiers mois de la guerre, sur tous les fronts, la victoire, en définitive, reste aux Alliés. Malgré l'avance des Allemands, bien qu'ils aient porté la guerre hors de leur pays, partout ils sont arrêtés et leurs plans sont en échec.

DOCUMENTS ET LECTURES

1. — La guerre allemande : le pillage en France.

« En ce qui concerne le vol, nos constatations ont été incessantes et nous n'hésitons pas à dire que, partout où une troupe ennemie a passé, elle s'est livrée en présence de ses chefs et souvent même avec leur participation, à un pillage méthodiquement organisé. Les caves ont été vidées jusqu'à la dernière bouteille, les coffres-forts ont été éventrés, des sommes considérables ont été dérobées ou extorquées ; une grande quantité d'argenterie et de bijoux, ainsi que des tableaux, des meubles, des objets d'art, du linge, des bicyclettes, des robes de femmes, des machines à coudre et jusqu'à des jouets d'enfants, après avoir été enlevés, ont été placés sur des voitures, pour être dirigés vers la frontière. »

(Rapport de la Commission d'enquête instituée en vue de constater les actes commis par l'ennemi en violation du droit des gens.)

2. — Les crimes allemands.

Les faits qui suivent se sont passés, le 25 août 1914, à Jarny (Meurthe-et-Moselle). Ils sont relatés par la Commission d'enquête instituée en vue de constater les actes commis par l'ennemi en violation du droit des gens :

« Depuis l'avant-veille, deux régiments bavarois occupaient le village; une habitante de la localité, Mme Bérard, née Virginie·Duren, ayant reçu l'ordre de leur donner à boire, était allée chercher pour eux un grand nombre de seaux d'eau, mais un officier survint qui lui dit qu'elle en avait asez transporté et lui donna l'ordre de rentrer chez elle, ce qu'elle fit. Comme des Allemands tiraient avec des mitrailleuses sur sa maison, elle se réfugia dans sa cave avec ses trois enfants : Jeanne, âgée de neuf ans ; Jean, âgé de six ans ; Maurice, âgé de deux ans, et la famille Aufiero.

Bientôt, a raconté Mme Bérard, notre habitation a été arrosée de pétrole ; il en a été versé dans la cave par le soupirail, et nous nous sommes trouvés entourés de flammes. Je me suis alors sauvée avec mes deux petits garçons dans mes bras, tandis que ma fillette et la petite Béatrice Aufiero couraient, accrochées à ma robe. Au moment où nous traversions le ruisseau Rougeval, qui coule tout près de chez moi, les Bavarois ont tiré sur notre groupe. Mon petit Jean, que je portais, a été atteint de trois balles, une à la cuisse droite, une autre à la cheville et la troisième à la poitrine. La cuisse était presque détachée, et par la plaie de sortie du projectile qui avait traversé la poitrine, le poumon apparaissait. Le pauvre enfant m'a dit: « Oh ! maman, que j'ai mal ! » et il est mort aussitôt. En même temps, la jeune Béatrice avait le bras tellement fracassé qu'il ne tenait plus que par un lambeau de chair, et Angèle Aufiero, une enfant de neuf ans, recevait une blessure au mollet. La pauvre Béatrice souffrait cruellement et se plaignait en pleurant ; elle n'est pourtant pas tombée et a continué à marcher auprès de moi.

Pendant que ces faits se passaient, la famille Pérignon, qui habitait la maison voisine de la nôtre, était massacrée.

Quand on n'a plus tiré sur nous, j'ai voulu laver au ruisseau mon enfant, qui était couvert de sang, mais un soldat m'en a empêchée.

Au bout de quelques instants, nous sommes arrivés sur la route ; tandis qu'on faisait sortir M. Aufiero de la cave, des Allemands qui parlaient assez couramment le français ont dit à sa femme, qui venait de nous rejoindre : « Regarde fusiller ton *mann* (homme)! » Le malheureux, à genoux, demandait grâce, et comme sa femme criait : « Mon pauvre Côme ! » les soldats lui répondirent : « Ta gueule ! » L'exécution eut lieu à une vingtaine de mètres de chez nous.

Les Bavarois m'ont ensuite emmenée avec mes enfants, Mme Aufiero et sa fille, dans le pré du Pont de l'Etang. Un général a donné l'ordre de nous y fusiller ; mais je me suis jetée à ses pieds en l'implorant et en lui embrassant les mains ; il a consenti et m'a accordé notre grâce. A ce moment, un officier a dit en désignant mon enfant mort : « Celui-là ne se battra pas plus tard contre les nôtres. »

Le lendemain, un officier est venu me déclarer que mon enfant sentait mauvais et qu'il fallait m'en débarrasser. N'ayant trouvé personne pour faire un cercueil, je suis allée chercher dans les cantines deux caisses à lapins que j'ai clouées l'une au bout de l'autre ; j'y ai déposé le petit corps, et il a été enterré par deux soldats dans mon jardin où j'avais dû moi-même creuser une fosse. Je portais au cou une photographie de mon enfant ; un officier a osé me demander de la lui rendre. »

3. — La mort de M. Eug. Odent, maire de Senlis, fusillé par les Allemands.

« Le 2 septembre, l'ennemi fait son entrée à Senlis, où il est accueilli à coups de fusil par des troupes d'Afrique. Prétendant que ce sont des civils qui ont tiré sur lui, il met le feu à deux quartiers de la ville. Vers trois heures, M. Odent est arrêté à l'Hôtel de Ville, sous ce prétexte, contre lequel il proteste. Pendant qu'on l'emmène, le secrétaire de mairie le rejoint et lui propose d'aller chercher les adjoints. « C'est inutile, répond-il, ce sera assez d'une victime. » Conduit à Chamant, le magistrat, pendant le trajet, est de l'objet brutalités odieuses. On lui arrache ses gants pour les lui jeter au visage ; on lui prend sa canne et on l'en frappe violemment à la tête. Enfin, vers onze heures, on le fait comparaître devant trois officiers. L'un d'eux l'interroge, persiste à l'accuser d'avoir tiré ou fait tirer sur les Allemands et le prévient qu'il va mourir. M. Odent s'approche alors de ses compagnons de captivité, leur remet ses papiers et son argent et, très dignement, leur fait ses adieux. Il revient ensuite auprès des officiers. Sur l'ordre de ceux-ci, des soldats l'entraînent à une dizaine de mètres et lui mettent deux balles dans la tête. Les meurtriers creusent ensuite légèrement le sol et jettent sur le cadavre une couche de terre si mince que les pieds n'en sont pas recouverts.»

(Rapport de la Commission d'enquête.)

4. — L'exaltation du moral des soldats allemands avant la bataille de la Marne.

L'ordre du jour qui suit, trouvé à Vitry-le-François, dans les papiers du 8e corps, commandé par le général Tulff von Tscheppe, montre que les Allemands, devant l'intérêt du duel gigantesque et suprême qui allait s'engager, enflammaient eux aussi l'ardeur de leurs troupes :

« Le but poursuivi par nos marches longues et pénibles est atteint. Les principales forces françaises ont dû accepter le combat, après s'être continuellement repliées ; la grande décision est indiscutablement proche. Demain donc, la totalité des forces de l'armée allemande, ainsi que toutes celles de notre corps d'armée, devront être engagées sur toute la ligne allant de Paris à Verdun. Pour sauver le bien-être et l'honneur de l'Allemagne, j'attends de chaque officier et soldat, malgré les combats durs et héroïques de ces derniers jours, qu'il accomplisse son devoir entièrement et jusqu'à son dernier souffle. Tout dépend du résultat de la journée de demain. »

5. — La bataille de la Marne : L'ordre d'attaque.

Le 4 septembre au soir, le généralissime transmet à l'armée anglaise et aux chefs de nos armées l'ordre du jour général qui suit, ordonnant l'offensive pour le 6 :

« 1° Il convient de profiter de la situation aventurée de la Ire armée allemande pour concentrer sur elle les efforts des armées alliées d'extrême gauche. Toutes dispositions seront prises, dans la journée du 5 septembre, en vue de partir à l'attaque le 6.

2° Le dispositif à réaliser pour le 5 septembre au soir sera :

a. Toutes les forces disponibles de la VIe armée au nord-est de Meaux, prêtes à franchir l'Ourcq, entre Lizy-sur-Ourcq et May-en-Multien, en direction générale de Château-Thierry. Les éléments disponibles du 1er corps de cavalerie qui sont à proximité seront remis aux ordres du général Maunoury pour cette opération.

b. L'armée anglaise, établie sur le front Changis-Coulommiers, face à l'est, prête à attaquer en direction générale de Montmirail.

c. La Ve armée, resserrant légèrement sur sa gauche, s'établira sur le front général Courtacon-Esternay-Sézanne, prête à attaquer en direction générale sud-nord, le 2e corps de cavalerie assurant la liaison entre l'armée anglaise et la Ve armée.

d. La IXe armée couvrira la droite de la Ve armée, en tenant les débouchés sud des marais de Saint-Gond, et en portant une partie de ses forces sur le plateau au nord de Sézanne.

3º L'offensive sera prise par ces différentes armées, le 6 septembre, dès le matin.

Signé : J. JOFFRE. »

6. — La victoire de la Marne.

Voici le télégramme du général Joffre au ministre de la Guerre, après la victoire de la Marne :

« Notre victoire s'affirme de plus en plus complète. Partout, l'ennemi est en retraite. Partout, les Allemands abandonnent des prisonniers, des blessés, du matériel.

Après les efforts héroïques dépensés par nos troupes, pendant cette lutte formidable qui a duré du 5 au 12 septembre, toutes nos armées, surexcitées par le succès, exécutent une poursuite sans exemple par son extension.

A notre gauche, nous avons franchi l'Aisne, en aval de Soissons, gagnant ainsi plus de 100 kilomètres en six jours de lutte.

Nos armées, au centre, sont déjà au nord de la Marne.

Nos armées de la Lorraine et des Vosges arrivent à la frontière.

Nos troupes, comme celles de nos alliés, sont admirables de moral, d'endurance et d'ardeur.

La poursuite sera continuée avec toute notre énergie. Le Gouvernement de la République peut être fier de l'armée qu'il a préparée. »

Aux armées, le généralissime adresse l'ordre du jour qui suit :

« La bataille qui dure depuis cinq jours s'achève en une victoire incontestable ; la retraite des Ire, IIe et IIIe armées allemandes s'accentue devant notre gauche et notre centre.

« A son tour, la VIe armée ennemie commence à se replier au nord de Vitry et de Sermaize.

Partout, l'ennemi laisse sur place de nombreux blessés et des quantités de munitions. Partout, on fait des prisonniers.

En gagnant du terrain, nos troupes constatent les traces de l'intensité de la lutte et l'importance des moyens mis en œuvre par les Allemands pour essayer de nous résister. La reprise vigoureuse de l'offensive a déterminé le succès.

Tous, officiers et soldats, avez répondu à mon appel. Tous vous avez bien mérité de la Patrie.

Signé : JOFFRE. »

7. — Ordre du jour à la VIe armée.

« La VIe armée vient de soutenir pendant cinq jours entiers, sans interruption ni accalmie, la lutte contre un adversaire nombreux et dont le succès avait jusqu'à présent exalté le moral. La lutte a été dure, les pertes par le feu et les fatigues dues à la privation de sommeil et parfois de nourriture, ont dépassé tout ce que l'on pouvait imaginer ; vous avez tout supporté avec une vaillance, une fermeté et une endurance que les mots sont impuissants à glorifier comme elles le méritent.

Camarades, le général en chef vous a demandé, au nom de la Patrie, de faire plus que votre devoir ; vous avez répondu au delà même de ce qui paraissait possible. Grâce à vous, la victoire est venue couronner nos drapeaux. Maintenant que vous en connaissez les glorieuses satisfactions, vous ne la laisserez plus échapper.

Quant à moi, si j'ai fait quelque chose de bien, j'en ai été récompensé par le plus grand honneur qui m'ait été décerné dans une longue carrière : celui de commander des hommes tels que vous. C'est avec une vive émotion que je vous remercie de ce que vous avez fait, car je vous dois ce vers quoi étaient tendus depuis quarante-quatre ans tous mes efforts et toutes mes énergies : la revanche de 1870.

Merci à vous et honneur à tous les combattants de la VIe armée.

Claye (Seine-et-Marne), le 10 septembre 1914.

Signé : JOFFRE ; contresigné : MAUNOURY. »

8. — La fin de la bataille de la Marne.

(*Communiqué officiel.*)

Le communiqué officiel récapitulatif du 10 septembre, de 15 heures, reproduit fidèlement l'ensemble de la situation :

« Ainsi que nous l'avons annoncé, une bataille est engagée, depuis le 6 septembre, sur le front s'étendant d'une façon générale de Paris à Verdun. Dès le début de l'action, l'aile droite allemande, qui avait atteint, le 6,

la région au nord de Provins (armée commandée par le général von Klück),
se voyait obligée de se replier devant la menace d'enveloppement dont elle
était l'objet.

Par une série de mouvements habiles et rapides, cette armée parvenait
à échapper à l'étreinte dont elle était menacée et se jetait avec la majeure
partie de ses forces contre notre aile enveloppante au nord de la Marne et à
l'ouest de l'Ourcq : mais les troupes françaises qui opéraient dans cette région,
puissamment aidées par la bravoure de nos alliés anglais, infligèrent à
l'ennemi des pertes considérables et ont tenu bon le temps nécessaire pour
permettre à notre offensive de progresser par ailleurs.

Actuellement, de ce côté, l'ennemi est en retraite vers l'Aisne, vers l'Oise.
Il a donc reculé de 60 à 70 kilomètres depuis quatre jours !

Entre temps, les forces franco-anglaises, qui opéraient au sud de la Marne,
n'ont pas cessé de poursuivre leur offensive. Parties de la région au nord
de Provins et au sud d'Esternay, elles ont débouché de la Marne, au nord
de Château-Thierry. De violents combats ont été engagés dès le début,
dans la région de la Ferté-Gaucher, d'Esternay et de Montmirail. La
gauche de l'armée du général von Klück, ainsi que l'armée du général
von Bülow, se replient devant nos troupes.

C'est dans la région comprise entre les plateaux au nord de Sézanne et
Vitry-le-François que se sont livrés les combats les plus acharnés. Là nos
troupes opéraient contre la gauche de l'armée Bülow, l'armée saxonne et
une partie de l'armée commandée par le prince de Wurtemberg. Par de violentes attaques répétées, les Allemands ont tenté de rompre notre centre
sans y parvenir.

Nos succès sur le plateau au nord de Sézanne nous ont permis, à notre
tour, de passer à l'offensive et, au cours de la nuit dernière, l'ennemi a rompu
le combat sur le front compris entre les marais de Saint-Gond et la région
de Sommesous, pour se replier dans la région immédiatement à l'ouest de
Vitry-le-François.

Sur l'Ornain, de même qu'entre l'Argonne et la Meuse, où opèrent les
armées du prince de Wurtemberg et du Kronprinz, le combat dure encore,
avec des alternatives d'avance et de recul, mais sans grand changement dans
la situation d'ensemble.

Ainsi, la première phase de la bataille de la Marne se dessine en faveur des
armées alliées, puisque l'aile droite allemande et le centre sont actuellement
en retraite.

A notre droite, la situation reste sans changement notable dans les Vosges
et devant Nancy, que quelques pièces allemandes à longue portée ont essayé
de bombarder.

La situation générale s'est donc complètement transformée depuis quelques jours, tant au point de vue stratégique qu'au point de vue tactique.
Non seulement nos troupes ont arrêté la marche des Allemands, que ceux-ci
croyaient victorieuse, mais l'ennemi recule devant nous sur presque tous
les points. »

Le second communiqué de 23 heures, du 10 septembre,
complétait ces informations :

« A l'aile gauche, notre succès s'accentue. Nos progrès ont continué au nord de la Marne et dans la direction de Soissons et Compiègne. Les Allemands nous ont abandonné de nombreuses munitions, du matériel, des blessés et des prisonniers. Nous avons pris un nouveau drapeau.

L'armée britannique s'est emparée de 11 canons, d'un matériel important et a fait 1 200 et 1 500 prisonniers.

Au centre, l'ennemi a cédé sur tout le front entre Sézanne et Revigny. Dans l'Argonne, les Allemands n'ont pas encore reculé.

Malgré les efforts fournis par les troupes, pendant ces cinq jours de bataille, elles trouvent encore l'énergie de poursuivre l'ennemi.

A l'aile droite (Lorraine et Vosges), rien de nouveau. »

9. — L'avance et la retraite allemandes.

(Carnet de route d'un sous-officier allemand.)

« *Dimanche 23 août.* — Marche de Dorinne vers la Meuse. Pendant cette marche, les habitants ont tiré sur un réserviste. Le capitaine Wültig, là-dessus, fit fusiller treize habitants...

Sept heures du soir. — Marche à travers Dinant. Tous les hommes de cet endroit furent fusillés parce qu'ils avaient tiré sur nous. Il y avait environ cent hommes. Trois localités avec les habitants sont bombardées, et le soir on franchit la Meuse en canots. Tout Dinant était en flammes.

Mardi 25. — Marche dans la direction sud-ouest à travers Arent. L'endroit est incendié parce que deux grenadiers ont été tués par les habitants. Le curé est aussi fusillé.

Mercredi 26. — A 3 heures après-midi, on franchit la frontière française. La musique du régiment joue. La première localité française, La Guen (?) est de suite mise en feu, l'église aussi, parce que les habitants avaient tiré. Dans la suite de la marche, nous sommes arrêtés par des francs-tireurs.

Vendredi 28. — A... (?), nous apprîmes que le curé aurait sonné les cloches pour donner un signal. Le prêtre a été pendu le 28 à 8 heures du matin, dans l'église. »

Le *dimanche 30 août*, il combat à Saulces-Monclin où le régiment a 125 tués ou blessés ; le 31 août, il est à Rethel où il note « bu deux bouteilles de vin rouge pour le déjeuner, mais presque rien mangé depuis deux jours ». Le 1er, le 2 septembre, combats, marche en direction de Reims, puis d'Epernay.

« *Dimanche 6 septembre.* — Départ d'Ambonnay à 7 heures du matin. Marche sur Condé-sur-Marne, Jâlons. Nous avons fait 30 kilomètres ce jour-là. Nous avions mission de soutenir le corps de la garde qui, au sud de nous, se trouvait dans la bataille. A 6 h. 30 du soir, nous tombâmes sous le feu de l'artillerie française...

Lundi 7 septembre. — Le matin, à 5 heures, la bataille commença de nouveau. L'artillerie et l'infanterie françaises nous prenaient en flanc. Il y eut 60 blessés... Cette nuit-là nous n'avons pas dormi du tout.

Mardi 8 septembre. — Le matin, à 3 heures, l'ordre courut qu'on reprenait

la marche en avant et de mettre baïonnette au canon. Dans cette marche,
notre propre artillerie tira sur nos colonnes et il y eut de nombreux morts
et blessés...

Mercredi 9 septembre. — Nous restâmes dans un bois pour empêcher une
attaque de flanc des ennemis. L'artillerie française rendit bientôt ce séjour
intenable et nous causa des pertes très sensibles. A 7 heures, nous reçûmes
l'ordre de nous replier. Avons marché toute la nuit jusqu'à 4 heures du
matin...

Vendredi 11 septembre. — ... Nous voulions nous retrancher au nord de
Châlons, mais, le soir, à 17 h. 30, nous recevons l'ordre de reculer encore davantage. On projetait ainsi d'attirer l'adversaire qui se trouvait sur de très
fortes positions défensives. Le Kronprinz devait venir du sud et tomber
sur les flancs de l'adversaire. Cependant nous marchons encore pendant
cinq heures plus loin en arrière...

Samedi 12 septembre. — Mourmelon-le-Grand... Nous nous retirons...
C'est la première nuit de la semaine où nous pouvons dormir.

Dimanche 13 septembre. — A 6 heures du matin, départ dans la direction
du nord. A midi, nous n'avions rien dans l'estomac. Tous les jours derniers
nous avions vécu de fruits et de betteraves.

Lundi 14 septembre. — A 12 h. 30, nous quittâmes nos tranchées et reprîmes
notre « *marche en avant* » *vers le nord.* On passe à Saint-Martin-l'Heureux,
Saint-Hilaire-le-Petit. La pluie tombe. Dans l'ensemble, les affaires vont très
bien pour nous. A 6 heures du soir, départ. Nous marchons jusqu'à 10 heures
et bivouaquons à Bazancourt. Le régiment a de grosses pertes : 14 officiers,
150 hommes sont tués, 21 officiers, 660 hommes sont blessés, 250 sont disparus.

Le 17 et le 18, nous marchâmes toute la nuit jusqu'à 6 heures du matin.
Il pleuvait du ciel tout ce qui était possible...

Dimanche 20 septembre. — A 8 heures, le 3e bataillon reçoit l'ordre de se
déployer. Nous avions devant nous des Anglais et des zouaves. Je n'aurais
jamais cru que les Anglais fussent si braves. Ils ont beaucoup de sang-froid,
à tel point qu'ils viennent sur nos lignes à 200 mètres au pas. La nuit, ils
rampent comme des belettes jusqu'à nos tranchées... »

*(Traduction du carnet de route d'un sous-officier allemand, tué le 20 sep-
tembre 1914, près de Juvincourt.)*

10. — Le soldat français jugé par un général allemand.

« Si vous voulez les raisons matérielles de notre échec (à la bataille de la
Marne), reportez-vous aux journaux du temps. Ils vous parleront du manque
de munitions, d'un ravitaillement défectueux, ce qui est exact. Mais il y a
une raison qui prime les autres, une raison qui, à mon avis, est décisive, c'est
l'aptitude tout à fait extraordinaire, et particulière au soldat français, de
se ressaisir rapidement. C'est là un facteur qui se traduit difficilement en
chiffres et qui, par conséquent, déroute le calculateur le plus précis et le plus
prévoyant. Que des hommes se fassent tuer sur place, c'est là une chose bien

connue et escomptée dans chaque plan de bataille. On prévoit que telles compagnies doivent se faire tuer sans reculer à tel endroit précis pendant tant de temps et on en tire des conclusions utiles. Mais que des hommes ayant reculé pendant dix jours, que des hommes couchés par terre à demi morts de fatigue puissent reprendre le fusil et attaquer au son du clairon, c'est là une chose avec laquelle nous n'avons jamais appris à compter ; c'est là une possibilité dont il n'a jamais été question dans nos écoles de guerre... »

Von Klück
(Mémoires.)

CHAPITRE III

LA GUERRE DE TRANCHÉES. — TENTATIVES DE PERCÉE DU FRONT
1915 : BATAILLES D'ARTOIS ET DE CHAMPAGNE

STABILISATION DU FRONT

Dès la fin de septembre 1914, en Belgique et en France, sur une longueur de 700 kilomètres, de la mer du Nord à la frontière suisse, le front s'est stabilisé. Les Français ont creusé des tranchées en face des tranchées allemandes et, par des tentatives nombreuses et sanglantes, au cours des mois qui suivent, chacun tente d'améliorer ses positions, ou cherche à trouver chez l'adversaire le point faible qui permettra la reprise de l'offensive qu'on croit seulement suspendue.

LA BATAILLE DES FLANDRES

Vers le milieu d'octobre, les Allemands, renonçant à la marche sur Paris, portèrent leur effort sur l'Yser. Ils pensaient que cette région, la dernière organisée, était la moins solidement défendue et que, à défaut de Paris, ils pourraient occuper Calais et ainsi couper les Anglais de leur base principale de ravitaillement.

Des forces considérables furent rassemblées et, après quelques engagements, le 24 octobre commença la grande attaque qui devait percer les lignes belges entre Nieuport et Dixmude et conduire les Allemands jusqu'à Dunkerque et Calais.

Dixmude. L'armée belge, réorganisée, soutint vaillamment le choc. D'abord enfoncée, soutenue par les canons des escadres alliées, par les fusiliers marins de l'amiral Ronarc'h, elle put, après des efforts inouïs, rejeter les Allemands sur l'Yser et le canal.

A *Dixmude*, les combats furent particulièrement acharnés. Les écluses de Nieuport furent ouvertes et arrêtèrent désormais toute tentative d'invasion par le nord.

Ypres. Guillaume II, qui était venu sur place pour encourager ses soldats, ordonna de tenter un nouvel effort plus au sud, vers *Ypres*, contre les Anglais et les troupes françaises en liaison avec ceux-ci. Du 26 octobre au 14 novembre, en assauts furieux et au prix d'énormes sacrifices, les Allemands tentèrent de rompre les lignes alliées. La ténacité des Anglais rendit infructueux tous leurs efforts. 30000 cadavres ennemis restèrent sur le terrain, et Guillaume n'eut d'autre satisfaction que de faire détruire par son artillerie lourde la ville d'Ypres. La célèbre Halle aux Drapiers, merveille de l'architecture flamande du moyen âge, ainsi fut réduite en ruines.

Cette longue et terrible bataille se terminait à l'avantage des Alliés. La route de Calais, comme le chemin de Paris, était fermée aux Allemands.

« Jamais offensive plus soigneusement préparée et plus furieusement menée n'avait subi un échec aussi complet. » (*Communiqué officiel.*)

L'HIVER 1914-1915

L'hiver n'est pas favorable aux opérations militaires de grande envergure, et, d'autre part, chacun des adversaires avait besoin de reconstituer ses forces. Aussi, après la bataille des Flandres, ne constate-t-on que des actions locales pénibles et meurtrières qui ne peuvent avoir une grande importance pour le résultat final.

Organisation des tranchées allemandes. Sans aucun retard, les Allemands s'organisent. Ils multiplient les tranchées, construisent des abris profonds, fortifient leurs positions par des défenses accessoires, réseaux de fil de fer barbelé, chevaux de frise, perfectionnent et multiplient les voies d'accès vers le front, renforcent leur artillerie d'engins de destruction à courte distance, qui bouleversent les tranchées et produisent dans nos rangs de terribles ravages. Ils sont en pays conquis et ils n'hésitent pas à détruire les forêts, les villages, pour se mettre à l'abri des obus et donner aux troupes en ligne un certain confort.

Les tranchées françaises. — Les Français sont plus longs à se mettre à la besogne. Ils pensent que l'offensive reprendra dès le printemps et ils répugnent à des travaux de longue haleine, qui seraient l'indice d'un esprit trop préoccupé de la défensive. Le matériel leur fait défaut et les munitions sont rares. Dans des fossés boueux, à quelques mètres de l'ennemi, sans cesse en alerte, baïonnette au canon, ils attendent le moment de partir en avant. Écrasés par les torpilles allemandes qui retournent les tranchées, déchiquètent les hommes ou les enterrent tout vivants, stoïquement, ils repoussent toutes les attaques, à coups de fusil ou à la baïonnette, parce que les mitrailleuses sont rares, que l'artillerie manque de munitions et que, pour répondre aux formidables torpilles allemandes, ils n'ont que des canons de tranchée rudimentaires, qui

Église de Moussy (Aisne).

font plus de bruit que de mal, véritables jouets d'enfants dont se rient les Allemands bien abrités.

Sur tout le front, c'est la même vie monotone et terrible, l'écrasement sans riposte possible, la mort qui passe dans les rafales incessantes des mitrailleuses ennemies, la mort qui ensevelit sous le tremblement de terre des engins monstrueux, dont les Allemands ont été rapidement et largement dotés.

Les villages s'écroulent sous les obus. Les ruines s'accumulent dans les villes, Reims, Soissons, Arras, trop rapprochées de la ligne de feu. Peu à peu les derniers habitants, qui étaient restés accrochés à leurs foyers, sont évacués. La zone de combat s'isole du reste du monde et, sur une profondeur de vingt kilomètres, c'est la destruction systématique, effroyable, de l'effort des siècles, le meurtrissement ininterrompu de la terre labourée par d'incessantes explosions.

La soupe.

LA VIE AUX TRANCHÉES

Le fusil à portée de la main, les soldats mangent dans la tranchée. Accroupis, ils dorment dans des abris primitifs ou de simples trous creusés dans les talus, toujours prêts à faire le coup de feu. Dès que la nuit vient, ils prennent la pelle et la pioche, creusent les tranchées, relèvent les éboulements, approfondissent les boyaux ou enterrent les morts. Les hommes de garde veillent, attentifs au moindre mouvement de l'ennemi, au moindre bruit suspect. Spectacle grandiose et sinistre sur lequel plane constamment la mort.

Les principaux combats.

A peine la lutte s'intensifie-t-elle sur certains points d'une importance vitale, dont les Allemands tentent de s'emparer en vue de leurs opérations futures. Des combats sanglants se livrent pour la possession de ces positions qui, le plus souvent, passent d'une main à l'autre, sans grand résultat.

Sur l'Yser, dans le Soissonnais, dans l'Aisne et en Champagne.

Toutes les tentatives, multipliées par les Allemands jusqu'au 1er janvier 1915, pour percer les lignes alliées vers l'Yser, autour d'Ypres, entre Arras et La Bassée, demeurent infructueuses. La prise de Quesnoy-en-Santerre (28-30 octobre), de la ferme de Metz (2 novembre), les combats autour de Soupir, Craonne, Berry-au-Bac dans l'Aisne, Perthes-les-Hurlus en Champagne, marquent quelques-uns des innombrables et glorieux faits d'armes de

Le président Poincaré sur le front, avec le général Franchet d'Espercy.

nos troupes. Au mois de janvier 1915, l'affaire de Crouy amena les Allemands jusqu'au bord de l'Aisne, mais ne leur permit ni de forcer le passage de la rivière, ni d'entrer dans Soissons.

En Argonne.

En Argonne, en raison des forêts et du terrain mouvementé, la lutte fut particulièrement âpre. Le Kronprinz, dans le but d'isoler Verdun, voulait se rapprocher de la voie ferrée Verdun-Sainte-Menehould-Châlons, qui traverse l e défilé des Islettes. Les Français, de leur côté, cherchaient à gagner du terrain pour dégager complètement la place. D'où des attaques incessantes et meurtrières dans le bois de la Gruerie, vers le Four de Paris, sans que les Allemands pussent nous rejeter au delà de la Biesme. La prise de Vauquois, observatoire important, chèrement acheté par six jours de violents assauts, fut un épisode particulièrement glorieux pour nos troupes (28 février-5 mars 1915).

Sur les Hauts de Meuse. Sur les Hauts de Meuse, l'ennemi, dans le dessein de rejoindre l'armée d'Argonne et d'envelopper ainsi Verdun, réussit à occuper Saint-Mihiel. Maître du passage de la Meuse entre Toul et Verdun, il ne put cependant réaliser son projet, grâce à l'héroïsme de nos soldats dans la *forêt d'Apremont*, au *bois Le Prêtre*, et à l'attaque victorieuse mais sanglante, prononcée par nos troupes, du 5 au 12 avril, contre la position des *Eparges.*

Dans les Vosges. Dans les Vosges, les combats qui se déroulèrent autour de l'Hartmannwillerskopf, le « vieil Armand », comme disaient familièrement les troupiers, comptent parmi les plus durs.

La fatigue de nos soldats. Cette activité incessante sur tout le front, la proximité des lignes qui se confondaient parfois, obligeaient nos soldats à une tension perpétuelle et formidable qui rendit cet hiver particulièrement pénible à supporter. L'insuffisance d'organisation était souvent périlleuse et obligeait les troupes à des fatigues excessives. Les effectifs fondaient à vue d'œil et, pour renforcer nos bataillons, on dut faire appel aux « pépères », territoriaux de 40 à 45 ans, qui firent bravement le coup de feu dans les régiments actifs, et supportèrent vaillamment toutes les fatigues et tous les dangers de leurs camarades plus jeunes.

La sollicitude du pays. Nous n'étions pas préparés à une guerre de défensive et de longue durée, de sorte qu'il fallut tout improviser. Heureusement les souffrances de nos soldats furent atténuées par un magnifique élan de solidarité qui, de tous les points de la France, fit affluer vers les tranchées de chauds lainages, des provisions, du tabac. Au cours de cet hiver, le soldat sentit vraiment battre le cœur du pays, et il trouva, dans la sollicitude dont il fut l'objet, le courage de supporter toutes les souffrances et de braver tous les dangers.

LES OFFENSIVES DE 1915

L'effondrement du plan allemand à la bataille de la Marne, les échecs de nos ennemis dans leurs tentatives de percée vers les Flandres, avaient ouvert les yeux de Guillaume II. La guerre qu'il avait annoncée à son peuple devait être courte, « fraîche et joyeuse ». Or elle menaçait de durer, et la certitude de la victoire n'apparaissait plus comme aux premiers jours. Aussi la diplomatie allemande s'efforça-t-elle d'étendre le conflit vers l'Orient, pour venir en aide à l'Autriche vaincue, créer en Egypte et dans l'Inde des difficultés à l'Angleterre et paralyser l'effort qu'elle produisait et qui devenait menaçant.

Solidement établi sur les positions du front occidental, l'ennemi se tourna tout d'abord vers la Russie qui menaçait gravement l'Autriche, puis contre la Serbie.

Le commandement franco-britannique, profitant de ces dispositions, à deux reprises, au printemps et à l'automne, passa à l'offensive, dans l'espoir de percer le front allemand. A chaque offensive allemande vers l'Orient correspondit une offensive franco-anglaise en Occident.

Dès le mois de novembre 1914, l'Allemagne réussit à faire entrer la Turquie dans le conflit. Peu de temps avant la guerre, nous avions consenti aux Turcs un emprunt et nous pouvions tout au moins escompter leur neutralité. Mais les diplomates et les militaires allemands avaient mis la main sur les gouvernants, achetant les consciences, réorganisant l'armée à la prussienne, faisant miroiter aux yeux des Turcs la suprématie sur la Perse, la Syrie et l'Egypte. A travers la Turquie agrandie, l'Allemagne pensait s'ouvrir le chemin des Indes, et inquiéter ainsi l'Angleterre dans une de ses plus riches possessions. L'Egypte menacée, c'était une atteinte à la puissance des Anglais qui devraient faire face à ce nouveau danger.

L'EXPÉDITION DES DARDANELLES
(20 FÉVRIER-20 DÉCEMBRE 1915)

La guerre entre l'Entente et la Turquie fut officiellement déclarée le 12 novembre 1914. Dès le mois de février 1915, sur

les conseils de l'Angleterre, l'Entente décida de frapper **la**
Turquie au cœur en attaquant Constantinople. Tandis que **la**
flotte russe interviendrait par la mer Noire, les flottes anglaise
et française, franchissant le détroit des Dardanelles, traversant

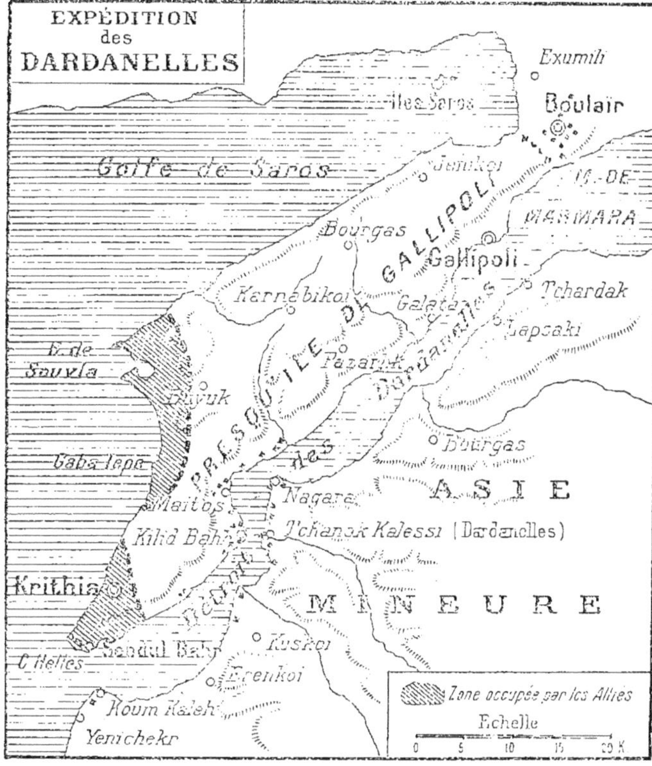

la mer de Marmara, devaient se présenter devant Constantinople et préparer la voie à un corps expéditionnaire qui se
formait en Egypte.

Il semblait que cette entreprise, qui devait amener la chute de
l'empire turc et nous ouvrir la route de la mer Noire, était de
nature à réussir, les Alliés disposant de forces navales considérables et possédant la maîtrise des mers. Mais les Turcs,

dirigés par les Allemands, avaient obstrué les passes par de nombreux champs de mines, sur lesquels sautèrent plusieurs navires alliés. Le corps expéditionnaire, en débarquant après un dur et sanglant combat, sur les plages de la péninsule de Gallipoli, se heurta à de solides retranchements, que des attaques répétées ne réussirent pas à rompre.

Du mois d'avril au mois de septembre, Français et Anglais rivalisèrent d'héroïsme et endurèrent les plus cruelles souffrances. L'absence d'eau, les difficultés du ravitaillement qui ne pouvait être accompli que par mer, s'ajoutaient aux dangers d'une position précaire, où les Alliés ne purent se maintenir qu'en poussant à l'extrême l'esprit de sacrifice.

Dès le mois de septembre, il devint évident que l'attaque était manquée et que les sacrifices que l'on pourrait faire désormais le seraient en pure perte. En décembre, l'évacuation fut décidée. Elle s'opéra, presque à l'insu de l'ennemi, avec une rapidité remarquable et sans grandes pertes.

Les troupes alliées, retirées de la presqu'île de Gallipoli, allèrent rejoindre, à Salonique, le corps expéditionnaire qui était venu au secours de la Serbie.

L'expédition des Dardanelles aurait sans doute réussi si elle avait pu prendre la forme d'un coup de main rapide. Elle était vouée à l'échec du moment où les opérations se prolongeaient en guerre de tranchées. Elle fut coûteuse pour les Alliés, mais elle eut cependant ce résultat utile d'immobiliser l'armée turque et d'ajouter aux charges de l'Allemagne qui dut aider financièrement et militairement la Turquie.

L'OFFENSIVE ALLEMANDE EN POLOGNE

Les Russes, continuant leurs succès en Galicie, avaient enlevé la place forte de Przemysl (22 mars 1915), faisant 100000 prisonniers autrichiens et menaçant la Hongrie. La situation était grave ; aussi l'état-major allemand décida-t-il de porter un grand coup du côté russe.

Il se substitua à l'état-major autrichien et prit en mains la direction des opérations. Toutes les troupes austro-hongroises, encadrées de forces allemandes, soit un million et demi de soldats, furent réunies sous le commandement du général prussien Mackensen.

Le 2 mai 1915, il prenait l'offensive. Les Russes, dépourvus de grosse artillerie, manquant de munitions, mal approvisionnés, durent se replier, abandonnant Przemysl, Lemberg, perdant en deux mois toute la Galicie. La Pologne elle-même dut être évacuée. Varsovie fut occupée par les Allemands, le 5 août, et la Russie elle-même fut envahie.

A grand'peine les armées russes purent éviter l'encerclement dont elles étaient menacées. Elles durent céder à l'ennemi de vastes espaces de terrain, mais elles ne furent pas détruites, et dès que les munitions ne manquèrent plus, elles purent arrêter l'envahisseur et l'obliger à stabiliser son front en le réduisant à la guerre de tranchées (octobre 1915).

Les succès de Mackensen eurent un grand retentissement à Berlin. Cette joie cependant n'allait pas sans quelque inquiétude puisque, par l'intermédiaire du roi de Danemark, l'Allemagne proposa à la Russie de faire une paix séparée, proposition qui fut d'ailleurs rejetée par le tsar.

INTERVENTION DE LA BULGARIE. — ÉCRASEMENT DE LA SERBIE

Le désastre de Roudnick avait terminé, en décembre 1914, la deuxième agression de l'Autriche contre la Serbie. Seuls, les Autrichiens n'auraient plus osé affronter la vaillante armée serbe. Mais, au mois d'octobre 1915, le tsar Ferdinand de Bulgarie, qui, depuis plusieurs mois. trompait les Alliés sur ses véritables sentiments, influencé par les victoires allemandes en Galicie et en Pologne, jeta le masque et se rallia à la cause des Empires centraux.

Assaillie par les Autrichiens et par les Bulgares, abandonnée par le roi Constantin de Grèce, alors qu'un traité garantissait à la Serbie l'appui de la Grèce en cas d'attaque par les Bulgares, la malheureuse Serbie, prise entre deux feux, fut écrasée. Une expédition française, partie de Salonique et remontant le Vardar, ne put que recueillir les débris de l'armée serbe.

Pendant un mois, les Serbes opposèrent à leurs ennemis une résistance héroïque. Accablés par le nombre, ils durent abandonner leur pays aux mains de l'ennemi et se replier sur l'Albanie. En plein hiver, dans les montagnes couvertes de neige, la retraite fut tragique. Des milliers de cadavres jonchèrent la route, et les survivants atteignirent la côte dans un état lamentable. Recueillis par les navires alliés, ils furent transportés à Corfou. La Serbie semblait à jamais rayée des nations.

Le Monténégro, qui avait fait cause commune avec la Serbie, partagea le sort de celle-ci et fut occupé par les Autrichiens.

Ainsi, à la fin de 1915, sur tout le front oriental, la victoire allemande s'affirmait : la Russie, la Serbie mises hors de cause, l'Allemagne allait avoir les mains libres pour porter tout son effort vers le front occidental.

L'ITALIE EN GUERRE

Si la diplomatie allemande avait obtenu des succès en faisant entrer la Turquie, puis la Bulgarie, à ses côtés dans la guerre, les Alliés eurent leur revanche le 23 mai 1915, quand l'Italie déclara la guerre à l'Autriche.

En entrant, en 1880, dans la Triple Alliance, l'Italie, devenue l'alliée de sa vieille ennemie l'Autriche, semblait avoir abandonné l'espoir de reprendre Trieste et le Trentin. Or elle n'avait jamais renoncé à constituer l'unité italienne à laquelle manquaient ces provinces, et, restée neutre en 1914, malgré les efforts du prince de Bülow, envoyé tout exprès à Rome, l'Italie songea à profiter des événements pour achever l'œuvre commencée en 1859 et en 1866.

La guerre fut déclarée à l'Autriche.

En prenant, au milieu de l'enthousiasme général, le commandement suprême des troupes italiennes, le roi Victor-Emmanuel annonçait que « l'heure solennelle des revendications nationales avait sonné et qu'aux soldats allait revenir la gloire d'arborer les couleurs de l'Italie sur les terres que la nature avait données comme frontière à la patrie ».

Les Italiens entrèrent dans le Trentin, mais de nombreuses fortifications, appuyées par les obstacles naturels, les obligèrent à une guerre de positions lente et pénible, mais qui eut pour résultat, en créant un nouveau front, d'immobiliser une grande partie de l'armée autrichienne qui aurait pu être utilisée contre les Alliés.

LES OFFENSIVES FRANÇAISES

Sur tous les fronts, le grand état-major allemand avait pris la direction des opérations. Des généraux allemands commandaient les armées autrichiennes et bulgares, et une pensée unique présidait aux opérations. Pendant qu'une offensive victorieuse se déroulait à l'Est, en Pologne et en Serbie, les troupes allemandes s'organisaient puissamment pour la défensive sur le front français. Aussi est-ce contre de véritables forteresses que se heurtèrent, au printemps et à l'automne, les offensives alliées dont le but était de percer les lignes ennemies pour reprendre la guerre de mouvement.

Offensive du printemps en Artois. Au printemps 1915, c'est en Artois que le commandement franco-anglais tenta de rompre le front allemand. Tandis que l'armée anglaise dirigeait une vigoureuse offensive au nord de la Bassée, pour retenir en face d'elle une partie des forces ennemies, les troupes françaises, après une violente préparation d'artillerie, attaquèrent, le 9 mai, entre Lens et Arras, les positions de Carency, Neuville-Saint-Waast, Ablain-Saint-Nazaire, Notre-Dame de Lorette.

Un système compliqué de boyaux, de tranchées, de barricades, de fortins en ciment armé, garnissait ces positions que les Allemands considéraient comme imprenables. Trois semaines d'une lutte acharnée (30 mai-19 juin) nous en rendirent maîtres. Une à une, chaque organisation fut enlevée, et le fameux « Labyrinthe » lui-même ne résista pas à l'élan et à la ténacité de nos troupes.

Ces difficultés inouïes retardaient forcément notre progression. Des luttes épiques et sanglantes, où la résistance était aussi furieuse que l'attaque, marquaient chaque journée. Un système enlevé, c'était un nouvel obstacle aussi solide qui se dressait. Des mitrailleuses, habilement disséminées à l'arrière, arrêtaient la marche de nos soldats quand l'artillerie croyait avoir nivelé tout le terrain. Continuer eût été folie: la bataille d'Artois s'arrêta au milieu de juin sans que la trouée fût faite.

L'offensive d'automne en Champagne. Cependant, l'idée d'une percée n'était point abandonnée. Elle fut reprise à l'automne sur deux points différents, en Artois encore et en Champagne, l'offensive d'Artois étant surtout destinée à faire diversion pour favoriser l'effort principal qui devait avoir lieu en Champagne.

Le 25 septembre, toutes les troupes furent alertées. Elles

devaient se tenir prêtes à prendre une offensive générale, si les résultats espérés en Champagne se produisaient.

A la date fixée, les troupes britanniques, après un violent combat, s'emparèrent de Loos, et les troupes françaises, en liaison avec elles, enlevèrent de haute lutte le village de Souchez.

L'offensive de printemps avait démontré l'inutilité des attaques d'infanterie si elles n'étaient précédées d'une préparation d'artillerie suffisante pour détruire les organisations défensives de l'ennemi. Aussi l'attaque de Champagne eut-elle lieu après un formidable bombardement qui dura trois jours.

Le 25 septembre, nos vagues d'assaut s'élancèrent sur un front de 25 kilomètres, entre la Suippe et l'Aisne (Auberive et Ville-sur-Tourbe). Les premières lignes, qui, d'ailleurs, avaient été en partie évacuées par les Allemands, furent rapidement enlevées et franchies, mais, à contre-pente, nos troupes se heurtèrent à des retranchements dissimulés, à des réseaux formidables de fil de fer barbelé, à des réduits garnis de mitrailleuses, qui n'avaient pas été détruits par l'artillerie. Sur les buttes de Perthes, de Souain, de Tahure, de Massiges, la lutte fut acharnée, mais là encore il fallut s'arrêter devant les difficultés de l'entreprise et l'énormité des pertes.

Les positions allemandes étaient trop fortes et nos disponibilités en hommes et en munitions n'étaient pas suffisantes pour persister dans une tentative qui aurait demandé trop de sacrifices. Le 28 septembre, le général en chef ordonnait de suspendre l'offensive : 25 000 prisonniers, 150 canons, un matériel considérable constituaient les trophées de notre victoire, mais le but n'était pas atteint, le front allemand n'était pas percé.

SOLIDITÉ DES POSITIONS ALLEMANDES

L'avance de nos troupes nous avait révélé une fois de plus la solidité des organisations défensives allemandes. Abris à huit et dix mètres sous terre, boisés et fortement étayés, réseaux profonds de fil de fer barbelé protégeant les tranchées de soutien comme celles de première ligne, ouvrages en ciment armé garnis de mitrailleuses, ce fut une révélation qui nous incita, dans les mois qui suivirent, à procéder à une organisation méthodique de notre système de tranchées resté jusque-là assez rudimentaire.

ORGANISATION DU FRONT FRANÇAIS

Sur tout le front français on avait vécu, pendant l'hiver et durant l'été de 1915, dans l'attente d'offensives qui devaient ramener la guerre de mouvement, limitant les efforts à des coups de main, à une progression lente, à des rectifications de lignes. Or il apparaissait tout à coup, par les attaques d'Artois et de Champagne, que le front allemand semblait inviolable et

UNE HEURE DE CHASSE.
Les rats pullulaient dans les tranchées. En seconde ligne, les soldats s'amusaient à les chasser.

qu'il était grand temps de nous organiser fortement, d'après les mêmes méthodes, pour parer à une offensive que les succès allemands en Russie et en Serbie pouvaient faire prévoir.

On se mit à l'œuvre sans retard. Nulle offensive sérieuse ne pouvait plus être envisagée à l'approche de l'hiver. On la préparerait pour le printemps 1916. En attendant, les troupes en ligne durent consolider leurs positions par un travail intensif de jour et de nuit, qui ne leur laissa aucun repos. Elles y gagnèrent un peu plus de confort et une plus grande sécurité.

L'HIVER 1915-1916

Avec des moyens d'artillerie plus complets, des canons de

tranchée qui pouvaient rivaliser avec ceux des Allemands. l'hiver se passa en bombardements réciproques. Guerre d'usure où il fallait accabler l'adversaire en tuant le plus grand nombre d'hommes possible, en ne laissant aucun repos aux troupes adverses, par la destruction systématique des ouvrages, par le bouleversement perpétuel des tranchées. La guerre de mines en Argonne fut particulièrement rude.

Grâce à une organisation plus rationnelle, l'hiver 1915-1916 parut moins rude que le précédent. Les relèves furent plus régulières, les cantonnements de repos mieux installés. Les soldats furent pourvus d'effets chauds. Le casque, qui avait fait son apparition dans le courant de l'été, diminua sensiblement

Retour de patrouille.

le nombre des blessures à la tête. Les tranchées, mieux aménagées, furent garnies de « caillebotis », petites échelles en bois placées sur le sol, qui empêchaient d'enfoncer trop profondément dans la boue. Chaque soldat fut muni d'un appareil de protection contre les gaz asphyxiants. Les mitrailleuses se multiplièrent, les grenades à main commencèrent à être employées. Enfin, les vieux territoriaux purent être enlevés des unités actives et les spécialistes furent renvoyés à l'intérieur, dans les usines qui travaillèrent à plein rendement, pour parer à la crise de munitions et de matériel qui s'était cruellement fait sentir jusqu'au mois de juin.

LA GUERRE D'USURE

Peu à peu, les fronts paraissant inviolables, à l'arrière comme au front, l'idée s'ancra que la guerre serait longue, qu'elle serait une guerre d'usure, que la victoire appartiendrait à celui qui saurait le mieux ménager ses forces et faire preuve de la plus grande ténacité.

Les ruines s'accumulaient dans les villes et les villages à proximité de la ligne de feu. Sans impatience cependant, les soldats supportaient les plus dures fatigues, et, à l'intérieur, on commençait à comprendre qu'il faudrait s'imposer des privations, comme avaient dû faire les Allemands dès les premiers mois de la guerre. Les permissions, accordées depuis le milieu de l'été, malgré le déchirement du retour, raffermissaient le courage de tous.

1. — Miss Edith Cavell.

Une des plus pures et des plus nobles figures de la grande guerre est, sans aucun doute, celle de miss Edith Cavell.

En août 1914, au moment de la déclaration de guerre, elle venait de quitter Bruxelles, où elle dirigeait un hôpital, pour aller passer quelques semaines de vacances près de sa mère, dans son village natal.

Dès qu'elle apprit l'invasion de la Belgique par les armées allemandes, elle jugea que son devoir était de reprendre sa place au chevet de ses malades : elle retourna à Bruxelles sans une seconde d'hésitation.

Les blessés ne tardèrent pas à affluer : il y avait des Belges ; il y avait des Allemands. Edith Cavell soigna les uns et les autres avec une sollicitude égale : la douleur les lui rendait tous sacrés.

Mais elle ne restait pas insensible aux malheurs du peuple belge, et elle ne se croyait pas tenue à l'indifférence entre les victimes et les bourreaux. En dépit des impérieuses défenses de l'autorité allemande, elle aida de tout son pouvoir les soldats belges à s'évader et à passer en Hollande, d'où ils gagnaient la France pour se mettre à la disposition de leur gouvernement exilé.

En agissant ainsi, elle jouait sa vie, et elle le savait.

Le général von Bissing, gouverneur allemand de la Belgique, faisait alors peser un joug de fer sur ce malheureux pays. Il résolut de faire un exemple terrible et choisit, pour cela, miss Edith Cavell.

Il chargea un misérable espion de gagner la confiance d'une jeune Anglaise qu'elle avait à son service.

Quand il fut en possession des renseignements qu'il désirait, il fit arrêter miss Cavell, le 5 août 1915, vers 8 heures du matin, et la mit au secret.

L'attitude de miss Cavell fut admirable. Loin d'implorer l'indulgence du conseil de guerre qui avait l'ordre de la condamner, elle avoua noblement ce qu'on appelait son « crime » et ce qui est, en réalité, sa gloire.

La sentence fut secrète comme l'avait été l'arrestation : miss Edith Cavell fut condamnée à la peine de mort.

Le 11 octobre au soir, sachant qu'elle allait mourir, elle voulut s'entretenir avec un pasteur. Elle lui parla avec une élévation et une sérénité sublimes. « Je n'éprouve, lui dit-elle, ni crainte ni appréhension ; j'ai vu la mort si souvent qu'elle ne me paraît ni étrange ni terrible ; je ne dois avoir ni haine ni amertume pour personne. »

Le lendemain, au petit jour, le peloton d'exécution fusillait l'une des héroïnes dont l'histoire conservera pieusement le nom, à côté du nom de Jeanne d'Arc.

2. — Les gaz asphyxiants

Les Allemands firent usage des gaz asphyxiants, pour la première fois, le 22 avril 1915, dans les Flandres.

C'était une violation flagrante de l'article 23 de la Convention internationale de la Haye, mais nos ennemis étaient décidés à tout pour arriver à leurs fins.

A cette première attaque par gaz (vagues de chlore), les Allemands eurent pour eux l'effet de la surprise. Cependant s'il y eut de nombreux morts, des prisonniers, un gain de 3 kilomètres en profondeur, et s'ils réussirent à passer le canal de l'Yser, ils ne purent maintenir leur avance et furent contraints par nos contre-attaques de se replier derrière le canal.

A partir de cette date, les attaques par gaz se multiplièrent, mais, en peu de temps, nos soldats furent munis de masques respiratoires qui les protégèrent.

Les Allemands alors perfectionnèrent leurs moyens diaboliques. Pour réaliser l'effet de surprise qui ne pouvait plus être atteint par les vagues, ils eurent recours aux obus à gaz asphyxiants, gaz lacrymogènes qui, en irritant les yeux, avaient pour but de mettre nos soldats hors de combat, gaz toxiques qui causaient dans l'organisme d'effroyables ravages.

A partir de la fin de l'année 1917 ils employèrent l'ypérite (ainsi appelée parce qu'ils l'utilisèrent pour la première fois aux environs d'Ypres), dont l'action, semblable à des brûlures, était infiniment douloureuse et persistait, même après plusieurs jours, par tous les objets, particulièrement par le terrain, qui en avaient été imprégnés. Des bataillons entiers furent ainsi, en quelques heures, mis hors de combat. Nos soldats connurent des souffrances atroces et nombre d'entre eux, profondément atteints, moururent ou souffrirent de désordres internes persistants.

Malgré toute la répugnance que nous avions à employer de tels procédés, il fallut s'y résoudre. Nos chimistes se mirent à l'œuvre et, grâce à leurs découvertes, grâce à l'effort industriel qui fut produit, la fabrication des gaz de combat et du matériel de protection nous permit finalement de lutter à armes égales.

3. — Le torpillage de la « Lusitania »

(7 mai 1915).

La destruction du paquebot anglais *Lusitania*, de 45 000 tonnes, restera le crime-type de la piraterie germanique.

La *Lusitania* avait d'abord, au premier jour de la guerre, échappé à la poursuite du croiseur *Dresden*, en partant de New-York, puis, dans la première semaine de février 1916, éludé l'attaque de sous-marins allemands qui a guettaient.

Mais l'empereur Guillaume fit de cette chasse à la *Lusitania une affaire personnelle et offrit, dit-on, sur sa cassette, une prime importante en récompense aux marins allemands qui couleraient le paquebot anglais.*

Après avoir repéré soigneusement le chemin que le navire géant était contraint de suivre pour reconnaître la terre au large de Old Head of Kinsale, l'Amirauté allemande résolut d'attaquer le navire condamné à l'endroit où la *Lusitania* devait forcément modérer son allure, en l'attendant comme un apache attend, couteau au poing, un passant qui est obligé de ralentir sa marche pour contourner l'angle d'un mur, et de crever à bout portant, sans risque aucun, la formidable cible offerte par le flanc fragile de ce navire long de 240 mètres et mesurant 24 mètres de hauteur.

Le sous-marin allemand demeura au guet quarante-huit heures. Le vendredi 7 mai 1915, au moment où la *Lusitania* ralentissait à 17 nœuds pour prendre son pilote, le bandit caché entre deux eaux lâcha à bout portant une première torpille à 2 h. 15 exactement.

Le capitaine Turner, sentant son navire frappé à mort, essaya de le conduire jusqu'à la côte, pour sauver les 2 000 personnes qu'il portait à son bord.

Mais le pirate comprit son intention ; et, à l'endroit même où 72 mètres de fond offraient une tombe sans rémission, il lança une seconde torpille droit aux machines qui toutes les quatre sautèrent du même coup, crevant les sept ponts, ouvrant les cloisons étanches ; par la coque trouée de part en part sur une dizaine de mètres de hauteur et de largeur, l'eau s'engouffra par centaines de tonnes.

L'avant plongea, l'arrière sortit de l'eau ; la *Lusitania* se coucha sur le flanc de tribord, versant littéralement à la mer les 2 000 passagers, femmes et enfants, qui se débattaient à tous les étages des ponts.

Quelques canots seulement purent être mis à la mer ; plusieurs chavirèrent ; une suprême convulsion secoua le paquebot qui, d'un bloc, coula comme une pierre, creusant un immense remous dans lequel cinq chaloupes pleines à couler furent aspirées et ne reparurent plus...

Dix-huit minutes exactement s'étaient écoulées depuis la seconde où la première torpille avait frappé la *Lusitania* ; et déjà plus de mille cadavres d'hommes, de femmes et d'enfants flottaient au hasard sur la mer d'Irlande.

Crime inouï qui, affirma lord Rosebery dans sa lettre du 10 mai, « assure à l'Allemagne, sans concurrence possible, le titre d'ennemie du genre humain ».

A cette nouvelle, l'Allemagne fut ivre d'une joie féroce et cette nation cynique frappa et vendit au prix de 20 francs, dans tout le territoire de l'Empire, une médaille destinée à commémorer l'atroce souvenir, dont l'Amirauté germanique faisait ainsi une sorte de symbole national.

4. — La marine française.

L'insuccès éprouvé aux Dardanelles amena les Alliés à porter ailleurs **leur effort** dans le Levant, et Salonique étant le point désigné à cet effet, c'est à **la** marine qu'incomba le soin de transporter l'armée nécessaire, d'assurer son ravitaillement par mer, de maintenir les communications sans cesse menacées par les sous-marins allemands ou autrichiens, d'établir le lien le plus étroit entre cette parcelle détachée de notre armée et la métropole. Le 5 octobre 1915, des troupes alliées étaient débarquées à Salonique; la charge à laquelle la marine française devait faire face était lourde, la besogne était dure et les torpillages furent nombreux. L'un des plus importants fut celui du croiseur auxiliaire *Provence II* dont le commandant, le capitaine de frégate Vesco, mourut avec son bâtiment ainsi qu'un millier de victimes. Un transport de troupes, la *Gallia*, coula aussi avec 700 victimes dont le commandant, le lieutenant de vaisseau Kerboul.

Une des opérations les plus importantes de la guerre navale en Méditerranée fut l'évacuation de l'armée serbe lorsque, poursuivie par les Bulgares, elle allait être détruite, et son transport à Salonique où elle se joignit à l'armée du général Sarrail.

L'évacuation des troupes serbes présentait de très grandes difficultés ; les hommes à transporter étaient nombreux, environ 150 000, le matériel à embarquer était important.

L'armée serbe fut transportée à Corfou.

Plus tard, elle fut ramenée de Corfou à Salonique ; 100 000 hommes et 20 000 chevaux accomplirent par mer la distance (1 166 kilomètres) qui sépare ces deux points. Il fallut quatre-vingt-treize traversées pour le transport qui dura du 15 avril à fin mai et, grâce aux précautions prises, pas un des navires transporteurs ne fut torpillé.

5. — La fin du « Bouvet ».

Le commandant du *Bouvet*, Rajeot de la Touche, avait reçu l'ordre de traverser la zone dangereuse des torpilles et de se frayer un passage pour arriver devant les Dardanelles. Le 18 mars, à 2 h. 30, le *Bouvet* se trouvait à cinq milles de l'endroit désigné, en face du fort Dardanos, ayant traversé sans incident deux zones de torpilles. A ce moment, le *Bouvet* fut atteint par une mine. Le navire donna d'abord fortement de la bande, puis resta trois quarts de minute incliné à un angle de 45 degrés ; il était presque caché à la vue par les flammes et la fumée qui montaient à une grande hauteur ; enfin, tressaillant comme un animal agonisant, il se tourna d'un mouvement brusque sur le côté. Le *Bouvet* s'enfonça par la proue, tandis que les hélices battaient l'air de leurs derniers tours. On entendit, à ce moment, l'état-major du cuirassé, autour duquel était groupé l'équipage, saluer le drapeau du cri mille fois répété de : « Vive la France ! » Une demi-heure après, le *Bouvet* et ses héroïques marins disparaissaient dans un nuage de fumée et d'écume.

Sur les rives du Bosphore, des femmes grecques, témoins de la magnifique bravoure de nos marins, ont pieusement jeté des fleurs dans la mer et brûlé de l'encens pour honorer les morts du *Bouvet*.

6. — L'héroïsme des marins.

Dans l'Adriatique, au cours de l'évacuation de l'armée serbe, un sous-marin, le *Monge,* à 2 heures du matin, se préparait à attaquer deux navires signalés au loin quand tout à coup un choc formidable est ressenti. Le petit navire est littéralement boulé par un autre bateau que la nuit avait empêché de voir ; il est crevé.

« L'eau rentre à torrents, dit une correspondance, le panneau de sécurité est fermé, mais le *Monge* descend très vite ; il atteint la profondeur de 60 mètres ; les tôles craquent sous la pression de l'eau. Nous nous rendons bien compte que nous sommes à jamais perdus. Notre bateau s'enfonce et on le sent s'aplatir sur nous ; nul ne dit mot ; tout le monde travaille ; les ordres sont exécutés comme en temps ordinaire ; pas d'affolement, pas un cri. Nous courons à la mort la plus certaine et peut-être la plus hideuse. Notre commandant est superbe de sang-froid et il a un équipage digne de lui. Les barres d'appui tout en fer et aussi grosses que le poing sont tordues comme de simples fils de fer. Les accumulateurs tombent les uns sur les autres, plus de courant, les plombs fusent, l'acide se décompose, c'est la deuxième phase ; après l'écrasement, c'est l'asphyxie.

Courage, courage, nous remontons ! Tel est le cri du deuxième maître torpilleur, car c'est à lui qu'appartient le plus délicat et le plus sûr de tous les remèdes. En effet, on se sent monter et dans l'espace d'une minute ou deux nous remontons de 60 mètres à la surface. Nous sommes sauvés !

Hélas ! troisième épreuve. Les Autrichiens nous ont aperçus et nous canonnent à bout portant. Un seul obus troue la coque. Le commandant commande pour la deuxième fois : « Au poste de plongée ! » Cette fois, tout est bien fini : les moteurs ne marchent plus, aucun appareil ne fonctionne et l'eau entre toujours. Tout le monde va à son poste sans se plaindre et pourtant nous savons tous que, cette fois-ci, la mort nous attend, et quelle mort ! Le commandant se ravise, notre bateau est perdu, pourquoi sacrifier son équipage ? Il laisse tomber ses bras, deux grosses larmes lui coulent sur les joues, larmes d'orgueil, larmes d'impuissance. D'une voix calme pourtant, il nous dit de nous sauver ; l'impossible avait été tenté, nous pouvions nous retirer le cœur gai.

Avant de monter, le commandant nous recommande de crier par trois fois : « Vive la France ! » et de chanter la *Marseillaise.* Telles furent ses dernières paroles et le dernier ordre de celui qui fut et restera le commandant du *Monge* ; car il n'a pas voulu quitter son cher bateau. Aussitôt sur le pont, nous nous mîmes à exécuter la prière du commandant, c'est-à-dire qu'on cria trois fois : « Vive la France ! » et on chanta un refrain de la *Marseillaise.* Lorsque l'eau nous arriva jusqu'à mi-corps, nous n'eûmes que le temps de nous jeter à l'eau. Le *Monge* a coulé le 29 décembre 1915, à 2 h. 30 du matin ; trois morts : le commandant et deux quartiers-maîtres mécaniciens. »

7. — La vie aux tranchées.

La relève. — Tandis que nous devisons tranquillement, un cycliste arrive. Cette nuit nous devons relever aux tranchées le régiment en ligne. Les officiers partent en reconnaissance, chacun se prépare. Il faut nettoyer le cantonnement, distribuer les cartouches, les vivres, boucler son sac, manger la soupe. Il est quatre heures et l'heure du départ est fixée à minuit.

Après la soupe, chacun s'étend sur la paille et tente de dormir. Mais c'est en vain. Les allées et venues continuelles, les ordres, les contre-ordres qui se suivent empêchent tout repos. Dans le noir, par petits groupes, on cause. A 11 heures, à la lueur de rares bougies bien vite éteintes, on s'équipe, puis on sort dans la rue du village.

Chaque compagnie s'aligne devant son cantonnement. Défense de faire du bruit, défense de fumer. On part. Il fait noir. La pluie commence à tomber. On marche dans la nuit en courbant le dos sous l'averse. Toutes les heures, halte horaire de dix minutes. Deux heures, trois heures. Nous approchons. Le claquement sec des coups de fusil devient plus net. Les étoiles lumineuses montent dans le ciel et nous éclairent de leur lumière blafarde et crue. La dernière côte. A gauche, dans d'immenses grottes, des zouaves font la cuisine, magnifique décor de théâtre.

On arrive. Les guides des zouaves que nous relevons emmènent les sections. On passe en file indienne dans un boyau unique et peu profond, garni d'une boue argileuse et glissante. Il faut se baisser pour se garantir des balles qui frôlent les talus. Il faut se coucher quand les rafales des mitrailleuses allemandes rasent le sol.

Le silence se fait plus grand. Nous approchons. Dans la tranchée étroite, on échange à voix basse quelques paroles avec les zouaves qui partent : les Allemands sont là, à quelques mètres ; ils ont été assez tranquilles, mais leurs mitrailleuses sont bien gênantes ; il faudra creuser encore la tranchée, placer des fils de fer en avant ; au revoir et bonne chance !

Dans la tranchée. — Une escouade est au petit poste, à quelques mètres, dans un trou d'obus relié à la tranchée par un boyau étroit. Le reste de la section s'installe dans les niches qui ont été creusées dans les talus. La moitié veille, le fusil à la portée de la main, l'œil du côté de l'ennemi. Les autres, tout équipés, s'étendent, chacun dans son trou, et dorment.

Avant le jour, les corvées partent chercher le café aux grottes que nous avons aperçues en montant. Au réveil, les membres ankylosés, le corps brisé, grelottants, on avale avec délices le « jus » brunâtre que les camarades apportent dans leurs bidons de fer.

Et la longue journée commence. Les mitrailleuses allemandes rasent les parapets et détruisent les créneaux. Impossible de se tenir droit. Courbés en deux, accroupis, laissant aux sentinelles le soin de jeter un coup d'œil sur ce qui se passe en avant, nous enlevons la boue dans laquelle nous pataugeons depuis l'arrivée, puis nous attendons la soupe que les cuisiniers nous apportent, froide, vers dix heures, avec les lettres.

Des journaux illustrés nous montrent tout le pittoresque de notre vie et affirment à nos familles que nous sommes confortablement nourris, transportés, couchés... Boueux, la figure terreuse, les mains noires, nous mangeons à la pointe du couteau une cuisine baroque (les cuisiniers émus n'ont-ils pas mélangé le sucre et le sel?), nous nettoyons nos gamelles avec de la mie de pain, nous essuyons nos cuillers au revers des capotes. Pittoresque assurément, mais est-ce bien vraiment confortable?

Le bombardement. — Un obus qui tombe tout près et nous recouvre de terre vient bien à propos nous arracher aux réflexions que nous inspirent les journaux illustrés. Il est bientôt suivi d'un autre, puis d'une série d'autres. C'est à notre coin qu'en veulent les batteries allemandes qui prennent notre tranchée en enfilade. Un éclair, le choc brutal du sol dans un éclatement formidable, la terre tremble, on s'ébroue et on attend. Est-ce pour ce coup? pour l'autre? Un sifflement. Il est passé. Il va plus loin. Supplice raffiné, féroce, qui n'empêche pas cependant de bourrer sa pipe et de plaisanter sur la maladresse des artilleurs allemands et sur leurs obus qui n'éclatent pas... Ce sont nos journaux qui l'affirment, car ils éclatent bien, les obus allemands; et ils éclatent nombreux, tandis que nos 75 sont rares. Il paraît que nous manquons de munitions et qu'on réserve nos obus pour le cas d'attaque.

L'attaque. — A 4 heures, la soupe arrive. Nous la mangeons sans appétit. A peine avons-nous terminé qu'une fusillade intense éclate. Le poste d'écoute s'est replié. Les Allemands sont sortis de leur tranchée et en courant s'avancent à la baïonnette. Nous les fusillons à bout portant. Tout le monde est haletant. On sue. Ils reculent, laissant devant nous la ligne de leurs morts.

C'est fini. Sans souffler, on nettoie son fusil, on distribue des cartouches. On s'attend à autre chose et on s'y prépare.

La nuit est venue. De minute en minute les Allemands nous éclairent de leurs étoiles lumineuses. A 9 h. 45, ils tentent encore une sortie. Notre feu les arrête.

A 2 heures, nouvelle alerte. Nos cartouches s'épuisent. A 3 heures, heureusement, les caissons de ravitaillement sont signalés dans le ravin. En hâte la moitié des hommes partent aux munitions. Ils reviennent les musettes lourdes, suant, éreintés, car la côte est rude. Mais personne ne se plaint. On s'attend à une nouvelle attaque au petit jour. On distribue les cartouches. Maintenant ils peuvent arriver. Ils ne viennent point. A une vingtaine de mètres, devant notre tranchée, cinquante ou soixante cadavres sont là, étendus sac au dos.

La matinée est calme. On travaille. On creuse partout. On déjeune. Midi : deux avions français reviennent des lignes allemandes, poursuivis par les obus. Anxieux, nous les suivons, encadrés par de petits flocons de fumée. Une pirouette. L'un d'eux semble touché. Non ! il se redresse. Il sort de la ligne de tir. Nous respirons. Cependant le canon le suit. L'avion fuit. Il pique du nez, il remonte au-dessus des nuages, il disparaît à l'horizon. Sauvé !

Vers le repos. — Quatre jours, cinq jours. La nuit, on travaille et on veille. Le jour, on se repose. Le sixième jour, à 4 heures, les cuisiniers annoncent la relève. C'est une joie générale : nous devons aller en « rafraîchissement » dans un petit village à une dizaine de kilomètres des tranchées. A 6 heures l'ordre arrive, nous n'allons plus qu'à deux kilomètres, dans un village tout démoli. A 8 heures, nous ne partons plus : la relève est retardée...

Neuf jours ! Cette fois l'ordre de relève est ferme. Nos successeurs arrivent à 3 h. 30. Rapidement nous leur passons les consignes; et en route. Dans l'unique boyau on rencontre encore les compagnies qui montent, enlisées dans la boue. Nous grimpons sur les talus. En hâte nous passons les coins dangereux. C'est le jour. Une crête. Nous sommes à l'abri.

Que c'est bon de respirer librement, qu'ils sont splendides ces arbres, qu'elles sont magnifiques ces petites maisons sordides adossées au coteau, où nous allons cantonner ! Qu'il fait bon se débarbouiller, se changer, manger sur une table, dans de la vaisselle ébréchée; comme on dort bien, à l'abri des obus, sur la paille des granges !...

Cependant, dès le lendemain matin, il faut prendre la pioche et creuser, vers l'arrière, des tranchées, et l'on sait que, dans quatre jours, il faudra remonter en ligne. Malgré tout, c'est la joie du repos.

8. — Les premières torpilles (1915).

Le 1er janvier, exactement à minuit, les Allemands nous ont souhaité la bonne année à leur façon. D'énormes obus sont tombés sur notre tranchée sans que nous distinguions le coup de départ ou le sifflement que nous connaissons bien. Une escouade entière est enterrée. Les morts sont nombreux. Ils sont déchiquetés d'une façon atroce. Les blessés s'empressent jusqu'au poste de secours.

Le premier moment de stupeur passé, nous allons voir. Sous le clair de lune splendide, un trou énorme, huit à dix mètres de largeur sur vingt-cinq ou trente mètres de long, représente notre tranchée de soutien, hier encore si animée, si pittoresque. Des bois qui percent la terre bouleversée, un cadavre grimaçant à demi enterré, un tronc, un bras, un pied, des entrailles sur la boue; sous la pluie qui commence à tomber, les soldats, baïonnette au canon, montent la garde dans la tranchée de première ligne.

On commence à déblayer. Il faut refaire le passage avant le jour. Comme c'est triste ! Des cadavres noircis par l'asphyxie, des débris humains et toutes les pauvres choses que portent avec eux les soldats : porte-monnaie fatigués, livrets et carnets graisseux, lettres si chères qui ont longtemps traîné dans les poches, photographies de femmes, de petits enfants, un mouchoir taché de sang, tout cela épars sur la boue...

Les brancardiers passent, emportant les morts...

La matinée est calme. Nous déjeunons sans entrain quand, à midi, une violente secousse, un éclatement formidable, des éclats qui sifflent, la terre qui tremble et qui vole nous rappellent les sensations violentes de cette nuit.

Attention ! En l'air se balance comme une grosse bouteille. Elle semble hésiter sur la direction à prendre, puis elle tombe brusquement, comme à pic, dans un terrible fracas. Une, deux, dix. Ce ne sont pas des obus, ce sont les fameuses torpilles dont nous avons entendu parler. On s'écarte, à droite, à gauche. On se couche. On inspecte l'horizon. A la place de la tranchée, des trous énormes, béants, où gisent des hommes horriblement mutilés. Ce sont nos étrennes.

9. — L'école sous les obus.
(Notes d'un instituteur de l'Aisne.)

La nuit de la mobilisation fut employée à calmer les affolements toujours prêts à se manifester... Le mois d'août se passa en courses et en démarches pour satisfaire aux réquisitions et pour organiser, avec le maire, la moisson et la rentrée des récoltes en commun. Malgré le départ des meilleurs ouvriers, les résultats furent très satisfaisants.

Un soir, je réunis les habitants pour les encourager à travailler solidairement : en sortant, deux jeunes gens me disent qu'ils vont s'engager immédiatement ; le lendemain, deux ennemis jusqu'ici irréconciliables mettent en commun leur matériel : il restait à l'un une charrette, à l'autre un cheval.

Ensuite ce fut l'établissement d'un service de fourniture de pain, achat de farine qui fut cachée, réunion du matériel, etc. Ma femme fut chargée de la distribution et de la comptabilité.

La nuit terrible du 31 août, avec les explosions sinistres des ponts qui sautaient, nous isolant au milieu des envahisseurs, avec les lueurs d'incendies, marque le commencement de la plus dure période.

Les Allemands passent, réquisitionnent, mais ne s'arrêtent pas. Nous hospitalisons 125 émigrés. Du 1er au 13 septembre, je reste en permanence à la mairie. Je savais que ce qui pourrait m'arriver de mieux serait d'être emmené comme otage... Les ressources du village étant épuisées, ma femme réunit quelques ménagères et, un jour, à travers bois, elles vont au village voisin solliciter quelques provisions...

Au retour de nos troupes, le 13 septembre, deux régiments anglais arrivent pour cantonner. Ils se préparent à coucher dehors. Bien vite je leur trouve des abris, des chambres pour les officiers, de l'avoine pour les chevaux, des vivres pour les hommes.

Fin septembre et octobre furent très pénibles. Il nous fut impossible de nous dévêtir une seule nuit. A toute heure, la nuit surtout, on venait me chercher pour donner des renseignements, pour servir de guide. Entre temps il était nécessaire d'organiser des corvées de civils pour les enterrements, l'enfouissement des chevaux, de faire des démarches et des tournées pour le ravitaillement du village. Certain soir on nous laissa vingt-deux tirailleurs blessés qu'on n'avait pu évacuer. Il nous fallut mendier aux Anglais de quoi les nourrir, car nous avions déjà tout donné, trouver un major de l'armée britannique pour refaire les pansements, le décider à les faire évacuer par les voitures d'ambulances anglaises la deuxième nuit.

. . . .

En avril 1915, le général de division commandant le secteur décida de réorganiser le service scolaire partout où ce serait possible. Ma femme offrit de faire la classe à P... ; on l'installa tant bien que mal dans une « creute ». Je proposai d'ouvrir l'école dans le village voisin, à trois kilomètres. Des tables sommaires furent établies par les sapeurs, j'achetai du calicot pour remplacer les vitres brisées. Les toits et les murs démolis nous fournirent les ardoises et la craie. Dès le 22 avril la classe fut ouverte avec trente élèves.

En cas de bombardement, chaque grand était chargé d'un petit ; il savait le chemin précis à parcourir pour aller à la cave très rapidement et sans bousculade. La précaution ne fut pas inutile en mai.

Mme F... ayant quitté la cave qu'elle habitait, je m'empressai d'y installer mon école. Je retrouvai là tous mes élèves que les parents n'osaient plus envoyer dans la véritable salle de classe. Nous y eûmes la visite du Président de la République.

Cette cave bien peu confortable était préférable cependant à l'installation de ma femme qui, dans sa « creute », souffrait du froid, de la poussière, du brouhaha du cantonnement...

M. et Mme D..., instituteurs de l'Aisne, continuèrent à faire la classe et à assurer le service de trois mairies jusqu'à la fin de 1916. Peu à peu les habitants durent quitter le pays. Ils furent tous évacués avant l'offensive d'avril 1917. M. D... resta à son poste jusqu'au moment où, en 1918, les Allemands franchirent le Chemin des Dames et poussèrent jusqu'à la Marne. Il ne dut son salut qu'à sa connaissance de tous les sentiers de la région. Il put rejoindre sa femme qui, depuis un an, avait obtenu un poste sur les bords de la Marne, juste à temps pour s'enfuir de nouveau avec elle devant l'envahisseur. A pied ils gagnèrent Meaux; de là, par le train, dans des wagons à bestiaux, ils furent conduits avec d'autres émigrés dans un département du Sud-Ouest.

10. — Paroles allemandes.

Discours de Guillaume II à l'occasion de l'anniversaire de la déclaration de guerre (1915).

« Un an s'est écoulé depuis que je fus obligé d'appeler le peuple aux armes. Une époque sanguinaire inouïe est arrivée pour l'Europe et pour le monde. Devant Dieu et devant l'Histoire, je jure que ma conscience est nette ; je n'ai pas voulu la guerre. Après dix ans de préparation, les puissances de l'Entente, pour lesquelles l'Allemagne devenait trop puissante, ont cru le moment venu d'humilier l'Empire, qui loyalement soutenait son alliée l'Autriche-Hongrie dans une cause juste... Les armées ennemies, qui se vantaient qu'elles entreraient à Berlin après quelques mois, ont été repoussées par des coups formidables loin à l'est et à l'ouest. Le grand nombre des champs de bataille sur des points divers de l'Europe et les combats navals sur des côtes proches et lointaines démontrent ce que la colère allemande, agissant sur la défensive, et la stratégie allemande peuvent accomplir. »

11. — Paroles françaises : « La volonté de vaincre ».

« Sachez-le, vous, vainqueurs de la Marne et vainqueurs de l'Yser, vous qui avez sauvé notre Lorraine et ramené en Alsace nos couleurs, vous avez fait, non pour nous qui savions, mais pour le monde, une autre France, une

France qui étonne nos ennemis, une France que l'étranger, à travers leur propagande calomnieuse, ne voyait plus, et avec laquelle il faudra compter d'autre manière et prendre un autre ton.

... Le miracle est venu, l'éternel miracle de notre peuple, le miracle de Jeanne d'Arc et de Valmy : le droit et la raison sauvés par la vaillance et par la grandeur d'âme. Et cette éclatante victoire morale dont rien jamais, à travers les âges, ne pourra ternir l'éclat, sera non seulement l'immotrel honneur de la France, mais l'immortel honneur de l'humanité ! »

2 mai 1915.   PAUL DESCHANEL,
                                              Président de la Chambre.

« Le 4 août 1914, le peuple français, sommé de forfaire à l'honneur de ses engagements, à la fidélité de ses souvenirs et à la gloire de son passé, a juré de ne les point trahir, de vaincre ou de mourir.

Un an après, son territoire violé, mais son âme intacte et sa confiance entière, il renouvelle le serment solennel. Les soldats, les travailleurs, la jeunesse précocement mûrie, les femmes et les vieillards par la voix de leurs assemblées et de leur gouvernement populaire, jurent à nouveau de rester fermes jusqu'à la victoire ! »

5 août 1915.   ANTONIN DUBOST,
                                              Président du Sénat.

CHAPITRE IV

1916 : VERDUN, LA SOMME. — LES OFFENSIVES ALLIÉES

LA BATAILLE DE VERDUN (21 FÉVRIER-15 DÉCEMBRE 1916). — LA
BATAILLE DE LA SOMME (1er JUILLET-18 NOVEMBRE 1916). —
L'UNITÉ DE FRONT. — SUR LE FRONT ITALIEN. — SUR LE FRONT
RUSSE : L'OFFENSIVE DE BROUSSILOW. — SUR LE FRONT DE SALO-
NIQUE : PRISE DE MONASTIR. — L'INTERVENTION ROUMAINE. —
L'« OFFENSIVE DE PAIX » DES ALLEMANDS. — L'HIVER DE 1916-1917.

L'année 1916 est particulièrement glorieuse pour les armes
françaises. Pour la défensive, c'est l'année de Verdun; pour
l'offensive, c'est l'année de la Somme.

LA BATAILLE DE VERDUN (21 FÉVRIER-15 DÉCEMBRE 1916)

Les Alliés avaient mis à profit les mois d'hiver pour accroître
leurs ressources en hommes, en matériel, en munitions, et,
au mois de décembre 1915, dans un conseil tenu sous la
présidence du général Joffre, ils avaient décidé, pour l'été
1916, une puissante offensive franco-anglaise.

*Raisons de la déci-
sion allemande.* L'état-major allemand connut ce projet. Victorieux sur le front oriental, il
décida de prévenir l'attaque qui le mena-
çait, en portant tout son effort sur le front occidental.

Le rationnement qu'il avait fallu imposer aux populations,
les privations, qui résultaient du blocus, avaient provoqué en
Allemagne des dissentiments intérieurs, qu'une grande victoire
seule pouvait faire disparaître, en raffermissant les courages.

*Pourquoi Verdun
fut choisi comme
point d'attaque.* Verdun fut choisi comme point d'attaque. A défaut de Paris, la vieille forteresse
française, aux yeux des Allemands, jouis-
sait d'un prestige incomparable. Située
à proximité des bases allemandes et, notamment, du camp

retranché de Metz, il était facile d'amener rapidement sur place tout le matériel et les troupes nécessaires. La disposition du front formant « poche » devait faciliter les opérations. Verdun pris, c'était la route de Champagne ouverte et la marche sur Paris de nouveau entrevue, par une attaque qui prendrait en flanc toutes nos organisations. Une victoire enfin, remportée dans le secteur commandé par le Kronprinz, c'était la réhabilitation de celui-ci, dont la retraite précipitée après la Marne avait fortement ébranlé le prestige militaire.

Les préparatifs.   Rien ne fut négligé pour assurer le succès de l'entreprise. En deux mois, des voies ferrées nombreuses furent construites, qui portaient les munitions jusqu'aux plates-formes occupées par les gros canons. 3 000 canons de tout calibre furent amenés, capables d'anéantir les plus puissants ouvrages. 300 000 hommes, dans le plus grand secret, furent conduits à pied d'œuvre et entraînés à l'attaque.

L'attaque du 21 février.   Aucun indice ne faisait prévoir le projet allemand quand, le 20 février, à 4 heures du matin, un déchaînement formidable d'artillerie, tel qu'il n'en avait jamais été entendu, préluda à l'attaque. Pendant vingt-sept heures, les 210, les 305 et les 380 allemands couvrirent d'obus nos positions avancées, tandis que Verdun était écrasé sous les obus incendiaires.

Le 21 février, à 7 h. 20 du matin, couverts par un barrage d'artillerie d'une extraordinaire densité, en une ruée brutale, violente, avec de gros effectifs, sur un front de 12 kilomètres, les Allemands attaquent nos positions de la rive droite de la Meuse. Ils éprouvent de grosses pertes, car nos troupes leur disputent le terrain pied à pied, mais ils progressent cependant : le 22, ils atteignent le bois des Caures, où le lieutenant-colonel Driant trouva la mort ; le 24, ils sont à Beaumont et Samogneux ; le 25, ils sont devant Douaumont.

La situation est grave. Le général de Castelnau, délégué par le général en chef, arrive. Il étend les pouvoirs du général Pétain, qui vient d'être appelé au commandement des troupes de la rive gauche de la Meuse. Il y ajoute le commandement sur la rive droite et part tranquille : Verdun sera défendu.

Le général Pétain à Verdun. Dans la nuit du 25 au 26, le général Pétain s'installe à Souilly et, immédiatement, il prend les mesures nécessaires pour coordonner les efforts et arrêter l'avance ennemie. L'ordre est formel, il faut tenir sur place : « Tout chef qui donnera un ordre de retraite, a prescrit le général Joffre, sera traduit en conseil de guerre. »

La journée du 26 février fut l'une des plus terribles. Ce fut la ruée en grandes masses, et en rangs serrés, sur le village de Douaumont et sur le fort, bouleversés par un bombardement de plusieurs jours. Une violente contre-offensive française arrêta les Allemands et les empêcha de progresser au delà, mais ils conservaient les ruines du village et ils étaient entrés dans le fort.

Jusqu'au 5 mars, des corps à corps furieux mirent aux prises les deux infanteries avec un acharnement inouï, sans que les Allemands puissent reprendre leur marche en avant.

Extension de l'attaque. Caractère de la lutte. Devant l'impossibilité de rompre le front français sur la rive droite de la Meuse, l'état-major allemand étend son attaque sur la rive gauche. L'orgie de munitions, véritable « pilonnage », s'accentue. De furieux combats se livrent, vers le Mort Homme et dans la région de Douaumont, sans que l'ennemi puisse réaliser aucun gain essentiel. Pendant trois mois il piétine. Il multiplie les attaques, qui sont précédées et suivies de violents bombardements. Il couvre nos lignes d'obus lacrymogènes et suffocants ; il utilise les lance-flammes, sans arriver à vaincre la ténacité héroïque de nos fantassins qui, sous les rafales d'artillerie, malgré des pertes énormes, sans moyens de communication avec l'arrière, pas toujours ravitaillés, restent accrochés au sol qu'ils ont mission de défendre jusqu'à la mort. « La fameuse cote où nous sommes, écrit un soldat, n'a plus forme ni apparence, elle ressemble à ces grandes fourmilières de forêts faites de petits débris entassés. Il y avait des bois, des champs, des ouvrages : il n'y a plus rien qu'un chaos de débris, plus une motte d'herbe, plus une tige d'arbre, dans une mer de trous d'obus...

« C'est bien le spectacle le plus sinistre qu'on puisse voir. Et le bruit ! Un roulement absolument continu, déchiré de grands

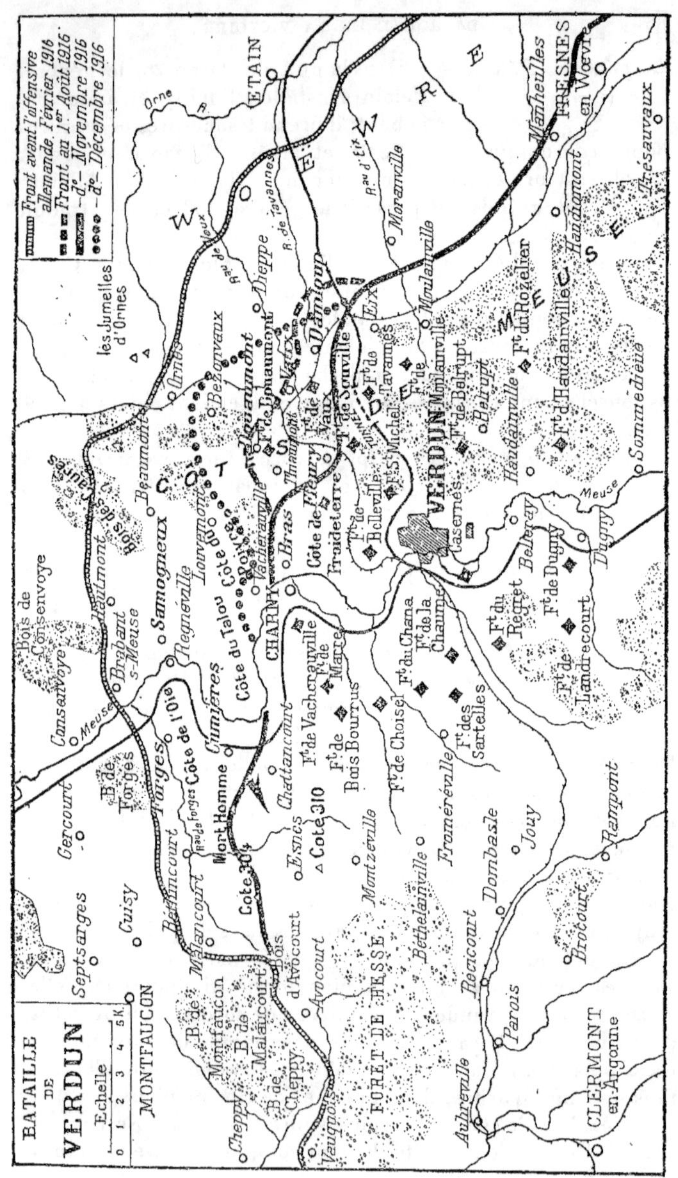

BATAILLE
DE
VERDUN
Echelle
0 1 2 3 4 5 K.
Front avant l'offensive allemande. Février 1916
Front au 1er. Août 1916.
— d°. — Novembre 1916
— d°. — Décembre 1916
les Jumelles d'Ornes
MONTFAUCON
ETAIN
HESNES
Maoheulles
Haudiomont en Woëvre
Mesauvaux
WOËVRE
MEUSE
Orne
Moranville
Moulainville
Dieppe
Ornes
Beaumont
Bezonvaux
Louvemont
Bras
Samogneux
Regnéville
Côte du Talou
Côte 344
CÔTE DU POIVRE
Vacherauville
Thiaumont
Douaumont
F.t de Douaumont
F.t de Vaux
Côte de Fleury
Froideterre
F.t de Souville
F.t de Tavannes
F.t St. Michel
Belleville
VERDUN
Casernes
F.t de Moulainville
F.t de Belrupt
Belrupt
Haudainville
F.t du Rozelier
F.t d'Haudainville
Sommedieue
Meuse
Saint Joseph
Bois St. Joseph
Hautmont
Bois de Conservoye
Conservoye
Brabant s-Meuse
Forges
Côte de l'Oie
Mort-Homme
Cumières
Chattancourt
F.t de Vachrauville
Esnes
Côte 310
Côte 304
Béthincourt
Malancourt
B.de Forges
Gercourt
Septsarges
Cuisy
B.de Montfaucon
B.de Malancourt
Cheppy
B.de Cheppy
Vauquois
Bois d'Avocourt
Avocourt
Montzeville
FORÊT DE HESSE
Béthelainville
Fromeréville
Dombasle
Recicourt
Parois
Jouy
Brocourt
Rampont
Dugny
F.t de Dugny
F.t de Regret
Belleray
F.t du Chana
F.t de la Chaume
F.t de Choisel
F.t des Sartelles
F.t de Landrecourt
Aubreville
CLERMONT en-Argonne
CHARNY
F.t de Marre
F.t de Bois Bourrus
Meuse

sifflements et des fracas des éclatements voisins. Tout cela est énorme, effarant... »

Le Mort Homme, Cumières, la cote 304, sur la rive gauche ; Douaumont, la ferme de Thiaumont, le bois de la Caillette, les carrières d'Haudiomont, sur la rive droite, resteront des lieux tristement célèbres.

Organisation de la défense. Cependant, à la surprise du début, à laquelle il fut paré par le seul héroïsme de nos soldats, succède peu à peu une organisation rationnelle et solide. Le 3 avril, le général Nivelle a pris le commandement de l'armée de Verdun, en remplacement du général Pétain, placé à la tête de la 2e armée. Il applique la même consigne : « Tenir et empêcher les Allemands de passer ». Sous un bombardement continu, en deuxième ligne, les territoriaux creusent des tranchées. En première ligne, les bataillons succèdent aux bataillons. On les relève quand ils ont perdu la moitié de leur effectif. Il n'y a pas d'armée de Verdun, c'est toute l'armée française qui passe dans l'enfer, division par division.

Une seule ligne de chemin de fer à voie étroite, le Meusien, existait au début pour le ravitaillement. On supplée à son insuffisance par une chaîne sans fin de camions automobiles qui relie Verdun à l'arrière et qui assure, avec le ravitaillement, l'évacuation des blessés et du matériel, la relève des unités engagées. De Verdun à Bar-le-Duc, c'est la Voie sacrée : de jour et de nuit, placés de mètre en mètre, des territoriaux en assurent l'entretien.

Notre artillerie lourde enfin arrive et peut soutenir, à partir de mai, l'action terrifiante et ininterrompue de nos 75.

Nouvelle offensive allemande : prise du fort de Vaux (7 juin). L'état-major allemand veut en finir. Le monde entier suit la bataille. L'opinion allemande commence à devenir anxieuse. Au commencement de juin, le Kronprinz tente un effort désespéré. C'est sur la rive droite que se porte le gros de l'attaque. Après un bombardement effroyable, le 1er juin, les troupes allemandes s'élancent. L'objectif est le fort de Vaux ; l'ordre est de « pousser l'assaut à fond, sans tenir compte des pertes ». La lutte a un caractère de violence inouï. Les vagues d'assaut succèdent aux vagues d'assaut. Elles sont fauchées par nos feux. Au prix de sacrifices énormes, après une semaine de combats incessants, le 7 juin, les Allemands s'emparent du fort de Vaux.

Dès lors, dans le but d'aborder nos secondes lignes de défense, protégées par les forts de Souville et de Tavannes, la lutte se concentre autour de Thiaumont et de Fleury. Pendant deux mois (8 juin-1er août) des combats acharnés s'y déroulent. Le terrain est disputé pied à pied. Les ouvrages de Damloup, la ferme et l'ouvrage de Thiaumont sont pris et repris plusieurs fois. Le 21 juin, 100 000 obus asphyxiants font plier nos lignes et l'ennemi s'avance jusqu'à Fleury.

Mais toutes ses tentatives sur Souville échouent, malgré l'énormité des sacrifices.

Déclin de la bataille. A partir du 1er août, l'offensive allemande est en décroissance. Si des attaques fréquentes et encore violentes se produisent sur la rive droite, dans la région de Thiaumont et de Fleury, elles restent stériles. Les Allemands ne peuvent plus avancer. La bataille de la Somme, commencée depuis le 1er juillet, oblige l'état-major ennemi à prélever sur le front de Verdun l'artillerie lourde et les troupes nécessaires pour s'opposer à l'avance franco-britannique. Les offensives italienne et russe contribuent également à soulager notre effort.

L'offensive française : reprise du fort de Douaumont. Profitant de ces circonstances, le général Nivelle, tandis que tous les regards étaient tournés vers la Somme, prépara dans le plus grand secret une opération qui, en quelques jours, nous permit de reprendre les forts de Douaumont, de Vaux et une partie du terrain conquis en février par les Allemands. Grâce au travail intensif des usines et malgré les dépenses de la bataille de la Somme, nous étions arrivés à une supériorité incontestable en matériel et munitions. Une forte artillerie fut amenée, notamment les nouveaux mortiers de 400 et de 370 et, après un bombardement terrible, l'assaut fut donné le 24 octobre. L'ouvrage de Thiaumont, le village et le fort de Douaumont, la batterie de Damloup, furent enlevés. 4 500 prisonniers restèrent entre nos mains.

Prise du fort de Vaux. Le 2 novembre, le fort de Vaux fut occupé, et le communiqué officiel put annoncer, à cette date, que « la ceinture des forts extérieurs de Verdun était ainsi rétablie dans son intégrité ».

Fin de la bataille de Verdun. Ces succès étaient complétés, les 15 et 16 décembre, par une vigoureuse attaque qui porta nos troupes jusqu'à Louvemont et Bezonvaux, enlevant aux Allemands leurs derniers observatoires sur Verdun, et les rejetant sur leurs positions du 24 février.

Après dix mois de lutte, toutes les défenses avancées étant reconquises, la forteresse était dégagée. La bataille de Verdun était finie (21 février-16 décembre). Le secteur de Verdun s'organisa.

Conséquences morales de notre victoire. La résistance des Français à Verdun avait étonné le monde et forcé l'admiration des peuples. Les Allemands, qui, dès le début de l'attaque, avaient proclamé leur confiance dans l'issue d'une lutte qu'ils engageaient avec des moyens inusités, n'avaient pu passer. Si la lutte avait été rude pour nous, elle avait affirmé dans notre pays la foi dans la victoire définitive. « Ils ne passeront pas », répétaient les poilus, et la France entière crut en cette parole. Par contre, en Allemagne, l'échec du Kronprinz sous Verdun avait fortement entamé le moral du peuple. Cette lassitude, à laquelle s'ajoutait l'usure des armées allemandes, se traduisit bientôt par des offres indirectes de paix lancées par le gouvernement impérial.

LA BATAILLE DE LA SOMME (Ier JUILLET-18 NOVEMBRE 1916)

Raisons de l'offensive. L'offensive allemande sur Verdun, en prévenant l'attaque qui avait été arrêtée à Chantilly en décembre 1915, avait, dans les premiers mois de l'année, retenu toutes nos forces sur le point menacé. Cependant le haut commandement francoanglais, tout en faisant face au danger principal, ne perdait point de vue ses projets d'offensive, et il résolut, au moment propice, de reprendre l'attaque, tant pour décongestionner le front de Verdun, que pour tenter, une fois encore, la percée du front allemand, en vue de la reprise de la guerre de mouvement.

Le travail des usines de guerre. Grâce au travail intensif de nos usines de guerre, tout en ravitaillant largement l'armée de Verdun, on avait pu constituer des stocks de matériel et de munitions.

L'armée anglaise. L'armée anglaise, par des enrôlements volontaires d'abord, par le service militaire obligatoire ensuite, s'était considérablement augmentée. La misérable petite armée anglaise, dont, au début de la guerre, Guillaume II parlait avec mépris, comptait, vers le milieu de 1916, un million de combattants. Elle était dotée d'une artillerie toute neuve, très puissante et très nombreuse. Elle avait tout le matériel, toutes les munitions nécessaires.

La situation des Allemands. A cette armée intacte il ne manquait que le baptême du feu. Au mois de juillet, le moment parut propice : les armées allemandes étaient fatiguées par leur effort inutile et sanglant contre Verdun. Le blocus, par des effets lents mais sûrs, réduisait considérablement la capacité de résistance de l'Allemagne. Il était de toute nécessité, par une diversion, de soulager nos troupes qui, à Verdun, soutenaient depuis plusieurs mois la plus gigantesque des luttes.

La préparation de l'attaque. L'offensive fut décidée. Une préparation méthodique et complète y préluda. Scientifiquement, avec une précision mathématique, les buts à atteindre furent fixés, l'organisation du terrain prévue dans tous ses détails. Comme firent les Allemands à Verdun, l'attaque fut précédée d'un bombardement formidable, intense et continu, qui, du 26 juin au 1er juillet, détruisit les fils de fer barbelés, nivela les tranchées allemandes. Les aéroplanes assurèrent la maîtrise de l'air par une chasse impitoyable aux avions ennemis et surtout aux « drachen » (1). Les Allemands furent mis dans l'impossibilité de connaître les mouvements des troupes alliées et de régler efficacement le tir de leur propre artillerie : le 30 juin, il n'y

____

(1) Ballons d'observation analogues aux « saucisses » françaises.

avait plus un seul ballon allemand dans l'air et aucun pilote ennemi n'osait s'aventurer hors de ses lignes.

L'attaque franco-anglaise (1er juillet 1916).

L'attaque eut lieu le 1er juillet, au matin.

Avec un merveilleux élan et en dépit d'une résistance acharnée des Allemands, les Anglais, par une progression difficile, une bataille ininterrompue, de terribles combats, triomphèrent des plus fortes organisations défensives, et, en direction de Bapaume, arrivèrent, à la fin du mois de juillet, jusqu'à Pozières et Longueval.

Au nord de la Somme, avec les mêmes difficultés et le même héroïsme, nos troupes enlevèrent les premières et deuxièmes lignes allemandes, et, au sud du fleuve, la prise de Dompierre, Assevillers, Estrées, Belloy-en-Santerre, les amena, vers la même époque, aux portes de Péronne.

L'organisation des positions (août).

Le mois d'août est consacré par les assaillants à la consolidation des positions conquises que ne peuvent empêcher les contre-attaques multipliées et furieuses des Allemands. Puis, en septembre, l'offensive reprend.

La deuxième offensive de la Somme (septembre-novembre 1916).

Du 1er septembre au 18 novembre, par des combats continus et acharnés, livrés après une préparation d'artillerie méthodique et intense, au nord de la Somme, l'armée française enlève Bouchavesnes, Combles et s'empare de Sailly-Saillisel, pris, perdu, reconquis. Au sud, de brillantes attaques marquent la prise de Soyécourt, Vermandovillers, Berny-en-Santerre, Deniécourt, Ablaincourt et Pressoire.

Les Anglais, en liaison avec nos troupes, avec une héroïque ténacité, finissent par enlever Thiepval et progressent jusqu'à Beaumont-Hamel, Beaucourt, Grandcourt, à quelques kilomètres de Bapaume.

Les résultats.

« Les trois buts principaux que nous nous étions fixés, en commençant notre offensive en juillet, écrit le général anglais Douglas Haig, dans un rapport à son gouvernement, étaient atteints le 18 novembre.

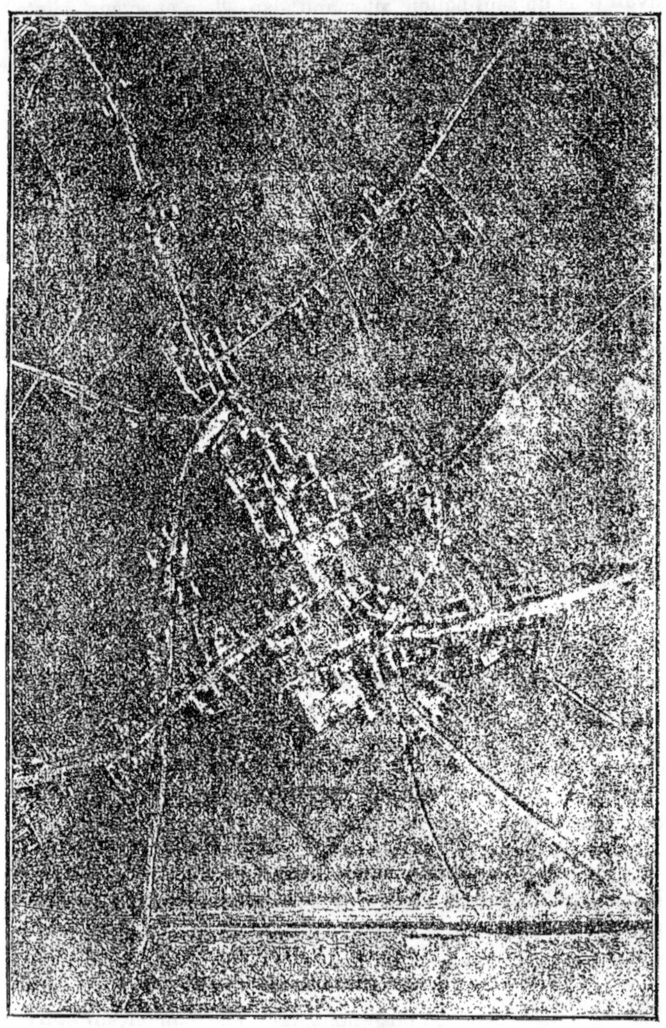

Un village dans la Somme
(photographie d'avion).

Verdun, en effet, était soulagé. Le gros des forces allemandes avait été retenu sur le front occidental et, enfin, les forces ennemies avaient été très affaiblies. » Le président Poincaré, le général Joffre, en exprimant leur satisfaction aux valeureuses troupes du général Foch, qui commandait les deux armées françaises combattant dans la région de la Somme, constataient de même les brillants résultats obtenus : Verdun dégagé, 25 villages reconquis, 35 000 prisonniers, 150 canons capturés, plus de 700 mitrailleuses, les lignes ennemies enfoncées sur une profondeur de plus de 10 kilomètres !

Quand la mauvaise saison vint ralentir la bataille, les Allemands avaient perdu plus de 180 000 tués ou blessés et ils avaient laissé plus de 50 000 prisonniers entre les mains des Français et des Anglais.

Indépendamment de l'usure des forces allemandes, qui fut énorme, mais que l'on ne connut malheureusement que plus tard, trop tard pour poursuivre sans arrêt nos opérations victorieuses, la bataille de la Somme avait démontré la supériorité des armées alliées, qui obligea les Allemands à une attitude défensive, alors qu'ils s'étaient vantés, par leur attaque sur Verdun, de conserver l'initiative des opérations, d'épuiser nos réserves, et d'empêcher de notre part toute offensive.

»Si la puissance de l'ennemi n'était pas brisée, si l'on ne pouvait prévoir quand il serait possible d'arriver à une solution définitive, il était prouvé que, par une action méthodique et persévérante, en combinant leurs efforts, en mettant tous leurs moyens en jeu, les Alliés étaient capables d'atteindre les objectifs qu'ils s'étaient fixés.

L'UNITÉ DE FRONT

Dans leur plan d'offensive générale, les Alliés avaient prévu l'attaque des lignes allemandes non seulement sur le front français, mais encore sur les fronts russe, italien et en Orient. L'unité de front entrait dans le domaine de la réalité. On avait enfin compris que, pour arriver à bout des Empires centraux, dont toutes les forces étaient concentrées dans les mains de l'Allemagne, il était de toute nécessité de combiner les efforts de tous les Alliés et d'attaquer, en même temps, sur tous les fronts.

Tandis que l'armée française tenait en échec l'armée allemande à Verdun, que l'armée franco-britannique passait à l'offensive sur la Somme, nos alliés lancèrent une série d'attaques sur le front russe et italien, et l'armée d'Orient de Salonique se porta en avant sur Monastir.

SUR LE FRONT ITALIEN

L'attaque autrichienne.

En Italie, ce sont les Autrichiens qui, pour soutenir l'offensive allemande sur Verdun, commencèrent l'attaque. Leur armée du Trentin, forte de 500000 hommes, devait prononcer une offensive sur le plateau des Sept-Communes pour déboucher dans la plaine de Vénétie et couper en deux tronçons les forces italiennes.

La victoire des Italiens.

Surpris au début par la puissance de l'attaque, les Italiens, après avoir d'abord reculé, ne tardèrent pas à réagir. Soulagés par l'avance brusque et rapide des armées russes qui obligèrent les Autrichiens à faire face à ce danger imprévu, ils refoulèrent l'invasion autrichienne, et, passant à l'attaque, le 9 août, ils s'emparaient de Goritz, faisant un riche butin et infligeant à l'ennemi des pertes lourdes (40000 tués ou blessés, 100000 prisonniers).

La conquête de Goritz, première satisfaction pour les aspirations nationales, puisqu'elle délivrait du joug de l'Autriche une ville restée italienne de cœur, assurait aux Italiens une position avantageuse qui leur permit de réaliser une avance notable sur le plateau du Carso. Avance lente et pénible, car nos alliés se heurtèrent aux difficultés d'un terrain accidenté favorable à la défensive. Sous le feu des batteries ennemies qui, placées sur les hauteurs, dominaient tout le pays, il fallut faire sauter à la dynamite les cavernes où les Autrichiens s'étaient ménagé des refuges, creuser des abris dans le rocher, avancer pas à pas sous le feu, au prix de difficultés inouïes et de pertes sévères.

Déclaration de guerre à l'Allemagne par l'Italie.

Durant ces opérations, l'Italie mit fin à la situation fausse dans laquelle elle se trouvait vis-à-vis de l'Allemagne en lui déclarant la guerre, le 28 août. Cette décision excita un vif enthousiasme en Italie. En France, le président Poincaré traduisit dans un télégramme au roi Victor-Emmanuel les sentiments de notre pays : « Désormais, les deux peuples alliés, ayant les mêmes ennemis, auront le même but, la réparation du droit et la libération de l'Europe. »

SUR LE FRONT RUSSE

Reconstitution des armées russes. — Après la conquête de la Pologne et l'invasion de la Russie (1915 ; voir p. 67), les armées austro-allemandes avaient creusé des tranchées, établi des défenses et, durant l'hiver 1915-1916, à part quelques engagements locaux, les opérations militaires n'avaient présenté aucune activité.

Convaincus que les armées russes étaient pour longtemps hors de cause, les Allemands, au moment de leur offensive sur Verdun, négligèrent le front russe, où ils entendaient se tenir sur une prudente et rigoureuse défensive.

Or, au printemps 1916, les armées russes furent reconstituées. Les Alliés et le Japon ayant fourni le matériel et les munitions nécessaires, le ravitaillement étant assuré, les vides furent vite comblés.

Aussi, pour venir en aide aux troupes françaises qui résistaient avec acharnement à Verdun, pour soulager les Italiens qui étaient aux prises avec des forces autrichiennes redoutables, sur le plateau des Sept-Communes, les Russes décidèrent-ils une attaque brusquée.

L'offensive du général Broussilow (4 juin). — L'offensive du général Broussilow (4 juin), savamment conduite, fut foudroyante, irrésistible. Aux états-majors autrichien et allemand, qui ne croyaient pas que les Russes seraient capables d'un effort sérieux avant plusieurs mois, il infligea une cruelle leçon.

La déroute des armées austro-allemandes. — Rompues et désorganisées, les armées austro-allemandes durent battre en retraite. S'infiltrant habilement dans les lignes, soutenue par une puissante artillerie, la cavalerie cosaque tournait les positions de l'ennemi qui, surpris et démoralisé, mettait bas les armes. En quelques

jours, près de 200000 prisonniers, 200 canons, 400 mitrailleuses restèrent entre les mains des Russes. La Bukovine fut
reconquise en entier, la Galicie envahie. En toute hâte il fallut
prélever, sur les autres parties du front, d'importants renforts
pour arrêter la marche victorieuse des Russes.

Au début d'octobre, malgré une diversion tentée par le
maréchal Hindenburg, la victoire de Broussilow était complète.

SUR LE FRONT DE SALONIQUE : PRISE DE MONASTIR

Ce fut le premier ministre Briand qui, reprenant une
idée de M. Viviani, malgré les plus violentes critiques, fit décider, en décembre 1915, le maintien de l'armée alliée à Salonique et son accroissement continu. Non sans peine, il réussit
à faire partager son point de vue à l'Angleterre et à l'Italie.

L'armée constituée par les Alliés à Salonique, placée sous le
commandement du général Sarrail, et qui reçut le nom d'armée
d'Orient, ne se composa au début que des troupes françaises
et britanniques ramenées des Dardanelles. Elle fut renforcée
ensuite par l'armée serbe, réorganisée à Corfou, par des
détachements russes et italiens, puis par de nouveaux contingents français et anglais.

Au commencement de l'année 1916, la Serbie vaincue, partagée entre l'Autriche et la Bulgarie, était soumise au châtiment de vainqueurs impitoyables ; le Monténégro avait été
occupé par les Autrichiens, qui avaient envahi l'Albanie et
occupé Scutari ; la Grèce, reniant ses engagements, avait
refusé de remplir les stipulations du traité de 1913 qui l'obligeait à porter secours aux Serbes ; la Roumanie, enfin, se
tenait dans une réserve prudente. Dans l'ensemble, la situation
était nettement défavorable pour les Alliés.

L'armée de Salonique, après avoir vainement tenté de sauver l'armée serbe, avait dû se replier sur son camp retranché
qu'elle avait organisé et solidement fortifié. Renforcée, elle cons-
titua une menace contre la Grèce de Constantin et empêcha
celui-ci de se prononcer nettement pour les Empires centraux.

Au mois de juillet 1916, les Bulgares tentèrent de prendre le
contact avec les troupes du roi de Grèce et réussirent à s'emparer de Florina. Mais leur mouvement fut vite arrêté. Tandis

que les Italiens, maîtres de Vallona, opéraient, à travers l'Albanie, leur jonction avec l'aile gauche de l'armée Sarrail, isolant ainsi la Grèce des Autrichiens et des Bulgares, les Français, appuyés par l'armée serbe, chassèrent les Bulgares de Florina et, après de brillants succès, s'emparèrent de Monastir (20 novembre 1916).

La prise de Monastir était un événement considérable. Pour nous, il devait contribuer à maintenir notre prestige en Orient. Pour les Serbes, c'était le commencement de la délivrance du sol de la patrie. Le prince héritier de Serbie, Alexandre, y fit une entrée triomphale. Le gouvernement et les autorités serbes y transportèrent leur résidence.

Mais ce fut le dernier grand fait de la campagne de 1916 en Macédoine. L'hiver commençait à se faire sentir et, en toute hâte, il fallut assurer le ravitaillement de la ville qui avait été abominablement pillée par les Bulgares.

Pendant des mois, le froid, les intempéries, les difficultés du ravitaillement, la maladie, nous retinrent sur les mêmes positions. L'armée bulgare restait forte, et l'attitude douteuse de la Grèce nous obligeait à une grande prudence. En décembre, le doute ne fut plus permis sur la trahison du roi Constantin. Dans un guet-apens, à Athènes même, 134 marins anglais et français furent assassinés. Grâce à la fermeté du général Sarrail, une réparation solennelle fut exigée et rigoureusement exécutée.

Cette action, qui assurait le maintien de notre influence en Orient, empêchait la coopération effective du gouvernement de Constantin avec les Empires centraux et la constitution d'un puissant empire germanique entre Berlin et Bagdad, suffisait à justifier le maintien et le renforcement de l'armée d'Orient. Mais d'autres effets sont encore à noter : les sous-marins ennemis ne purent trouver en Grèce la base qu'ils espéraient et qui leur aurait permis de développer leurs opérations; les troupes autrichiennes et bulgares, qui restèrent en face de l'armée alliée de Salonique, ne purent prendre part aux opérations de Verdun, de la Somme, d'Italie ou de Russie. Plus tard, c'est parce que l'armée alliée se trouvait à Salonique, que les Russes purent conquérir l'Arménie et progresser en Perse, que les Anglais pénétrèrent à Bagdad, protégèrent efficacement l'Egypte, et prirent l'offensive à l'est du canal de Suez, que les Alliés enfin

purent porter un coup terrible à la souveraineté politique et
religieuse de la Turquie, en constituant un État arabe indépendant, dont le soulèvement de La Mecque (13 juin 1916) fut la
première manifestation.

Les souffrances de nos soldats de l'armée d'Orient, mal ravitaillés, décimés par la maladie, tenaillés par l'ennui dû à
l'absence de nouvelles, ne furent pas inutiles. Menace perpétuelle sur les derrières des Empires centraux, triomphant des
difficultés naturelles d'un terrain montagneux ou malsain, avec
une admirable abnégation, l'armée du général Sarrail prépara
la victoire. Ce sont ses efforts qui ont permis au général Guillaumat d'établir le plan d'offensive qui, en 1918, devait être
exécuté par le général Franchet d'Esperey.

En se cramponnant à Verdun, en 1914, le général Sarrail
avait puissamment contribué à la victoire de la Marne. En maintenant notre prestige en Orient, il fut l'un des bons artisans de
la victoire finale.

L'INTERVENTION ROUMAINE (27 AOUT 1916)

Demeurée neutre pendant deux ans, la Roumanie avait été
vivement sollicitée à la fois par les Empires centraux et par
les Alliés.

En 1916, la Bulgarie, appuyée par l'Allemagne et par l'Autriche, était devenue toute-puissante dans les Balkans, et le tsar
Ferdinand nourrissait l'ambition de constituer un empire qui
s'étendrait de la mer Noire à l'Adriatique et à la mer Egée.

La Serbie n'existait plus. La Grèce, inféodée à l'Allemagne,
semblait renoncer à tout rôle important. Seule la Roumanie
était capable de s'opposer à un pareil accroissement de puissance.

Elle avait tout intérêt à s'associer aux projets de la Quadruple
Entente qui, victorieuse, devait rétablir la Serbie dans ses
droits, maintenir la Grèce sur ses territoires, et ramener la
Bulgarie à ses limites. Par contre, elle n'avait rien à gagner à
une alliance avec les puissances centrales qui devaient consacrer la prépondérance de la Bulgarie, leur alliée de la première
heure, et soutenir dans ses revendications territoriales la Grèce
de Constantin.

A la nécessité de maintenir l'équilibre dans la péninsule des

Balkans s'ajoutait, pour les Roumains, le désir de soustraire au joug de l'Autriche les populations roumaines de la Transylvanie et de la Bukovine.

La Roumanie en guerre (28 août). L'échec des Allemands devant Verdun, les victoires franco-anglaises de la Somme, l'avance foudroyante des Russes en Galicie et en Bukovine, décidèrent la Roumanie à se placer aux côtés de l'Entente. Le 27 août, le roi Ferdinand Ier entrait dans la coalition contre les Empires centraux et cette nouvelle, depuis longtemps attendue, provoqua en France une grande joie et un immense espoir.

Malheureusement, au lieu de tourner ses forces contre la Bulgarie et de l'écraser avec la coopération de l'armée d'Orient, les Roumains se laissèrent tenter par la perspective de délivrer immédiatement leurs frères opprimés de Transylvanie. Ils espéraient que l'attaque vers le nord leur permettrait de donner la main aux armées russes de Broussilow.

L'offensive roumaine en Transylvanie. Sans se couvrir sérieusement du côté de la Bulgarie, le jour même où la déclaration de guerre fut envoyée à l'Autriche (27 août), les armées roumaines pénétrèrent en Transylvanie. Vers le 6 septembre, de nombreux prisonniers étaient entre leurs mains et la plupart des territoires revendiqués par les aspirations nationales étaient occupés.

La Bulgarie contre la Roumanie. Mais, dès le 1er septembre, la Bulgarie se déclara solidaire de l'Allemagne et de l'Autriche-Hongrie. La Roumanie dut faire face à la Bulgarie sur le front du Danube et retirer des troupes du front nord pour les porter en Dobroudja.

Ce mouvement fut fatal aux Roumains: à partir du 20 septembre, leur marche en avant dut être arrêtée. A partir du 30, le recul commença.

Les Empires centraux contre la Roumanie. D'autre part, le commandement allemand avait résolu de faire payer cher aux Roumains leur entrée en guerre et leurs premiers succès. Décidé à frapper un grand coup, l'état-major allemand avait pris en main la direction générale des opérations. Une armée de 200 000 hommes, formée de divisions allemandes, autrichiennes, hongroises et turques, fut concentrée dans la région du Maros et placée sous le commandement du général allemand Falkenhayn.

Une armée de 100 000 hommes, formée d'une division allemande, de contingents bulgares et turcs, le tout placé sous les ordres du maréchal allemand Mackensen, fut opposée aux forces roumaines, russes et serbes, qui tenaient la Dobroudja.

Les armées roumaines, inexpérimentées, peu aguerries, inférieures en artillerie lourde, ne purent résister à cet effort combiné.

La retraite roumaine. Pendant que Mackensen repoussait les Russes et les Roumains en Dobroudja, Falkenhayn, grâce à la supériorité de ses effectifs et de son matériel de guerre, refoula les Roumains sur leur frontière, puis déboucha dans la plaine roumaine. Par une marche rapide, qui rappelle l'invasion de la France en 1914, il réussit à opérer sa jonction avec Mackensen qui avait franchi le Danube et s'était emparé de Bucarest (7 décembre). Continuant leur marche victorieuse, les armées austro-allemande et bulgare obligèrent les armées roumaines désorganisées à reculer jusqu'au Sereth.

Conséquences de la défaite des Roumains. La Valachie, la Dobroudja furent occupées. Le gouvernement roumain dut se retirer en Moldavie et transférer sa capitale de Bucarest à Jassy.

C'était un désastre. Peut-être eût-il pu être évité si les armées russes s'étaient portées au secours de la Roumanie. Mais depuis longtemps, à Pétrograd, l'impératrice et des favoris indignes favorisaient les desseins de l'Allemagne, et l'on a de sérieuses raisons de croire que l'inertie des armées russes fut le résultat d'ordres venus de l'entourage immédiat du tsar.

Les conséquences de la défaite roumaine furent désastreuses : la voie de Vienne à Constantinople par Sofia demeurait libre ; l'armée de Salonique devait renoncer pour de longs mois à toute idée d'offensive ; enfin, le prestige de l'Entente, qui n'avait pas su épargner à la Roumanie le sort de la Serbie, se trouvait fortement ébranlé.

L' « OFFENSIVE DE PAIX » DES ALLEMANDS

Ainsi, au moment où l'hiver imposa aux combattants un arrêt dans les opérations, l'offensive des Alliés sur la Somme étant arrêtée, l'Allemagne pouvait proclamer sa victoire incontestable en Orient. C'est cependant à ce moment que, brusquement, le 12 décembre 1916, le chancelier allemand remit aux représentants des neutres à Berlin une note destinée aux puissances de l'Entente et à leurs alliés et qui n'était autre qu'une offre déguisée de paix.

Après avoir affirmé que l'Allemagne n'avait pas voulu la guerre et qu'elle y avait été entraînée, il déclarait qu'elle ne voulait « qu'assurer son existence dans le libre développement de son activité » et qu'il n'était pas dans ses intentions « d'anéantir aucun peuple ».

A ces propositions vagues, et sur la demande du président Wilson, les Alliés répondirent en exposant avec netteté leurs buts de guerre. Ils exigeaient « la liberté des peuples et les justes réparations nécessaires ». Les Empires centraux, au lieu de préciser leur pensée, cherchèrent un faux fuyant en objectant que « les échanges de vues devaient s'effectuer entre les seuls belligérants ».

Ce n'était qu'un piège qui fut éloquemment dénoncé à la tribune de la Chambre par le président du Conseil Briand. La gravité de la situation économique, les restrictions de plus en plus rigoureuses imposées aux Allemands par le blocus, la lassitude de l'Autriche et de la Bulgarie expliquent cette démarche. En offrant une paix dans une forme inacceptable, le gouvernement allemand voulait retremper les énergies de son peuple en rejetant sur les Alliés la responsabilité de la continuation de la guerre. Du même coup, il espérait jeter le trouble dans les pays de l'Entente, où certains éléments commençaient à manifester des désirs de paix.

La manœuvre était trop grossière pour réussir. Cependant son échec provoqua en Allemagne une violente colère. Dans des articles virulents, tous les journaux d'outre-Rhin réclamèrent la guerre à outrance et sans merci, le torpillage de tous les navires sans exception, le bombardement par avions des grandes villes de France et d'Angleterre.

L'HIVER DE 1916-1917

Ce déchaînement de haine, pas plus que la tentative d'une paix blanche n'apportèrent aucun trouble dans les esprits.

Pour la troisième fois, nos soldats connurent aux tranchées les rigueurs d'un hiver particulièrement rude. Le vin arrivait gelé aux premières lignes; on le transportait en blocs de glace dans des sacs. Mais les installations étaient meilleures, les relèves mieux organisées, les troupes plus aguerries et, surtout, la résistance victorieuse de Verdun, l'offensive de la Somme avaient ranimé tous les courages. On savait que, par une préparation minutieuse, scientifique, avec un matériel suffisant et des munitions en abondance, il était possible de vaincre. Et les soldats attendirent le printemps avec le ferme espoir que la grande offensive que l'on préparait, dont tout le monde parlait, amènerait enfin l'effondrement du colosse germanique.

Le 12 décembre, le généralissime Joffre avait été remplacé par le général Nivelle, le vainqueur de Verdun, et la présence à la tête de l'armée française d'un chef plus jeune faisait présager la reprise d'opérations plus actives.

---

1. — A Verdun.

En route pour Verdun. — Une joie débordante accueillit l'ordre de relève. Après dix-huit mois de vie aux tranchées, nous allions enfin connaître le repos, à l'arrière, loin des obus et des alertes, nous allions coucher dans des maisons, dans des lits peut-être, voir des civils, manger à une table, nous débarbouiller à notre aise, flâner sur les routes...

En trois étapes nous atteignons les bords de la Marne. Dans des villages pittoresques et plantureux nous reprenons contact avec la vie civilisée. La guerre est oubliée quand, le quatrième jour, alerte ! Embarquement en chemin de fer demain dans la matinée, départ ce soir à minuit.

A 11 heures, la compagnie est rassemblée sur la route, les faisceaux formés. On distribue encore des vivres pour la route, de la viande froide, du fromage de gruyère, du pain. On remplit de vin les bidons. A minuit, départ. Les compagnies se suivent, les hommes alourdis par le sac trébuchent dans le noir. A voix basse on échange ses impressions. Où allons-nous?

Au petit jour, le régiment s'est arrêté sur le bord du chemin, à l'entrée de la ville. Les fourriers sont allés reconnaître le lieu de l'embarquement, les trains. On fait du café, on casse la croûte, on dort sur les talus.

A 10 heures enfin, les fourriers reviennent. Ils ne savent rien, sinon que l'embarquement commence à midi. Nous nous rapprochons des quais. Un long stationnement encore et, à 4 heures, nous sommes dans le train. Des wagons « aménagés », wagons à bestiaux, avec banquettes de bois, nous reçoivent. On roule, on roule, puis, à 3 heures du matin, une gare perdue dans les bois d'Argonne et tout le monde descend. Deux heures de marche et nous arrivons à la ferme où nous devons cantonner. Pour combien de temps? Où nous conduira-t-on ensuite?...

On se tasse, on s'installe comme on peut, on nettoie; entre deux corvées on dort sur la paille des granges; sur le genou, au crayon, on écrit des lettres pour dire qu'on ne peut rien dire. D'ailleurs on ne sait rien. Le deuxième jour, ordre de départ : se munir d'un repas froid. On fait cuire le bœuf, on distribue du fromage, les autos arrivent. Cette fois nous savons : nous allons à Verdun.

Quelques heures dans la nuit et, au petit jour, on nous débarque près d'un bois. Nous ne devons repartir que le soir. Les cuisiniers préparent la soupe, on mange, on se repose au pied des arbres. Un grondement sourd et continu, c'est le canon de Verdun.

A la nuit, le régiment se met en marche. Au fur et à mesure qu'on approche les routes deviennent plus encombrées : il faut marcher sur les bas côté

les convois d'artillerie tenant toute la chaussée. Au loin le ciel paraît en feu
e grondement du canon s'enfle, sans arrêt.

Dugny. Dans le noir on cherche le cantonnement qui a été reconnu, par
les fourriers. Tout est plein. Des troupes de toutes armes sont là qui attendent.
Ceux qui reviennent de là-bas nous disent toute l'horreur de la bataille.

La relève. — Deux jours, trois jours. Par petits paquets on va à l'exercice.
Dans le ciel les « saucisses » françaises, les « drachen » allemands regardent.
Dimanche, repos. On en profite pour se faire couper les cheveux ras, à cause
des blessures... A 2 heures, alerte, départ immédiat pour Verdun. Par
groupes de demi-sections échelonnés de cent en cent mètres, car la route est
battue par l'artillerie allemande, le régiment se met en marche. Les compagnies se retrouvent groupées, sans mal, dans une caserne. Tandis que
l'une d'elles est rasesmblée dans la cour, un obus énorme s'abat, tuant ou
blessant la moitié des hommes. Les ordres arrivent, on se prépare, on mange,
on part dans la nuit.

En file indienne les hommes se suivent. On approche des batteries. Sur
la route éventrée par les obus, les convois de munitions passent au galop.
Des caissons démolis, des chevaux morts, des postes de secours enfoncés
dans les talus, des blessés qu'on apporte, des soldats relevés qui, en hâte,
passent dans l'ombre, silencieux comme nous. Dans le bruit infernal des
centaines de canons qui tonnent sans arrêt, qui songerait à dire un mot
que nul ne pourrait entendre?

Les officiers ne reconnaissent plus la route qu'ils doivent suivre et où ils
viennent pour la première fois. Dans les relèves qui nous croisent et nous
coupent, ils cherchent à ne pas perdre leurs hommes. Dans un trou, à la
lueur d'un briquet, ils demandent leur chemin à la boussole.

Fleury ! un chaos de pierres, avec des trous énormes qu'il faut contourner.
La voie ferrée ! A l'abri des talus on souffle un instant. Un tunnel profond,
poste du colonel, d'où sortent des hommes, des coureurs. Puis c'est la mer
des trous d'obus, uniforme, sinistre, où, sans arrêt, d'autres obus tombent,
bouleversant la terre déjà bouleversée. Hâtons-nous, le jour va poindre et
avant le jour nous devons être à notre poste de combat. Péniblement les
mitrailleurs portent leurs mitrailleuses et les caisses de cartouches. Auprès
d'une redoute à moitié démolie, poste du chef de bataillon, nous trouvons
des agents de liaison. Ils nous conduisent. Nous arrivons. Les consignes ? Il
n'y en a qu'une, tenir sur place. Les Allemands sont par là, à trente, cinquante, cent mètres, on ne sait pas. « Il y en a par là aussi. Vous trouverez
des grenades partout, des cartouches et des vivres sur les morts. Voici des
fusées-signaux ; bonne chance. » En hâte les sections relevées partent, ou
mieux ce qui reste des sections, quelques hommes.

L'écrasement des obus. — Dans les trous d'obus nous prenons leur place,
nous creusons le sol avec les outils portatifs, nous cherchons à nous relier
avec les sections qui sont à notre droite et à notre gauche. Des cadavres
partout, une odeur insupportable de putréfaction, des armes qui jonchent le
sol, des casques, des sacs éventrés, pas de tranchées, pas de fils de fer barbelés, c'est là que nous devons tenir. Du fort de Douaumont, les Allemands
nous dominent et nous ne savons pas exactement de quel côté ils peuvent
nous attaquer.

A la pointe du jour, le bombardement qui s'était ralenti redouble. Par rafales de quatre à la fois, les 210 éclatent autour de nous. La terre tremble, vole. Des obus plus gros passent au-dessus de nos têtes et vont porter plus loin leurs ravages. Les 75 bouleversent le sol en avant de nos trous d'obus. Le fer, le feu nous environnent. Nous sommes isolés du monde.

Pendant dix jours nous sommes là, immobiles. Il faut bien se garder de remuer pendant la journée; car le moindre indice qui révélerait à l'ennemi le point exact où nous nous trouvons amènerait sur nous une concentration ormidable d'artillerie. Il faut attendre là, sans bouger, le moment où les Allemands nous attaqueront. Les blessés restent sur place. Dans les minutes d'accalmie, la nuit, ils tentent d'atteindre le poste de secours le plus prochain. Les morts fortifient nos parapets. Les obus qui éclatent aux alentours ramènent sur nous, avec la terre et les cailloux, d'horribles débris humains.

Dès le premier soir il faut que nous sachions où sont terrés les Allemands. A la grenade, de trou d'obus en trou d'obus, nous avançons. Ils sont là, à quelques mètres, c'est là que nous resterons.

Puis ce sont eux qui nous attaquent. Après dix-sept heures d'un bombardement furieux, sans une minute de répit, ils s'avancent. Ils pensent que nous sommes tous écrasés. Non ! nous sommes assez encore pour manœuvrer les mitrailleuses et balancer les grenades. Le 75, appelé par les fusées rouges qui, sur toute la ligne, de proche en proche, s'élancent dans le ciel, vient à notre secours. L'attaque est enrayée. Les Allemands rentrent dans leurs trous et le bombardement recommence.

Pendant dix jours on est là dans son trou, secoué par les obus qui tombent. Automatiquement on attaque, automatiquement on se défend. La douleur des blessés laisse indifférent. Les morts? peut-on être ému quand on pense que ce peut être son tour la minute d'après? Boueux, barbus, les yeux pleins de fièvre, nous avons figures de bandits.

Entre minuit et une heure du matin, il y a généralement un peu de calme. C'est le moment où les brancardiers viennent chercher les blessés, où les soldats, partis vers l'arrière dès la tombée de la nuit, apportent le ravitaillement. Du pain, des boîtes de conserve, du vin, de l'eau, ils rapportent ce qu'on leur donne, heureux quand ils peuvent rejoindre les camarades qui attendent. On ne dort pas, on ne mange guère, on ne se lave pas, on tient, voilà tout, jusqu'au moment où le régiment aura perdu cinquante pour cent de son effectif. Le régiment voisin a été relevé au bout de quatre jours. Nous, plus favorisés, nous restons dix jours en ligne.

Une nuit dure pour la relève et puis c'est la route, les camions automobiles, le repos, la joie de vivre... Pourquoi y en a-t-il qui reviennent de cet enfer? On ne sait pas. On est de ceux qui ont eu la chance d'en sortir, cela suffit.

2. — Proclamation du généralissime aux soldats de Verdun.

(15 mars.)

« ... Depuis trois semaines vous subissez le plus formidable assaut que l'ennemi ait encore tenté contre nous. L'Allemagne escomptait le succès de cet effort qu'elle croyait irrésistible et auquel elle avait consacré ses meilleures troupes et sa plus puissante artillerie. Elle espérait que la prise de Verdun raffermirait le courage de ses alliés et convaincrait les pays neutres de la supériorité allemande. Elle avait compté sans vous !... Le pays a les yeux sur vous. Vous serez de ceux dont on dira : Ils ont barré aux Alle mands la route de Verdun !... »

3. — L'effort industriel de la France.

L'industrie française a assumé, pendant la guerre, la tâche de fournir à nos combattants et même à nos alliés, les armes qui leur ont permis de vaincre.

Dès le premier mois de la guerre, on s'aperçut que nos stocks de munitions ne pourraient suffire. C'est à M. Millerand, ministre de la Guerre, que revient le mérite d'avoir pris les initiatives nécessaires. Il convoqua à Bordeaux les représentants de l'industrie et, dans une réunion qui eut lieu le 20 septembre 1914, il leur demanda de fabriquer 100 000 obus de 75 par jour. Ce chiffre était atteint en juillet 1915 ; il fut, dans la suite, largement dépassé, grâce au rappel en masse (juin 1915) des spécialistes jusque-là restés sur le front dans les unités combattantes. Au début de 1917, près de deux millions d'ouvriers des deux sexes, dont 475 000 Français mobilisés, travaillaient pour la défense nationale.

Même effort dans la fabrication des poudres et des explosifs, où l'on arriva à fabriquer 1 500 tonnes par jour !

La production des canons suivit une marche ascendante analogue : en 1914, on fabriquait 90 canons de 75 ; le nombre en fut de 2 600 en 1915 7 500 en 1916, 10 800 en 1917.

La construction des pièces d'artillerie lourde ne fut mise en train qu'en 1916. Il fut fabriqué, depuis cette date, 6 500 canons lourds de différents calibres : 105, 155, 280 millimètres, plus des obusiers de 400, des canons de 340 et de 320.

La fabrication des fusils fut portée, de zéro en 1914, à 3 500 par jour en 1917. 5 000 mitrailleuses par mois furent livrées. De 400 000 en temps de paix, la production des cartouches atteignit 6 000 000 par jour.

La construction des avions devint particulièrement active en 1917. On arriva à sortir un avion par quart d'heure et un moteur de 200 chevaux toutes les dix minutes. Au début de la guerre, nous possédions environ 150 avions ; au moment de l'armistice, 4 500 étaient en service au front ; en tout, nous en comptions plus de 10 000 et nous en avions livré 4 000 aux Américains. Nos premiers avions étaient généralement du type de 80 chevaux, volaient à une vitesse de 100 à 120 kilomètres à l'heure et pouvaient atteindre une altitude de 4 000 mètres ; les derniers avaient des moteurs de 200 à 450 chevaux, marchaient à plus de 200 kilomètres à l'heure et pouvaient s'élever à 8 000 mètres.

Enfin les chars d'assaut, inventés pendant la guerre, étaient au nombre de 10 à la fin de 1915. Plus tard on en commanda 800 et on atteignit le chiffre de 3 000 en 1918. Ils furent employés pour la première fois, sur le front français, le 17 avril 1917.

Si l'on ajoute à cela la fabrication du matériel de tranchées, des grenades, des bombes d'avion, des camions automobiles, des fusils-mitrailleurs, etc., on peut se rendre compte de l'effort intense qui fut fourni par notre pays dans les usines de guerre.

4. — Le rôle de la marine.

Le 24 avril 1919, M. Georges Leygues résumait ainsi, à la Sorbonne, le rôle de la marine :

« Les peuples ne savent pas assez ce qu'ils doivent à leurs marines. Ce sont elles qui les ont fait vivre et qui, par leur obscur et tenace labeur, ont préparé les victoires décisives.

La Marne, l'Yser, Verdun, la Somme, l'Aisne, les expéditions d'Orient et d'Afrique n'auraient pas été possibles si les marines n'avaient pas protégé contre l'attaque des sous-marins la chaîne ininterrompue des vaisseaux qui reliaient nos armées à tous les continents et transportaient, avec le blé, le charbon et le fer, des millions de soldats.

Les peuples de l'Entente auraient vu leurs rivages insultés, leurs ports détruits et leurs colonies ravagées, si les escadres de ligne n'avaient pas maintenu prisonnières dans leurs bases les grandes flottes de l'ennemi, si les divisions lointaines n'avaient pas chassé les corsaires sur tous les Océans.

La guerre durerait encore si la pression du blocus n'avait pas précipité la débâcle de l'Allemagne.

Dans cette œuvre immense qui embrasse la terre entière et à laquelle ont collaboré toutes les marines de l'Entente, le rôle principal fut tenu par la marine britannique, de même que sur le front de terre le rôle principal fut tenu par l'armée française.

Qui dira la bravoure, les souffrances et la gloire des marins ? Les heures lentes et lourdes sur les bâtiments de haut bord, dans l'attente du combat qui se refuse sans cesse, les longues veilles le jour, la nuit, à scruter l'horizon vide, à prêter l'oreille aux mille bruits de la mer, tandis que l'ennemi rôde sous les eaux pour frapper d'un coup sournois la citadelle flottante. Tenir haut son cœur, tendre sa volonté et ses muscles sous le poids écrasant de la solitude, c'est aussi une des formes de l'héroïsme.

La vie de ceux qui menèrent la guerre sous-marine ne fut qu'une lutte sans répit contre le canon, la torpille, la mine et les éléments. Tâche formidable et ignorée, à laquelle beaucoup succombèrent et que tous remplirent avec l'abnégation et l'intrépidité qu'enseigne la rude école de la mer. »

Le rôle de la marine française fut grand et beau. Le pays doit le connaître.

5. — Le torpillage du « Gallia ».

(Récit d'un rescapé.)

Parti de Villers-Cotterets le dimanche 1er octobre 1916, notre détachement arriva à Toulon le mardi 3. Il embarqua aussitôt sur le *Gallia* qui, à 6 heures du soir, levait l'ancre avec plus de 2 000 hommes de troupe...

La journée du 4 s'annonce belle... Vers 3 heures de l'après-midi, le bruit court que le navire a dû modifier sa route, qu'un sous-marin allemand a été signalé par le *Guichen* qui navigue de conserve avec nous...

L'inquiétude disparaît. Nous mangeons tranquillement la soupe quand, vers 5 h. 30, une brusque détonation ébranle le navire. La torpille a touché l'arrière, trouant la coque vers les cuisines et faisant exploser des munitions du bord. L'équipage cherche à calmer les esprits, mais le danger presse, tout le monde se précipite sur le pont, chacun gonfle en hâte sa ceinture de sauvetage. Aucun bruit, tout bas les soldats se disent adieu. Quelques-uns, atterrés, restent assis dans un coin sans bouger; d'autres se débarrassent de leurs habits pour sauter à la mer; certains, par contre, éperdus, s'élancent avec leur sac et leur fusil.

Les matelots coupent les cordages qui suspendent au-dessus de la mer les barques et les radeaux. On se précipite pour y prendre place, mais les échelles manquent ou se rompent. Il faut sauter. Par vingt ou trente à la fois, les soldats s'élancent sur les barques qui, brusquement surchargées, chavirent. Tout autour du *Gallia* des hommes se noient ou se débattent en appelant au secours.

La sirène, actionnée par le commandant du bord, hurle sans arrêt, couvrant les appels, les cris des naufragés.

Les hommes continuent à sauter, de 20 ou 30 mètres de hauteur, sur les radeaux qui n'ont pu s'éloigner. Ils écrasent les occupants ou se tuent dans leur chute.

Notre barque est pleine à sombrer. Il faut nous éloigner au plus vite car, de plus en plus, le navire s'enfonce et il va nous engloutir dans son remous. D'un effort surhumain nous arrivons à nous écarter. L'arrière du *Gallia* s'enfonce, les mâts tombent, des craquements sinistres se font entendre. Un immense tourbillon, une vague énorme qui nous recouvre et puis plus rien que de l'écume blanche, des épaves, des noyés, le grand silence.

Nous sommes seuls. Quelques mulets sont remontés à la surface de l'eau. Ils nagent à côté de notre barque. Ils tentent de grimper et risquent de nous faire chavirer. Avec les débris que nous ramassons dans la mer, nous les assommons. Nous apercevons des radeaux, d'autres barques, puis la nuit arrive. Au jour, le matin du 5, nous voyons tout le tragique de notre situation. Ballottés au gré des flots, nous espérons en un secours qui ne vient pas. Vers une heure de l'après-midi, un croiseur paraît à l'horizon. Il ne voit pas nos signaux, il disparaît, et, à l'espoir d'un instant succède le découragement le plus profond.

La nuit du 5 au 6 se passe dans l'attente. Le 7 au matin, nous souffrons de la soif et la fatigue engourdit nos membres quand, vers 8 heures, on signale des rochers. Nous reprenons courage. Nous essayons de nous diriger vers la terre. A 8 heures du soir, enfin, un chalutier vient à notre rencontre et nous abordons sur la côte italienne.

Les Italiens nous reçoivent à bras ouverts. Ils crient: « Vive la France ! » Ils nous font manger et boire, ils nous habillent. La journée du 8 est pour nous un enchantement.

Mais, à 8 heures du soir, il faut nous rembarquer pour Bizerte. Là, le 10, nous retrouvons des camarades. Beaucoup manquent à l'appel: les télégrammes arrivent de France, réclamant des nouvelles. A la joie de ceux qui sont sauvés se mêle la tristesse des familles qui déjà pleurent les disparus.

6. — En Roumanie.

(Proclamation du roi Ferdinand à son peuple, le 31 août 1916.)

« Roumains,

La guerre qui, depuis deux ans, enserre de plus en plus nos frontières et ébranle profondément les anciennes fondations de l'Europe, prouve que le jour est arrivé où doit être assurée la vie paisible de nos peuples, le jour attendu depuis des siècles par la conscience nationale, le jour de fonder l'État roumain par l'union des principautés, préparée par la guerre de l'indépendance et par le travail infatigable de la race pour la renaissance nationale.

Aujourd'hui, nous devons achever l'œuvre de nos pères et réaliser pour toujours ce que Michel le Brave ne put réaliser que pour un instant : l'union des Roumains des deux versants des Carpathes, des monts et des plaines de la Bukovine, où Etienne le Grand repose depuis un siècle. En nous, en nos vertus, en notre vaillance, réside le moyen de restaurer la grande et libre Roumanie prospère et pacifique, conformément aux aspirations de notre race. Animés par le devoir sacré qui nous est imposé, résolus à affronter tous les sacrifices inhérents à une guerre acharnée, marchons au combat avec l'élan puissant d'un peuple qui a une confiance inébranlable dans son destin. Les fruits glorieux de la victoire nous récompenseront. Pour Dieu, en avant ! »

7. — Paroles allemandes.

Proclamation de Guillaume II au peuple allemand (31 décembre 1916).

« La nouvelle année de guerre s'ouvre devant nous avec des sacrifices et de durs combats en perspective, mais riche aussi en succès et en victoires.

Les espérances que nos ennemis avaient fondées en 1916 ont été vaines, tous leurs assauts en Orient et en Occident ont été brisés, grâce à votre bravoure et à votre dévouement.

Notre marche triomphale récente à travers la Roumanie a de nouveau ajouté des lauriers immortels à vos bannières.

La plus grande bataille navale de cette guerre fut notre victoire du Jutland, et les vaillants exploits de nos sous-marins ont apporté à ma flotte une gloire et une admiration sans égales.

Vous êtes victorieux sur tous les théâtres de la guerre, sur terre et sur mer : la patrie reconnaissante a une confiance inébranlable en vous. Une humeur martiale incomparable est toujours vivace en vos rangs : votre ténacité, votre volonté de vaincre, qui jamais ne s'affaiblit, votre amour pour la patrie, me sont une garantie que la victoire s'abritera encore sous vos bannières pendant la nouvelle année.

Dieu sera avec nous dans l'avenir. »

8. — Paroles françaises : L'heure de la justice.

« L'heure des réparations approche pour les individus comme pour les peuples sur lesquels s'est abattue l'agression germanique.

Dans cet instant, nos pensées et nos cœurs se tournent vers les populations de nos territoires envahis. Les pires traitements leur ont été infligés par un ennemi qui ne connaît, dans l'exercice de la force, ni limites, ni lois d'aucune sorte.

... Il nous a paru qu'en attendant le moment où ces actes criminels recevront leur sanction, il convenait de les faire constater publiquement, en quelque sorte contradictoirement, par le monde civilisé. Dès que nous avons eu réuni les éléments de preuve nécessaires, nous les avons placés sous les yeux des gouvernements des États neutres, et la conscience universelle a été saisie ainsi de ces forfaits, qui déshonorent à jamais ceux qui les ont commis. »

ARISTIDE BRIAND.

(Déclaration ministérielle du 14 septembre 1916.)

CHAPITRE V

1917 : LE RECUL ALLEMAND. — L'OFFENSIVE D'AVRIL
LA LASSITUDE DES PEUPLES

Situation générale au début de 1917. — Inquiétudes alle-
mandes. — La ligne Hindenburg. — Le repli allemand.
— L'offensive d'avril. — Le découragement dans l'armée.
— Le général Pétain commandant en chef. — Son œuvre.
— La victoire de la Malmaison. — La situation intérieure.
— Coup d'œil sur la vie politique française. — L'offensive
morale des Allemands. — Les États-Unis en guerre. — La
Grèce aux côtés des Alliés. — Un désastre italien : la
surprise de Caporetto. — Les événements de Russie. —
La guerre a travers le monde. — La guerre économique.
— Situation générale a la fin de 1917. — Le quatrième
hiver.

SITUATION GÉNÉRALE AU DÉBUT DE 1917

L'année 1916 avait vu la magnifique résistance de Verdun
couronnée par une victoire éclatante, l'offensive franco-anglaise
sur la Somme marquée par une avance notable, les succès
italiens à Goritz et sur le Carso, l'envahissement de la Galicie
par les armées russes, la prise de Monastir par l'armée d'Orient,
l'occupation de l'Arménie et le soulèvement de l'Arabie. Tous
ces succès cependant n'avaient abouti à aucun résultat décisif.
Si, sur le front occidental, la situation était encourageante et
permettait les plus grands espoirs, en Orient l'Entente avait
éprouvé, en Roumanie, un échec sensible, et l'attitude hostile
du roi Constantin de Grèce restait inquiétante.

INQUIÉTUDES ALLEMANDES

Malgré le succès de sa campagne en Roumanie, l'état-major
allemand redoutait l'attaque qui devait compléter et élargir
l'avance réalisée dans la Somme. L'effort fourni par les armées
allemandes à Verdun, sur la Somme, en Roumanie, avait été

rude. Et ce n'est pas sans appréhension que leurs grands chefs voyaient venir le moment où ils auraient à faire face aux réserves que la France avait pu constituer, et à la formidable armée anglaise que nos alliés, avec leur ténacité habituelle et après un effort inouï, amenaient à pied d'œuvre. Hindenburg et ses lieutenants savaient à quel degré de puissance et de perfectionnement étaient arrivés les Alliés au point de vue de l'artillerie ; ils connaissaient leurs ressources en matériel et en munitions ; ils craignaient de ne pouvoir soutenir le choc qui ne manquerait pas de se produire au printemps. Aussi durent-ils se résoudre à renoncer à toute opération offensive et à se placer dans les conditions de défensive qui leur paraissaient les plus favorables.

LA LIGNE HINDENBURG

Tout d'abord, ils décidèrent de raccourcir leur front et de s'appuyer sur une ligne de défense formidablement organisée : Décidés, dès le mois de novembre, à réaliser ce plan dès que les travaux seraient terminés, ils commencèrent aussitôt les travaux de la ligne Hindenburg, position de repli sur laquelle

comptaient bien arrêter tous les efforts des Alliés, au cas où ceux-ci parviendraient à enlever la première position. D'Arras à Soissons, avec une activité fébrile, des tranchées innombrables furent creusées, des réseaux profonds de fil de fer barbelé furent établis, des abris bétonnés furent construits.

LE REPLI ALLEMAND (FÉVRIER-MARS 1917)

Ce travail énorme accompli, le haut commandement allemand restait inquiet. Par nos préparatifs et par la carte du front, il pouvait prévoir que l'offensive alliée devait avoir pour but l'élargissement de la brèche, de 12 kilomètres de profondeur sur 30 kilomètres de front, qui avait été faite sur Péronne par l'offensive de la Somme.

Il était évident que le saillant de Noyon serait visé. A tout prix, il ne fallait pas courir le risque d'une bataille que les armées allemandes épuisées n'étaient pas capables de soutenir.

L'état-major allemand décida d'abandonner la région menacée

et de se replier sur la ligne Hindenburg. Ce mouvement devait avoir pour effet, par un raccourcissement du front, de rendre disponibles un certain nombre de divisions allemandes et de rendre nuls les préparatifs importants qui avaient été commencés par les Alliés.

Dès le mois de février, le repli se fit d'abord discrètement, par échelons, puis brusquement, se sentant éventés, du 19 au 24 mars, les Allemands abandonnèrent le terrain jusqu'à une ligne droite qui, partant d'Arras, allait à Soissons, en passant par Tergnier et Coucy-le-Château.

En se retirant, l'ennemi, avec une sauvagerie barbare, ruina systématiquement toute la région. « En laissant le terrain dans un état tel que l'ennemi n'y trouve aucune ressource, écrivirent-ils, nous agissons selon les principes techniques de la guerre moderne. » Non seulement ils détruisirent tous les ouvrages militaires, tranchées, abris, dépôts de matériel ou de munitions, mais les usines, les maisons, les villages furent démolis ou incendiés. Sans aucun intérêt stratégique, une formidable explosion fit sauter les ruines historiques du château de Coucy. A Noyon, la nuit même de l'évacuation, des mines placées aux carrefours des rues explosèrent, tandis que les habitants terrifiés restaient enfermés dans les caves.

Partout, les malheureuses populations furent retrouvées par nos troupes dans un affreux dénuement.

Nos soldats, pleins d'enthousiasme, suivirent les Allemands et occupèrent Roye, Lassigny, Noyon, Tergnier, en ruines. Les harcelant dans leur retraite, en divers points ils entamèrent la ligne Hindenburg sans pouvoir l'enfoncer, malgré de sanglants combats. Il fallut s'arrêter. On ne pouvait songer à poursuivre l'attaque avant d'en avoir réuni les moyens : or il fallait réparer les voies de communication, constituer des dépôts, amener sur place tout le matériel nécessaire, et c'était un travail de plusieurs mois.

L'OFFENSIVE D'AVRIL

Cependant, l'idée d'une grande offensive franco-anglaise ne fut pas abandonnée. Puisqu'il fallait de longs mois avant qu'une offensive en direction de Saint-Quentin fût prête, les Alliés décidèrent de porter leurs efforts aux deux ailes du repli allemand :

les Anglais attaqueraient en Artois, tandis que les Français tenteraient de forcer les lignes allemandes sur l'Aisne. De son plan primitif, arrêté depuis le mois de décembre, le général Nivelle abandonnait l'attaque de l'ouest à l'est sur le saillant de Noyon qui, par le repli allemand, n'existait plus ; il conservait l'attaque du sud au nord, sur le Chemin des Dames, en l'étendant jusqu'en Champagne, vers Moronvilliers. De ce fait, notre action, purement frontale, sur un terrain particulièrement favorable à la défensive et dans une région solidement fortifiée, devenait singulièrement plus difficile.

L'offensive anglaise.   A partir du 4 avril, les Anglais foncèrent sur l'ennemi entre Arras et Lens. En deux jours ils avancèrent de 10 kilomètres. Les Canadiens enlevèrent la fameuse crête de Vimy, qui domine la plaine de la Scarpe. Arras fut dégagé et Lens débordé par le sud.

Du 9 au 16 avril, les Allemands laissèrent aux mains de nos alliés 14000 prisonniers et 200 canons. Du 22 au 25 avril, ils subissaient encore d'effroyables pertes sur la Scarpe et, malgré une défense acharnée, ils ne pouvaient empêcher les Anglais d'entrer à Bapaume et à Péronne. Cependant les pertes de nos alliés étaient lourdes, la rupture n'était point réalisée et la marche sur Douai et Cambrai se trouvait arrêtée.

L'offensive française.   C'est entre Soissons et Reims que, le 16 avril, les troupes françaises se portèrent à l'assaut des positions ennemies. Il s'agissait de crever de part en part, en quelques heures, les quatre positions ennemies, d'enlever les plateaux qui dominent l'Ailette, sur la rive droite de l'Aisne, d'atteindre Laon à l'aube du lendemain et, en quelques jours, de rejeter l'ennemi derrière la Meuse et de libérer le territoire.

Enthousiasme des troupes.   Malgré la difficulté de l'entreprise, l'enthousiasme était grand dans l'armée française. Pour la première fois nous avions des réserves suffisantes pour exploiter le succès qui était prévu, annoncé. Le matériel était formidable et les munitions abondantes. Les jeunes soldats, venus en renfort, étaient pleins d'entrain. Les anciens, qui avaient connu les angoisses de

Verdun et qui avaient été réconfortés par la savante préparation de la bataille de la Somme, racontaient les hauts faits de l'année 1916 et annonçaient la victoire.

Le repli allemand était venu à point pour fortifier la confiance de tous. On l'interprétait comme un aveu de faiblesse de l'ennemi et le prélude d'une retraite sans combat, plus générale et plus profonde. Les événements de Russie mêmes étaient représentés comme favorables à notre action ; la révolution russe était considérée comme un mouvement à la fois démocratique et patriotique qui chassait une cour et un gouvernement inféodés à l'Allemagne.

La confiance dans la grande victoire libératrice n'était pas moindre à l'arrière où affluaient, du front, des détails sur la future offensive impatiemment attendue.

L'opinion était unanime : c'en était fini cette fois du piétinement dans les tranchées et dans la boue : tambour battant, l'ennemi allait être reconduit au delà de la frontière.

Difficultés de l'entreprise.   Cependant, le terrain présentait de terribles difficultés : au nord de l'Ailette se dressaient des pentes abruptes, des hauteurs couvertes de bois sur lesquelles les Allemands s'étaient fortement organisés. Quatre positions successives, réparties sur une profondeur de 8 à 12 kilomètres, formées chacune de trois lignes de tranchées, des abris bétonnés, des réseaux innombrables de fil de fer barbelé constituaient une défense formidable. Les soldats le savaient et ils gardaient confiance : le « pilonnage » systématique de la Somme n'avait-il pas réduit en miettes les ouvrages les plus puissants ?

Insuffisance de la préparation.   Malheureusement, oubliant les enseignements de la Somme, et parce qu'on escomptait un nouveau recul allemand, — des tracts jetés par avions ne l'annoncèrent-ils pas ? — la préparation de la bataille ne fut pas conduite avec la méthode rigoureuse qui nous avait valu la victoire de 1916.

Tout fut prévu pour une marche rapide en avant, rien ne fut préparé en vue d'un arrêt possible. Les voies de communication restèrent médiocres, le service de santé fut à peine organisé et, pour parer à l'insuffisance d'un ravitaillement précaire, les soldats partirent avec cinq jours de vivres.

L'effort de l'artillerie, enfin, dispersé sur toute la profondeur des positions allemandes, n'opéra que des destructions incomplètes. Lorsque l'attaque se produisit, nos soldats, après avoir enlevé la première ligne de la première position, se trouvèrent en présence de tranchées garnies de défenseurs, de centres de résistance insuffisamment détruits, de réseaux de fil de fer barbelé intacts, de mitrailleuses innombrables, disséminées en profondeur, qui les décimèrent et arrêtèrent net leur élan.

L'attaque française du 16 avril. Le lieu et l'époque de l'attaque étaient connus des Allemands (1) qui eurent tout le temps de prendre les dispositions nécessaires à la défense et d'amener sur place les réserves qu'ils devaient opposer à nos troupes.

L'attaque eut lieu le 16 avril, par un temps détestable. Cette circonstance, défavorable aux assaillants, et particulièrement aux troupes coloniales transies de froid sous la neige, ne permit heureusement pas à l'aviation allemande de se rendre compte de la densité des troupes qui avaient franchi l'Aisne. Nos pertes, qui furent lourdes, eussent été plus sensibles encore si l'artillerie allemande avait réagi comme de coutume.

A 6 heures du matin, nos troupes s'élancèrent à l'assaut. Entre Soissons et Craonne, la première ligne de la première position allemande fut enlevée. Une avance de quelques centaines de mètres fut ainsi réalisée. En quelques endroits, la deuxième ligne et parfois la troisième furent traversées, mais nulle part la deuxième position allemande (il y en avait quatre) ne fut entamée.

(1) Dès le mois de janvier, tout le monde savait qu'une grande offensive se préparait pour le printemps, et nul n'ignorait que l'attaque aurait lieu au nord de l'Aisne. Sous prétexte d'exalter l'enthousiasme, les officiers avaient mission de révéler les projets du haut commandement aux soldats, et ceux-ci, dans leurs lettres, ne manquaient pas de le répéter. Par son service de renseignements, l'ennemi était au courant de nos projets, mais, croyant à une feinte, il restait inquiet et poussait, sur tout le front, ses préparatifs de défense quand deux événements lui permirent de concentrer son effort uniquement sur le point menacé : dès le 15 février, sur un capitaine tué à Maisons-de-Champagne, il trouva tout notre plan d'offensive; le 5 avril, au cours d'un coup de main sur la tête de pont de Sapigneul, les Allemands firent prisonnier un sergent-major dont la sacoche renfermait le plan d'attaque du fort de Brimont et de presque tout le secteur de la 5e armée. Si le premier événement ne nous fut révélé que par les mémoires de Ludendorff, le dernier fait fut, dès le 6 avril, connu du haut commandement français qui, cependant, ne changea rien à son plan.

Entre Craonne et Reims, notre avance, d'abord plus marquée vers Juvincourt, fut arrêtée par les feux de l'artillerie et des mitrailleuses allemandes, refoulée ensuite par de violentes contre-attaques. Le fort de Brimont, qui devait être enlevé dans la matinée, ne put être atteint.

Sur tout le front, une heure après l'attaque, le merveilleux élan de nos vagues d'assaut était brisé par les feux croisés d'innombrables mitrailleuses restées intactes. Malgré des pertes considérables, particulièrement en cadres, elles ne parvinrent pas à franchir la zone meurtrière. Toutes nos tentatives pour reprendre le mouvement en avant échouent. Les morts jonchent le terrain, les blessés s'échelonnent le long des boyaux, s'entassent sous la neige fondue, aux abords d'ambulances improvisées.

Derrière les premières vagues d'assaut, des nids de mitrailleuses se révèlent. Elles sortent de puits aménagés dans les « creutes » et tirent dans le dos des éléments français qui les ont dépassées sans les apercevoir.

Les bataillons de deuxième ligne, partis à l'heure fixée, viennent se fondre sur la ligne de combat, tandis que les bataillons de troisième ligne s'avancent à leur tour et occupent les premières tranchées allemandes ou nos tranchées de départ.

Dès 9 heures du matin, nos troupes sont totalement arrêtées sur les emplacements conquis.

Nos pertes sont extrêmement lourdes et portent sur nos corps d'armée les plus offensifs. Il faut engager les réserves sans grand espoir de triompher des difficultés qui se sont révélées. Les marécages de l'Ailette, la multitude des mitrailleuses qui fauchent nos vagues d'assaut, constituent un obstacle insurmontable sans une nouvelle et sérieuse préparation d'artillerie.

La progression à la grenade par les boyaux et les tranchées est seule possible. Elle est tentée. Mais elle se heurte à une vive résistance. Les réserves ennemies, en effet, sont à peu près intactes. Bien abritées dans les « creutes » (1) ou dans des abris profonds, elles n'ont pas souffert du bombardement. Par contre, nos fantassins sont desservis par l'état du terrain

---

(1) Grottes taillées dans le calcaire, généralement anciennes carrières. Certaines de ces creutes étaient immenses et pouvaient facilement abriter tout un bataillon.

détrempé : boyaux et tranchées sont remplis d'une boue gluante qui entrave la marche, retarde l'arrivée des ravitaillements en munitions, ralentit singulièrement les mouvements préparatoires aux attaques ou à la remise en ordre des unités.

Devant cette situation, le haut commandement estime impossible la rupture vers le nord. Le 17, à 10 h. 30, le général en chef ordonne d'en poursuivre la tentative seulement vers le nord-est, entre Craonne et Reims, et de se borner désormais, au nord de l'Aisne, « à faire terminer et consolider la conquête des hauteurs sud de l'Ailette ».

Mais, vers le nord-est également, la rupture se heurtait à une résistance insurmontable. Le mercredi soir, 18 avril, toute chance de percer le front allemand a disparu et toute idée de rupture est abandonnée. Néanmoins, la bataille continue par à-coups qui vont s'affaiblissant. Avant la fin de la semaine, tout est stoppé : vers le nord-ouest, on a pris le fort de Condé, mais la 6e armée (général Mangin) n'a même pas conquis les objectifs limités qui, le 17 avril, ont été substitués par le général en chef aux visées grandioses du 16.

Le corps colonial, très éprouvé, a été relevé ; les réserves ont été ramenées au sud de l'Aisne ; les troupes en ligne gardent et organisent les nouvelles positions.

L'offensive en Champagne. En même temps que l'armée française attaquait au nord de l'Aisne, une offensive destinée à appuyer le mouvement était déclenchée en Champagne. Le 17, à 6 heures du matin, la 4e armée se portait à l'attaque des hauteurs de Moronvilliers. Malgré une préparation d'artillerie insuffisante et la défense acharnée de l'ennemi, presque partout, entre Prunay et Auberive, la première ligne fut enlevée, ainsi que les hauteurs abruptes du mont Cornillet et du mont Sans-Nom. Mais là aussi nos pertes furent cruelles et l'on dut abandonner l'idée d'une rupture du front.

Fin de l'offensive. A l'ouest, l'ennemi, laissant entre nos mains le fort de Condé, s'était retiré sur sa seconde position, fortement aménagée, prolongement de la ligne Hindenburg, que nous ne pûmes forcer.

C'était donc, sur toute la ligne, l'échec des hautes visées de la grande offensive qui, en trois jours, devait porter nos armées au nord de Laon et de là vers la frontière.

Les légendes d'après lesquelles ce seraient des parlementaires affolés par la bataille, qui auraient arraché au ministre de la Guerre l'ordre d'arrêter la bataille sur le point de se transformer en victoire, ont été inventées de toutes pièces. De même que, dès le 17 avril, les objectifs avaient été changés sur l'ordre du général en chef, c'est encore sur l'ordre du général en chef que, le 21 avril, les opérations furent arrêtées. Suivant ses instructions, elles ne pourront reprendre qu'à la fin du mois, après une interruption d'une huitaine de jours ; ce ne seront plus que des opérations partielles et limitées ayant pour objet de fixer et d'user l'ennemi et d'améliorer notre situation.

OPÉRATIONS LOCALES AU NORD DE L'AISNE (MAI-JUILLET)

Avec une admirable ténacité, nos troupes résistèrent sur leurs nouvelles positions à toutes les contre-attaques allemandes. Les bombardements les plus violents, les obus asphyxiants, les jets de flammes, ne purent venir à bout de l'héroïsme de nos soldats qui gardèrent le terrain conquis.

Les opérations partielles qui furent entreprises ensuite ne pouvaient plus prétendre à la rupture. Elles étaient néanmoins indispensables pour ne pas rester sur des lignes d'assaut interrompu, dangereuses et coûteuses à tenir. Du mois de mai au mois de juillet, elles eurent pour but, en améliorant nos positions, de nous assurer des vues sur l'ennemi et une bonne ligne de départ pour l'avenir. Le 4 mai, nos troupes s'emparaient de Craonne ; le 5, elles poussaient nos lignes jusqu'aux pentes nord du plateau de Vauclerc. Pendant deux mois, vers Hurtebise, près de Cerny, dans la région du moulin de Laffaux, de rudes combats mirent journellement aux prises les Allemands et les Français, entretenant l'esprit d'offensive et nous rendant maîtres d'observatoires précieux pour les opérations futures.

Cependant, à l'enthousiasme qui avait précédé l'offensive du 16 avril avait succédé dans les troupes un profond découragement. Les soldats, pleins d'espoir dans une offensive qu'on leur avait dit être la dernière, étaient allés allègrement à l'attaque. Leur déception avait été cruelle quand ils s'étaient aperçus

que les enseignements de la Somme avaient été méconnus et
que leur échec était uniquement dû à une préparation insuffisante. Leur indignation s'exaspéra au delà des bornes per-
mises quand, au lieu du repos qu'on leur promettait, ils se
virent engager dans des opérations partielles ininterrompues,
indispensables pour qui connaissait la situation générale, mais
fort pénibles, fort coûteuses en hommes, et parfois encore
insuffisamment préparées, dont ils ne pouvaient entrevoir la
nécessité.

La confiance dans les grands chefs fut ébranlée, et certaines
unités, à l'arrière, contaminées par des renforts de médiocre
valeur, excitées souvent par des meneurs qui n'avaient
pas même vu le feu, se laissèrent aller sans réfléchir à des
mouvements de mécontentement et à des actes d'indiscipline
qu'il fallut réprimer.

La réforme du haut commandement : Pétain généralissime ; Foch chef d'état-major général. — Dès la fin d'avril, répondant à la poussée de l'opinion, le président du Conseil, M. Ribot, et le ministre de la Guerre, M. Painlevé, durent se préoccuper d'une situation qui pouvait devenir alarmante. Sur la proposition du général en chef, le général Mangin,
tenu pour responsable en partie de l'échec du 16 avril, fut
relevé de son commandement. Quelques jours après (15 mai),
le gouvernement appelait au commandement en chef des
armées françaises le général Pétain, en remplacement du
général Nivelle. A la même date, le général Foch était appelé
au poste de chef d'état-major général et devenait ainsi le grand
conseiller technique non seulement du gouvernement français,
mais des Alliés.

Le double choix du gouvernement fut accueilli, au front
comme à l'arrière, avec une faveur universelle.

L'œuvre du général Pétain. — Dans la crise grave que traversait
l'armée française, la désignation du
général Pétain fut particulièrement
heureuse. Aucun chef ne connaissait et ne comprenait mieux
le troupier. Tous les combattants s'accordaient à reconnaître
le calme, la fermeté, la prudence clairvoyante du sauveur de
Verdun.

Avec beaucoup de fermeté, le général Pétain sut remettre de l'ordre dans les milieux exaspérés ou moralement affaiblis, mais surtout, avec une grande clairvoyance, il s'efforça d'éclairer les esprits, de fortifier les volontés, en même temps que, par des actes, il ramenait la confiance en se penchant sur les misères du soldat, en s'intéressant à son bien-être, en obligeant les chefs à tous les degrés, à faire précéder d'une étude minutieuse les moindres opérations.

Par de fréquentes visites sur le front, il s'assura que ses ordres étaient exécutés. Entrant dans le détail, il ne pouvait admettre que, pendant plusieurs jours de suite, l'intendance livrât aux soldats du pain de mauvaise qualité, ni qu'on ne profitât pas des périodes de repos pour accélérer le tour des permissions.

Dans le *Bulletin des armées*, il ne craignit pas d'expliquer aux soldats pourquoi ils se battaient : « Nous nous battons parce que nous avons été assaillis par l'Allemagne ; nous nous battons pour chasser l'ennemi de notre territoire et empêcher, par une paix solide et complète, qu'une pareille agression ne se reproduise jamais... »

On vit apparaître et se développer jusque dans les tranchées, des coopératives ; les camps furent aménagés pour les troupes au repos ; dans leurs voyages, pour se rendre en permission, les soldats trouvèrent partout, grâce en partie à l'aide américaine, dans des cantines, dans des dortoirs installés aux abords des gares, l'accueil réconfortant qui leur avait souvent manqué jusque-là, cause de bien des colères et de nombreux désordres.

Plus que les mesures de répression, ces paroles et ces actes contribuèrent à remonter le moral des soldats.

Les offensives locales.

Parallèlement on s'efforçait de maintenir l'esprit offensif des unités en ligne.

Autant que la conquête d'observatoires importants, ce fut le but d'opérations locales conduites selon une méthode rigoureuse où l'artillerie jouait un rôle important. Sur le Chemin des Dames, nos troupes connurent de brillants succès. Non seulement elles résistèrent vaillamment à toutes les attaques allemandes, particulièrement violentes dans la région Hurtebise-Craonne (juillet), infligeant, dans cette lutte opiniâtre, de lourdes pertes à l'ennemi, mais, dès le mois d'août, elles donnèrent la preuve, par des attaques

victorieuses, à Verdun, notamment au Mort Homme, (juillet-
septembre), à Passchendaele, en collaboration avec les Anglais,
que l'armée française avait retrouvé toute sa valeur offensive.

Victoire de la Mal-
maison.
La démonstration la plus éclatante en
fut donnée à la bataille de la Malmaison (23-25 octobre), qui fut le type de la
bataille minutieusement préparée, peu coûteuse en hommes et
féconde en résultats, telle que la concevait pour cette période
le général Pétain. Après une préparation d'artillerie formidable,
où pas un mètre carré de terrain ennemi ne fut épargné, soutenue par les aviateurs qui s'assurèrent la maîtrise de l'air et
qui, volant très bas, mitraillèrent les formations ennemies,
l'armée du général Maistre, avec un admirable élan, s'empara
du fort de la Malmaison et obligea les Allemands à se replier
derrière l'Ailette, laissant entre nos mains le fameux Chemin
des Dames, sur lequel nous avions tenu pendant des mois et où
s'étaient livrés tant de combats sanglants.

Sur tout le front, en Artois, en Champagne, à Verdun, des
opérations de moindre importance, mais conduites avec la
même méthode rigoureuse, aboutirent à d'heureux résultats.

Le bénéfice de ces victoires ne se mesura pas seulement au
terrain gagné et au mal fait à l'ennemi. L'ascendant conquis
par nos soldats, la confiance en eux-mêmes et dans leurs chefs
intégralement rétablie, permirent d'affirmer, après la victoire
de la Malmaison, que la crise subie par l'armée avait pris fin,
que jamais le moral du soldat n'avait été plus solide ni plus
élevé (octobre 1917).

Propagande paci-
fiste à l'inté-
rieur.
Dans la même période, les mêmes
 causes avaient provoqué dans la nation
des effets analogues, sans cependant
pénétrer dans les fibres profondes du pays. Avec son bon sens
naturel, le peuple français, dans l'ensemble, rejeta les suggestions pacifistes d'hommes suspects ou sans volonté qui se laissaient aller au découragement ou qui cherchaient à ébranler la
confiance en la victoire. En vain, après l'échec d'avril, on
tente de répandre cette opinion que la victoire est impossible,
que la percée du front ne peut se faire ni d'un côté ni de l'autre,
que mieux vaut parler de paix plutôt que de continuer une guerre
sans issue, le pays garde toute sa foi et n'attend une juste

paix que de la victoire des Alliés. En vain des agents de corruption, la plupart hommes tarés, sans valeur morale et sans grande influence, cherchent à exploiter la lassitude générale, le chiffre de nos morts, la désillusion qui a suivi nos espoirs, le désappointement des restrictions qu'il a fallu s'imposer, ils n'aboutissent qu'à des défaillances individuelles qui, malgré le retentissement de certaines, n'entament point la confiance générale. A aucun moment le moral du pays n'est ébranlé; dans la masse du peuple français, la volonté de vaincre reste intacte.

Coup d'œil sur la vie politique. Aussi bien, depuis l'ouverture des hostilités, tous les gouvernements s'étaient-ils appliqués à maintenir l'union entre tous les Français et à tendre vers la victoire toutes les forces morales de la nation.

Aidés par le Parlement, tous les ministres qui s'étaient succédé depuis le 2 août 1914 avaient travaillé à porter au maximum l'effort du pays en vue de la guerre.

Par une diplomatie active, ils cherchèrent de nouveaux alliés, déjouèrent souvent les manœuvres allemandes et trouvèrent au dehors, en Angleterre et en Amérique surtout, les ressources financières indispensables.

Par des encouragements donnés à la production agricole, par des marchés passés avec les pays étrangers, en imposant au pays les restrictions nécessaires, ils purent assurer normalement, et jusqu'au bout, le ravitaillement de l'armée et de la nation.

En mettant plus de justice dans les sacrifices imposés aux citoyens, par la chasse aux « embusqués », par des allocations accordées aux familles des mobilisés, en se préoccupant du bien-être du soldat et, en particulier, de l'amélioration du service de santé, ils contribuèrent à maintenir le moral dans le pays et dans l'armée.

En développant les usines de guerre, en dotant l'armée de l'artillerie lourde qui lui manquait, du matériel et des munitions nécessaires, ils contribuèrent puissamment à la préparation de la victoire.

Il n'est que juste de rappeler les noms de ceux qui furent les principaux artisans de cette œuvre considérable, mais obscure.

LES MINISTRES FRANÇAIS DE 1914 A 1917
LES GRANDS ÉVÉNEMENTS DIPLOMATIQUES

Ministère Viviani. Dès le 26 août 1914, M. *Viviani* avait remanié son ministère. En appelant à ses côtés des hommes de tous les partis, il avait constitué un gouvernement qu'on appela le ministère d'Union sacrée. L'un de ses premiers actes fut de signer avec nos alliés le pacte de Londres (4 septembre 1914), par lequel les Alliés s'engageaient à ne pas signer de paix séparée. Le 23 mai 1915, il avait la satisfaction d'enregistrer l'entrée en guerre de l'Italie.

Ministère Briand. Le ministère *Briand*, qui lui succéda le 30 octobre 1915, continua la même politique. Dès décembre, par une heureuse intuition, il décida le maintien de l'armée alliée à Salonique et réussit, non sans peine, à faire partager son point de vue à l'Angleterre et à l'Italie. Dans d'éloquentes déclarations, M. Briand répondit fièrement, à la fin de 1916, à l'offensive de paix des Allemands. Par une diplomatie persévérante et habile, il réussit à faire entrer la Roumanie à nos côtés (27 août 1916).

Ministère Ribot. Le ministère *Ribot-Viviani-Painlevé* (14 mars 1917) vit l'entrée en guerre des États-Unis (6 avril). Après l'échec du 16 avril, il plaça à la tête des armées françaises le général Pétain et nomma le général Foch chef d'état-major général. Le 12 juin, M. Jonnart, envoyé extraordinaire des Alliés, sous l'énergique impulsion du gouvernement français, obligeait le roi Constantin de Grèce à abdiquer. Dès la fin du même mois, nous avions la promesse qu'un an après, le 1er juillet 1918, un million de soldats américains seraient aux côtés des Alliés. Enfin, les menées allemandes en vue d'une « paix sans annexion ni indemnités » étaient rendues sans effet.

Ministère Painlevé. Le 12 septembre, M. Painlevé devenait chef du gouvernement. Il assistait en octobre à la victoire de la Malmaison et, presque en même temps, prenait, avec un remarquable esprit de décision et une rapidité extrême, toutes les mesures pour parer au coup terrible que les Empires centraux portèrent aux Italiens à Caporetto (26 octobre). Enfin il accentua la réalisation des programmes de fabrication (mitrailleuses, tanks, artillerie lourde, aviation) réclamés par les généraux Pétain et Foch, en vue de la grande offensive dont ils avaient prudemment fixé l'époque après l'arrivée de tous les renforts américains (en juillet 1918).

Ministère Clemenceau. — Le 15 novembre, M. Clemenceau fut appelé à la présidence du Conseil. Journaliste, il s'était fait remarquer par une ardente campagne en faveur d'une guerre à outrance et contre les menées des agitateurs soudoyés par l'Allemagne. Soutenu par l'opinion publique, il avait tout en main pour conduire à la victoire : ses prédécesseurs avaient forgé les armes, il lui appartenait de s'en servir au moment opportun, fixé par Pétain et Foch, et, en attendant, de concentrer vers la guerre toutes les forces de la nation. Avec la défection de la Russie qui allait rendre disponible un grand nombre de divisions allemandes, un gros point noir apparaissait à l'horizon. Avant la date prévue par les Alliés pour leur offensive, sans doute faudrait-il, dès le printemps, ramasser en un effort suprême, pour faire face à la ruée allemande, toutes les énergies de l'armée et du pays.

L'OFFENSIVE MORALE DES ALLEMANDS

Dès le mois de janvier 1917, tandis que l'état-major allemand, en créant la ligne Hindenburg et en décidant le repli de Noyon, tentait de parer aux dangers de l'attaque alliée, il intensifiait sa propagande dirigée contre le moral des peuples. Désespérant de la victoire obtenue par des moyens purement militaires, il multiplia les ressources d'un espionnage savamment organisé et d'un service de propagande qui avait des ramifications sur tous les points du globe.

Par la menace, par l'intrigue, par la corruption, sans aucun scrupule, les agents de l'Allemagne, exploitant la lassitude née de la prolongation des hostilités, cherchèrent à jeter le trouble dans les esprits, à faire fléchir les volontés, à créer le désordre et à jeter le découragement dans tous les pays de l'Entente. En

France leurs tentatives n'affectèrent pas les couches profondes de la nation, et si l'on fit grand bruit autour de défaillances individuelles, dans la masse, le moral des civils fut à la hauteur de celui des soldats.

Les menaces alle-mandes. L'exemple venait de haut. A l'occasion de son cinquante-huitième anniversaire (26 janvier 1917), Guillaume II avec son second, Charles Ier, avaient solennellement rejeté sur les Alliés la responsabilité de la continuation de la guerre. A leurs « offres loyales de conciliation » l'Entente, affirmaient-ils, avait opposé un refus brutal. C'était donc, pour les Empires centraux, la nécessité douloureuse mais absolue « d'imposer la paix à la pointe de l'épée ». « Des heures graves nous attendent, ajoutaient-ils dans l'ordre du jour qu'ils adressèrent à leurs armées, les dangers qui menacent la patrie exigent de chacun un effort suprême. » Ainsi espéraient-ils raffermir les courages de leurs sujets et affaiblir l'esprit de résistance chez leurs adversaires.

Les bombardements aériens en France et en Angleterre. Puis ce sont des menaces plus précises bientôt suivies d'effet : les 29 et 30 janvier 1917, pendant la nuit, des avions allemands, les gothas, viennent jeter des bombes sur Paris. Le 2 février, l'Allemagne notifie à tous les neutres qu'elle coulera désormais tous les navires sans avertissement préalable.

Contre l'Angleterre, l'Allemagne chercha, par le développement de la guerre sous-marine et par de nombreux raids aériens, à atteindre le moral des populations. En présence de l'effort militaire des Anglais, sous l'étreinte d'un blocus impitoyable, Guillaume II, furieux, aurait voulu ruiner la marine marchande de nos alliés, affamer l'Angleterre, détruire ses grandes villes. En une centaine d'incursions, gothas et zeppelins ne réussirent qu'à faire d'innocentes victimes dans la population civile, et, pas un instant, la guerre sous-marine poursuivie par les Allemands ne réussit à ralentir l'effort britannique.

Anglais et Français répondirent aux attaques aériennes de l'ennemi par des représailles de plus en plus nombreuses, sur les ouvrages d'utilité militaire des villes rhénanes et des bases navales allemandes de la côte belge.

La bataille de Cambrai. Sur le continent, nos amis les Anglais prouvaient leur activité en engageant brusquement la bataille de Cambrai (20-26 novembre 1917). Sans préparation d'artillerie, le 20 au matin, tandis qu'un effrayant tir de barrage était déclenché, 200 tanks encadrés par l'infanterie se portèrent en avant. Les Allemands surpris laissèrent 9000 prisonniers aux mains de nos alliés et, refoulés de la fameuse ligne Hindenburg, ils durent reculer jusqu'à l'Escaut supérieur, abandonnant une importante portion de terrain. Ce coup de main heureux fut d'ailleurs sans lendemain. Par de violentes contre-attaques les Allemands réussirent à réoccuper leurs lignes.

LES ÉTATS-UNIS EN GUERRE (6 AVRIL 1917)

Les États-Unis, dès le début de la guerre, s'étaient tenus à l'écart du conflit, se contentant de fournir aux Alliés les matières premières, le matériel, les munitions, le ravitaillement et l'aide financière qui leur étaient nécessaires. Le torpillage de la *Lusitania* (7 mai 1915), la guerre sous-marine, avaient provoqué des protestations à Berlin, de la part du président Wilson, sans aboutir à une rupture diplomatique. Cependant lorsque, le 2 février 1917, l'Allemagne notifia aux neutres qu'elle coulerait désormais les navires sans avertissement préalable, l'indignation fut telle que, le 3, les États-Unis rappelaient leur ambassadeur de Berlin et que, le 6 avril, le Congrès de Washington décidait la guerre contre l'Allemagne. En juin, le Brésil, les Républiques de l'Amérique latine, la République chinoise, entraient à leur tour dans la coalition contre les pays germaniques.

L'Allemagne avait fondé un immense espoir sur la guerre sous-marine. Par l'avance qu'elle avait prise sur les Alliés en construisant de nombreux sous-marins, elle espérait isoler la France et l'Angleterre de tout secours américain et elle savait que de longs mois étaient nécessaires à l'Amérique pour constituer une armée et la transporter sur le continent.

La guerre sous-marine, si elle causa aux Alliés des pertes sensibles et provoqua une gêne considérable dans les approvisionnements, ne donna pas les résultats qu'attendaient les

Allemands, alors que l'entrée en guerre de la grande nation
américaine apportait aux Alliés l'appui immédiat de ressources
financières et économiques inépuisables, et, quelques mois plus
tard, les forces considérables d'une armée magnifiquement
organisée. Dès l'été 1917, un million d'Américains nous étaient
promis pour juillet 1918, époque à laquelle fut désormais fixée
l'offensive des Alliés.

LA GRÈCE AUX COTÉS DES ALLIÉS

En Grèce, par l'énergie du gouvernement français, les intrigues
allemandes furent déjouées. En 1915, en 1916, le roi Constantin,
beau-frère de Guillaume II, avait continué ses manœuvres
perfides contre l'Entente. Le guet-apens du 1er décembre 1916
où, dans les rues d'Athènes, des marins français furent mas-
sacrés, était resté impuni. Enfin, grâce à l'obstination du
gouvernement français, un représentant extraordinaire des
Alliés, M. Jonnart, fut envoyé en Grèce, avec mission de
mettre fin à une situation intolérable. Le 12 juin 1917, il obligeait le roi à abdiquer et à s'expatrier avec sa famille. Son
second fils, le prince Alexandre, qui le remplaçait, appelait
au pouvoir le grand patriote Venizelos, serviteur éclairé de
la Grèce et ami fidèle de l'Entente. Sous sa direction, l'armée
grecque fut réorganisée et, dès lors, intervint brillamment aux
côtés de l'armée alliée d'Orient.

LA PROPAGANDE ALLEMANDE EN ITALIE

En Italie, les manœuvres démoralisatrices avaient été multipliées par les Allemands. Le prince de Bülow en était l'inspirateur, et il s'était vanté d'arriver à faire conclure à l'Italie une
paix séparée. Une propagande persévérante et insidieuse
pénétra dans tous les milieux et des germes de démoralisation
furent jetés jusque dans l'armée.

La surprise de   L'Allemagne saisit le moment favo-
Caporetto.   rable pour entreprendre, avec l'aide de
divisions ramenées de Russie et de Rou-
manie, une offensive brutale. Le 23 octobre, von Bülow lance
brusquement ses colonnes sur une armée qui a été particuliè-

rement travaillée par les agents de la paix à tout prix. A Caporetto, sous une avalanche d'obus toxiques et la ruée en masse de l'ennemi, les Italiens fléchissent. Les troupes allemandes et austro-hongroises poussent en avant. Le front italien est percé.

Le danger est grave. Sur l'heure, le ministère Painlevé décide d'intervenir. Le général Foch est envoyé immédiatement sur place. Six divisions françaises suivent, sous le commandement du général Fayolle. Notre action décide l'Angleterre, qui expédie au delà des Alpes six divisions commandées par le général Plumer. En trois jours, les milliers de wagons nécessaires au transport de 120 000 hommes avec toute l'artillerie et le matériel de guerre sont réunis. Les trains se succèdent sans interruption par Nice et par le mont Cenis.

Le péril est conjuré : le 8 novembre, la retraite italienne s'arrête sur la Piave. Le général Cadorna, laissant aux mains de l'ennemi un matériel important, des canons, de nombreux prisonniers, avait eu tout juste le temps de ramener en arrière ses armées de l'Isonzo, de la Carnie et du Tyrol. Seule la rapidité de notre intervention avait sauvé les armées italiennes d'un désastre.

LES ÉVÉNEMENTS DE RUSSIE

En Russie, malheureusement, la propagande allemande porta tous ses fruits.

La participation de la Russie à la guerre avait d'abord été brillante. On a vu les victoires remportées sur les armées autrichiennes, l'avance en Prusse orientale, la courageuse retraite des armées du grand-duc Nicolas en 1915, l'offensive foudroyante de Broussilow, en 1916.

Mais un parti puissant, à la tête duquel se trouvait l'impératrice elle-même, princesse allemande, servait les desseins de l'Allemagne. Entouré de ministres corrompus choisis par l'impératrice, et d'aventuriers qui avaient toute influence à la cour, le tsar Nicolas II manqua d'énergie pour sortir de l'isolement où il était tenu et pour chasser les mauvais serviteurs qui le trahissaient.

Une crise économique croissante aggrava, à partir de 1915, les difficultés intérieures. Le ravitaillement devient précaire, le peuple souffre de la faim, les ministres qui se succèdent n'ont aucune autorité morale et compromettent la popularité du tsar. En vain l'aventurier Raspoutine est-il assassiné, le 29 novembre 1916. La crise se fait de plus en plus aiguë. La Douma résiste ouvertement au gouvernement impérial. Le tsar abdique, la République est proclamée (15 mars), un gouvernement provisoire est formé par le prince Lvov.

Le nouveau gouvernement, qui veut rester fidèle à l'alliance, est impuissant à conjurer toute une série de troubles intérieurs, provoqués ou exploités par l'Allemagne. Le gouvernement révolutionnaire de Kerensky est impuissant à remonter le courant et ne peut enrayer les ravages faits dans l'armée par la propagande ennemie. Il est emporté lui-même par les bolchevistes Lénine et Trotsky qui font appel à l'Allemagne, proposent un armistice le 21 novembre, prélude de la paix honteuse qui devait être signée à Brest-Litovsk le 19 février 1918.

La désagrégation de la Russie était accomplie. Les Allemands, libres de ce côté, pouvaient porter tous leurs efforts sur le front occidental. Déjà, en octobre 1917, c'est avec le concours de divisions prélevées sur le front russe qu'ils purent prononcer contre l'Italie leur vigoureuse offensive.

L'Ukraine, la Finlande, détachées de l'empire russe, la Roumanie isolée fut contrainte de signer la paix de Bucarest (26 mars 1918) et d'attendre le moment où la victoire des Alliés lui permettrait de secouer le joug des vainqueurs.

LA GUERRE A TRAVERS LE MONDE

L'empereur Guillaume avait déclaré un jour que « l'avenir de l'Allemagne était sur l'eau » et, durant vingt-cinq années, il avait consacré ses soins à développer sa marine de guerre. Il semblait, au début de la guerre, que l'Allemagne soutiendrait, avec sa flotte puissante, ses prétentions à l'hégémonie maritime ainsi qu'à l'expansion coloniale.

La guerre navale. En fait, la flotte germanique resta cachée dans le canal de Kiel, protégée par des champs de mines, et les grandes batailles navales attendues n'eurent pas lieu.

Dès août 1914, deux croiseurs allemands, le *Breslau* et le

Gœben, bombardèrent Philippeville et Bône et allèrent aussitôt se réfugier à Constantinople. Puis les opérations navales se bornèrent à des raids audacieux ou des crimes, comme le torpillage de la *Lusitania* (7 mai 1915) qui coûta la vie à 1200 personnes, parmi lesquelles plus de cent Américains. Le

31 mai 1916, la flotte allemande, ayant tenté une sortie, fut attaquée et défaite sur les côtes du Jutland par les escadres anglaises. Grâce au brouillard, les bâtiments qui ne furent pas coulés purent regagner leur base de Kiel, mais, depuis cette date, les flottes ennemies ne se hasardèrent plus en pleine mer et toute l'activité navale des Allemands fut réservée à la guerre sous-marine.

La conquête des colonies allemandes. N'étant plus protégées, les colonies allemandes tombèrent aux mains des Alliés. Dès le mois d'octobre 1914, nous occupons le Togo et nous attaquons le Cameroun dont l'occupation est définitive en 1915. Les Japonais s'emparent des îles du Pacifique et de Kiao-Tchéou (novembre 1914).

Les troubles que les Allemands ont essayé de fomenter, notamment au Maroc et en Egypte, sont rapidement enrayés, grâce à l'énergie des Alliés et au loyalisme des indigènes. La tentative de révolte que les agents allemands suscitent dans l'Union sud-africaine est réprimée par Botha, qui occupe tout l'Ouest africain allemand. Les armées anglo-belges et portugaises en font de même pour l'Est africain allemand. Plus un pouce de terrain ne reste aux mains de l'Allemagne en Afrique.

Progrès des Alliés dans les pays musulmans. Guillaume II, qui avait projeté d'établir le protectorat germanique sur les pays musulmans, voit son rêve s'évanouir. Le Turc, son allié de la première heure, a pu, grâce aux Allemands, tenir en échec les Anglo-Français aux Dardanelles (1915) et sauver Constantinople. Mais, en Mésopotamie, la campagne anglaise, malgré l'échec de Kut-el-Amara (28 avril 1915), conduit nos alliés jusqu'à Bagdad (11 mars 1917). L'armée russe de Transcaucasie avance à travers les montagnes de l'Arménie turque et s'empare d'Erzeroum (février 1916) et de Trébizonde (avril 1916). L'Arabie se déclare indépendante (22 juin 1916) et la ville sainte de l'Islam, la Mecque, se sépare du sultan de Constantinople.

Enfin, une expédition anglaise, partie d'Egypte, arrêtée longtemps à travers le désert, enlève Gaza et Jaffa et délivre à son tour la ville sainte de Jérusalem (10 décembre 1917).

Cette série de défaites lointaines substituait peu à peu à l'influence allemande le prestige des nations alliées.

LA GUERRE ÉCONOMIQUE

La guerre moderne est une « guerre totale ». Ainsi l'ont voulue les Allemands en ne respectant ni le droit des gens ni les lois de la guerre. Les Alliés ont donc été amenés peu à peu à rendre plus sévères les moyens dont ils disposaient pour réduire la force de résistance de l'Allemagne. Par des accords successifs, le commerce maritime fut réglementé, la contrebande de guerre définie, les approvisionnements des neutres limités.

A ces restrictions nécessaires, l'Allemagne répondit par d'odieuses attaques contre des navires désarmés. Après le torpillage de la *Lusitania*, toutes les notes du président Wilson ne purent obtenir que les Empires centraux cessassent leurs entreprises criminelles. A la note du 20 avril 1916, notamment, le chancelier allemand répondit, le 4 mai, que les sous-marins cesseraient de torpiller les navires de commerce quand le blocus serait levé. Et on a vu que, le 2 février 1917, l'Allemagne aggrava sa méthode en décidant que désormais les navires, ennemis ou neutres, seraient coulés sans avertissement préalable.

SITUATION GÉNÉRALE A LA FIN DE 1917 : LE QUATRIÈME HIVER

A la fin de 1917, l'Allemagne avait les mains libres du côté de l'Est, mais la guerre sous-marine, si elle avait causé aux Alliés une gêne sensible et des pertes douloureuses, n'avait arrêté ni le transport du matériel et des troupes américaines, ni le ravitaillement de l'Angleterre et de la France. Sauf en Russie, l'offensive contre le moral des peuples avait été contenue et l'armée avait retrouvé toute sa force combattive.

Cependant surgissait devant nous un problème d'une haute importance. L'offensive d'avril avait épuisé nos réserves et on ne pouvait encore compter sur l'apport américain. Or la défection russe avait rendu disponibles un grand nombre d'unités allemandes, et on prévoyait qu'au printemps notre infériorité numérique serait notoire. Il fallait donc prendre des dispositions pour résister à l'attaque qui ne manquerait pas de se produire et attendre, pour l'offensive qui devait mettre fin à la guerre, le renfort des Américains qui, sans relâche, amenaient des troupes et les organisaient sur notre propre territoire.

Pour répondre à ces préoccupations, dès le 9 novembre, un conseil de guerre interallié reçut la mission de coordonner sur les divers fronts les efforts des Alliés. Des compressions

furent exercées dans nos unités dont le nombre fut réduit.
Sur le front, les troupes furent échelonnées en profondeur :
pour éviter les lourdes pertes causées en première ligne par
la préparation d'artillerie, on espaça les troupes de combat et
on reporta la résistance principale en arrière, sur des lignes
défensives qui furent fortement organisées.

L'hiver se passa en travaux. De part et d'autre, cependant,
on veillait. Des coups de mains fréquents étaient effectués : les
Allemands sondaient le terrain pour trouver les points vulné-
rables ; de notre côté, nous cherchions à nous rendre compte
des forces en ligne pour pénétrer le lieu où se produirait
l'attaque ennemie. On était sûr de « tenir le coup » en attendant que l'arrivée des renforts américains permît de reprendre
l'offensive. A l'intérieur, comme sur le front, l'espoir était
revenu. On ne prévoyait pas encore la fin de la guerre, mais
on savait qu'elle était proche et on avait foi en la victoire.

DOCUMENTS ET LECTURES

1. — Les ravages allemands.

En mars 1917, lorsque les Allemands se retirèrent sur la
ligne Hindenburg, ils transformèrent en un désert toute la
région abandonnée par eux. Au mépris des Conventions de la
Haye, qu'ils avaient signées en 1907, ils détruisirent les villages,
abattirent les forêts, scièrent les arbres. Voici ce qu'écrit à ce
sujet un de leurs journaux :

« Nous ne voulons pas nier les destructions accomplies par les Allemands
dans la région évacuée, nous n'en voyons d'ailleurs aucunement la nécessité.

Ces destructions ont été dictées par une dure, mais inflexible nécessité
militaire. En première ligne, tous les ponts et routes ont été détruits ainsi
que les voies ferrées. Les Allemands ont dû aussi abattre les forêts pour
priver l'ennemi du matériel nécessaire aux constructions et aux fortifications.
Les villages ont dû être détruits pour les mêmes raisons. La destruction des
arbres des champs, des jardins, des allées, était tout indiquée au point de vue
militaire.

Nous n'avons naturellement laissé que la population impropre au service
militaire. Ce serait commettre un crime contre notre propre sécurité militaire
que de laisser à l'ennemi des forces de travail qui ne sont pas moins précieuses
que des soldats.

Notre commandement a voulu créer une sorte de glacis en vue des futurs
combats. Une large zone de dévastation a été créée, qu'on pourrait appeler
« zone de la guerre » dans tout ce qu'elle a d'impitoyable. Des villages
florissants, jusqu'ici habités, des champs cultivés, des jardins potagers, ne
représentent plus qu'un amas de cendres fumantes. »

(Extrait de la *Norddeutsche Allgemeine Zeitung*.)

2. — L'opinion des généraux sur l'offensive
du 16 avril.

A. — *Rapport sommaire du général Blondlat sur les opérations du
2e corps d'armée colonial, du 16 au 18 avril.*

Le rapport signale d'abord l'insuffisante préparation d'artillerie paralysée
par les intempéries, et le mauvais état physique des troupes résultant de

la même cause, état qui contrastait avec leur excellent état moral, puis il
décrit ainsi l'attaque :

Attaque. — A l'heure H, les troupes abordent en ordre les premières organisations allemandes : la crête géographique est atteinte presque sans pertes,
le barrage d'artillerie ennemi est peu nourri et présente des lacunes. Toutefois, notre infanterie s'avance avec une vitesse inférieure aux prévisions, le
barrage roulant se décroche presque immédiatement et s'éloigne progressivement des premières vagues qu'il cesse bientôt de protéger.

Quelques mitrailleuses qui se sont révélées sur le plateau n'arrêtent pas
l'élan des fantassins qui peuvent descendre le versant nord du plateau jusqu'au bord des pentes raides dévalant dans la vallée de l'Ailette. Là, ils
sont accueillis et cloués sur place par le feu meurtrier de nombreuses mitrailleuses qui, postées sur les pentes, hors d'atteinte de nos projectiles, sont
restées intactes.

Quelques fractions, utilisant des cheminements incomplètement battus
parviennent à descendre les pentes, mais d'une manière générale les vagues
subissent en quelques minutes des pertes considérables, particulièrement
en cadres, ne parviennent pas à franchir cette zone meurtrière, s'arrêtent,
s'abritent et, sur certains points, refluent sur la dernière tranchée dépassée.

Elles sont rejointes par les bataillons de deuxième ligne qui, partis à
l'heure fixée, viennent se fondre sur la ligne de combat.

Les bataillons de troisième ligne, conformément au plan de combat,
s'avancent à leur tour ; quelques-uns peuvent toutefois être arrêtés à temps
et occupent les premières tranchées allemandes ou nos tranchées de départ.

En moins d'une heure, le combat s'est stabilisé ; toutes les tentatives pour
reprendre le mouvement en avant échouent dès que l'on arrive sur la ligne
battue par les mitrailleuses ennemies. La progression à la grenade par les
boyaux et tranchées est seule possible et se heurte à une résistance de plus
en plus vive.

Les réserves ennemies sont, en effet, à peu près intactes ; bien abritées
dans les creutes du versant nord ou dans des abris très profonds, elles n'ont
pas souffert du bombardement, et la tranchée courant sur le rebord nord du
plateau leur constitue une parallèle de départ commode...

Nos fantassins sont desservis par l'état du terrain détrempé, particulièrement dans la zone bouleversée immédiatement derrière eux ; boyaux et
tranchées sont remplis d'une boue gluante qui retarde l'arrivée des ravitaillements en munitions, ralentit singulièrement les mouvements préparatoires aux attaques et ceux nécessités par la remise en ordre des unités,
expose de plus en plus les liaisons et les transmissions d'ordres et renseignements.

B. — *Récit du général Mangin.*

Au départ, écrit le général Mangin, l'enthousiasme des troupes était
peut-être encore plus grand (dans le 2e corps colonial) que dans les autres
corps d'armée. Européens et Sénégalais ont rivalisé d'ardeur. Malgré les
fatigues extrêmes de la mise en place par une nuit noire, à travers des boyaux

effondrés par la pluie, malgré les énormes difficultés provenant de la boue compacte, les premières tranchées ont été enlevées dans un élan magnifique... *

Mais le terrain était encore plus difficile que sur le reste du front, par suite de la présence de creutes plus nombreuses, plus vastes et mieux aménagées. Leurs entrées vers le nord avaient été soigneusement repérées et battues, mais les débouchés sur le plateau étaient invisibles, avec des puits profonds d'une trentaine de mètres (escaliers de 100 à 120 marches) et un dédale de tunnels inaccessibles aux coups de l'artillerie la plus puissante. Les détails de ces organisations, révélés maintenant par leur conquête, ou par des plans trouvés sur des officiers allemands, étaient alors mal connus ; nous avons pris pied dans une forteresse naturelle complétée par le travail de plusieurs générations et par deux ans d'efforts méthodiques... Malgré ces difficultés exceptionnelles, le 2e corps colonial est arrivé, sur presque tout le front, jusqu'au rebord nord du plateau ; un bataillon de la 10e division a même atteint le bas des pentes et quelques éléments de la même division ont poussé jusqu'au bord de l'Ailette.

« Mais des nids de mitrailleuses se révélaient, sur le plateau même, derrière nos premières vagues d'assaut. Elles tiraient d'abris bétonnés, ou bien d'emplacements aménagés en plein vent, à proximité des sorties des creutes, où elles venaient prendre position de plus en plus nombreuses. Les bataillons de deuxième ligne étaient plus éprouvés que ceux de première ligne, surtout dans leurs cadres visés à loisir, et il en est résulté des erreurs de direction qui ont causé des désordres... (Néanmoins, les 1 270 prisonniers faits par ce corps d'armée et l'enlèvement de positions considérées par l'ennemi comme imprenables, la possession d'observatoires précieux vers le nord, constituent des résultats très appréciables.)

Aussi la lutte devint très rude sur le plateau même, pendant que, sur le versant nord, des mitrailleuses sortaient également très nombreuses, tirant dans le dos des éléments français qui les avaient dépassées. Le retour de ces éléments s'imposa bientôt.

... C'est d'ailleurs sur tout le front de l'armée que l'arrêt par les mitrailleuses se produisit. Partout, il fallait arrêter les unités de seconde ligne, remettre de l'ordre, reconstituer des réserves et reprendre le combat sur des bases nouvelles.

C. — *Les opérations de la division Marchand, le 16 avril 1917.*

Voici des extraits textuels du premier compte rendu :

La tâche de la division était particulièrement difficile en raison du terrain même d'attaque, dont les caractéristiques sont :

1º Absence presque absolue d'observatoires terrestres sur les deuxièmes lignes ennemies ;

2º Présence d'abris-cavernes (creutes) impossibles à détruire ;

3º Emplacements limités, pour les positions de batteries, à deux ravins connus et repérés par l'ennemi.

En outre, en cas de réussite, impossibilité de traverser la vallée de l'Ailette que les marécages rendent pratiquement infranchissable en cette saison.

L'attaque échoue ; une légère avance de quelques centaines de mètres est seulement acquise, avec des pertes considérables (50 p. 100 de l'effectif de la division).

Des renseignements fournis par les exécutants, les causes de cet échec sont les suivantes :

1° Densité des troupes de défense. Elle était égale à celle des troupes d'attaque ;

2° Préparation absolument insuffisante du terrain d'attaque, routes impraticables, pas ou peu de voies de 0 m. 60.

Partout amoncellement de dépôts de munitions à proximité immédiate du front. Nombreuses explosions du fait du feu de l'ennemi.

3° Préparation d'artillerie :

Sur neuf jours de préparation, il n'y eut que vingt et une heures de tir réglé. Les avions ne pouvaient sortir en raison du temps.

Tir sur zone et, en conséquence, dépense exagérée de projectiles, destruction médiocre.

L'artillerie ennemie réagit peu, mais à coup sûr, sur les canons français littéralement entassés dans les deux ravins de Paissy et de Vassogne.

Les batteries de barrage ennemies ne se dévoilent pas.

4° Le temps :

Abominable pendant la préparation et plus encore le jour de l'attaque. Pluie, neige, vent.

Les hommes sont dans l'eau et la boue jusqu'au ventre. Les Sénégalais sont engourdis.

5° Attaque :

La progression devant s'effectuer à raison de 100 mètres par trois minutes, le tir de barrage de notre artillerie devait précéder, à la même vitesse, l'infanterie qui, progressant « la canne à la main », devait pouvoir coller sans difficulté.

Résultat. — L'infanterie est arrêtée, les barrages mobiles vont se promener à quelques kilomètres au delà.

L'ennemi les laisse passer, sort des creutes et arrête à loisir l'infanterie sans subir de pertes...

6° L'infanterie :

Le troupier est pesamment chargé.

En vue d'une avance certaine, il emporte trois jours de vivres et seulement deux ou trois grenades.

Il se débarrasse, au bout de quelques minutes, de ses vivres qui l'encombrent et des grenades qu'il a vu exploser spontanément dans la musette des camarades.

Les fusils-mitrailleurs, rendus inutilisables par l'enrayage et l'encrassement, sont jetés.

Les Sénégalais perdent leurs cadres, sont désorientés et sont décimés.

Enfin, l'ennemi fait usage d'une nouvelle arme : mitrailleuse légère, un peu plus lourde que notre fusil-mitrailleur, mais moins délicate et beaucoup plus puissante.

Les tirs de barrage ennemis se déclenchent : impossibilité de les contrebattre, faute de vues terrestres et d'avions.

Usure de l'ennemi :

Infiniment inférieure à celle de nos troupes. Très peu de cadavres allemands dans les tranchées. 500 prisonniers environ. Pertes totales de l'ennemi évaluées à 2 ou 3 000 sur le front de la division.

Conséquences :

Avant cette opération, le moral était plus élevé que jamais

Jusqu'à l'échelon du régiment, confiance absolue dans la réussite.

Au-dessus, un certain malaise régnait, mais la foi existait. On pensait que le commandement supérieur possédait des éléments d'appréciation tels que l'opération était nécessaire et le succès certain.

Et cependant, les défauts de préparation apparaissaient à ce point que l'on regrettait la méthode infiniment supérieure des moyens mis en œuvre en septembre 1915, en Champagne.

Aujourd'hui, on n'a plus confiance. Certains officiers, au moral admirablement trempé jusqu'à ce jour, ne voient plus la fin. On parle de la paix.

La troupe est abattue, phénomène normal après une telle secousse. Elle se reprendra certainement, après quelques semaines de repos, mais comment recompléter les effectifs et surtout les cadres ?

D. — *Rapport du général Guignabaudet sur les opérations de la 2ᵉ division d'infanterie, le 16 avril 1917.*

La division devait attaquer avec trois régiments un front de 2 500 mètres.

Le rapport décrit succinctement les trois lignes de la première position allemande et les saillants du Tyrol et de la Californie, dont les tirs prennent d'enfilade la ligne d'attaque.

Il signale ensuite :

L'insuffisance de l'artillerie lourde (une seule batterie Schneider promise le 7 avril, au lieu de deux demandées le 8 mars) ;

L'insuffisance des lots de munitions (la préparation est allongée de deux jours sans allocation de munitions supplémentaires) ;

L'absence de voies ferrées, d'où le transport à bras des munitions aux batteries ;

L'activité des avions allemands : nos mortiers de 58 et certaines batteries de 75 sont constamment survolés et marmités ;

Le temps exécrable empêchant les réglages des tirs de destruction et les photographies aériennes.

Les canons mis hors d'usage au cours de la préparation (deux canons de 155 et deux canons de 220 sur huit) ne sont pas remplacés.

Du côté ennemi, 38 batteries (dont les deux tiers lourdes) sont en action contre le secteur de la division, plus les batteries d'Amifontaine. La division, elle, n'a que 6 batteries lourdes et 24 batteries de 75.

Les munitions sont mesurées au compte-goutte et arrivent difficilement avec des erreurs qui les rendent inemployables (obus et charges non correspondants).

Le ravitaillement en munitions de 75 est rendu très difficile : 512 chevaux sont morts, la moitié par intoxication de gaz ou éclats d'obus, l'autre moitié par insuffisance de nourriture.

Un quatrième régiment au moins eût été nécessaire en raison de la largeur du front (2 500 mètres) et de la profondeur du terrain à conquérir (11 kilomètres).

C'est dans ces conditions qu'a lieu l'attaque.

Le matin du 16, les avions allemands survolent les lignes très bas.

L'artillerie allemande commence, à 5 heures, un tir violent sur les tranchées.

Malgré ce tir continu, l'attaque part comme un seul homme, d'une façon merveilleuse, et arrive dans les tranchées ennemies.

C'est alors que le drame commence ; les mitrailleuses sous coupoles bétonnées se révèlent.

L'attaque est en même temps prise de flanc par les mitrailleuses et les canons-revolvers du saillant de Tyrol, de Californie, du Bois de Chevreux de l'Enclume et de la route 44...

E. — *Compte rendu du général Nivelle.*

Le 16, à 6 heures du matin, notre infanterie s'élance à l'attaque par un temps brumeux et couvert ; la journée se passera sans soleil et sans éclaircies. Dès 12 heures, après l'arrivée des premiers renseignements un peu sûrs, il est évident qu'une lutte acharnée se livre sur la première position ennemie ; c'est seulement partiellement sur le front de la Ve armée que l'on a pu aborder la seconde position. Nous rencontrons partout une résistance opiniâtre. L'ennemi, pour remplacer les mitrailleuses fixes, en général détruites, met en action de nombreuses mitrailleuses légères, mises récemment en service dans l'armée allemande et que les fantassins sortent des abris. Du côté de la Ve armée, il exécute des contre-attaques en force, menées vigoureusement par de gros effectifs, moyennant des pertes considérables. Cependant, du fait même de la densité de l'ennemi sur sa première position, nous avons obtenu des résultats importants : nous avons fait plus de 10 000 prisonniers dont le nombre va s'accroître rapidement.

3. — Les États-Unis en guerre.

(*Message du président Wilson au Congrès américain, 2 avril.*)

« La guerre sous-marine contre le commerce est une guerre contre l'humanité ; c'est une guerre contre toutes les nations. Des navires américains ont été coulés, des vies américaines ont été perdues dans des circonstances qui nous ont violemment émus ; mais d'autres navires et d'autres citoyens des nations neutres et amies ont été coulés et précipités dans les flots de la même façon. Il n'y a aucune distinction et le défi a été lancé à toute l'humanité...

Ce n'est pas la vengeance qui doit être notre but ; ce n'est pas l'affirmation victorieuse de notre puissance physique, c'est seulement la revendication du droit de l'humanité, dont nous ne sommes qu'un champion individuel... Obéissant sans hésitation à ce que je considère comme mon devoir constitutionnel, je conseille au Congrès d'accepter formellement l'état de guerre qui lui a été imposé et de prendre les mesures immédiates, non seulement pour mettre le pays en état de défense complet, mais aussi pour obliger l'Allemagne, en employant toutes nos ressources, à accepter de terminer la guerre à nos conditions...

La neutralité n'est plus longtemps possible ni même désirable quand la paix du monde entier et la liberté des peuples se trouvent en jeu et que la menace de cette paix et de cette liberté vient de l'existence de gouvernements autocratiques, appuyés par la force, qui imposent leurs volontés sans tenir compte de la volonté des peuples. Nous sommes au commencement d'un âge où les gouvernements doivent, tout comme les individus, être rendus responsables de leurs actes...

Nous voici forcés d'accepter la bataille avec l'ennemi naturel de la liberté, et, pour ce faire, nous emploierons la force entière de la nation. Nous sacrifierons notre vie, notre fortune, tout ce que nous possédons, à un tel devoir avec la fierté de savoir qu'enfin le jour est arrivé où l'Amérique peut donner son sang pour les mêmes principes d'où elle est née, ainsi que pour le bonheur et la paix dont elle a pu jouir. »

4. — Les pertes de la marine allemande à la bataille du Jutland.

« Un cuirassé dreadnought du type *Kaiser* a sauté au cours d'une attaque par des contre-torpilleurs anglais, et on croit qu'un autre cuirassé dreadnought, du même type, a été coulé par le feu de l'artillerie. De trois croiseurs ennemis, dont deux seraient le *Doerflinger* et le *Lützow*, l'un a sauté ; l'autre, violemment attaqué par notre escadre de cuirassés, a été aperçu désemparé, s'arrêtant. On a vu le troisième sérieusement endommagé. Un croiseur léger allemand et six contre-torpilleurs allemands ont été coulés ; en outre, au moins deux autres croiseurs légers ont été vus désemparés. On a observé que des coups réitérés frappaient trois autres cuirassés dreadnoughts allemands, qui avaient été attaqués. Enfin, un sous-marin allemand a été éperonné et coulé. »

(Rapport de l'amiral Jellicoë, commandant l'escadre anglaise.)

5. — Georges Guynemer.

Georges Guynemer n'avait pas vingt ans quand la guerre éclata. De santé délicate, il ne put s'engager comme soldat, mais il réussit à se faire admettre dans un centre d'aviation comme mécanicien. Il conquit son brevet de pilote et partit au front. Ses exploits le classèrent bientôt au premier rang de nos aviateurs. L'escadrille des Cigognes, qu'il commandait, devint la terreur de l'ennemi.

Après avoir abattu son cinquante-quatrième avion, un jour de septembre 1917, dans les Flandres, il fut porté disparu. En plein vol, une balle allemande l'avait frappé.

Sa mort fut un deuil national. La Chambre des députés, dans un vote unanime, décida qu'une plaque de marbre serait apposée au Panthéon pour y marquer la place du héros, symbole des aspirations et des enthousiasmes de l'armée et de la nation.

Dans une lettre, le commandant Brocard, qui fut son chef, célèbre sa gloire dans ces termes :

« Je suis très ému de la pensée que vous avez eue de consacrer la gloire du capitaine Guynemer en demandant au pays de lui accorder les honneurs du Panthéon.

Tous nous y avons songé, frappés par cette idée que seule sa coupole avait assez d'envergure pour abriter de telles ailes. Le pauvre petit est tombé face à l'ennemi, frappé d'une balle à la tête, en plein triomphe. Il m'avait juré quelques jours auparavant que les Allemands ne l'auraient pas vivant.

Sa chute héroïque n'est pas plus glorieuse, certes, que la mort de l'artilleur tombé sur sa pièce, du fantassin tué en plein assaut, celle plus douloureuse du soldat enlisé dans la boue. Mais depuis plus de deux ans, tous l'ont vu au-dessus de leurs têtes sillonner tous les ciels, ceux des beaux soleils comme ceux des sombres tempêtes, portant dans ses pauvres toiles une part de leurs rêves, de leur foi dans le succès et tout ce que leur cœur avait de confiance et d'espoir.

C'est pour eux, sapeurs, artilleurs, fantassins, qu'il s'est battu avec tout l'acharnement de sa haine, toute l'audace de sa jeunesse, toute la joie de ses triomphes. Sûr que la lutte lui serait fatale, mais certain qu'à bord de son oiseau de guerre il sauvait des milliers d'existences, voyant naître à son image des combattants comme lui, il est resté fidèle à son sacrifice, qu'il avait fait longtemps d'avance, et qu'il a vu venir avec calme.

Soldat modeste, mais conscient de la grandeur de son rôle, il avait les qualités filles du sol qu'il a si bien défendu : la ténacité, la persévérance dans l'effort, l'insouciance du danger, auxquelles il joignait le cœur le plus généreux.

Sa courte existence n'a connu ni les amertumes, ni les souffrances, ni les désillusions. Du lycée, où il apprenait son histoire de France et qu'il n'a quitté que pour écrire une page de plus, il est allé à la guerre, ses yeux volontaires fixés sur le but tracé, poussé par je ne sais quelle force mystérieuse que j'ai respectée, comme on respecte la mort ou le génie. Guynemer n'a été qu'une idée puissante dans un corps aussi frêle, et j'ai vécu près de lui avec la douleur secrète de savoir qu'un jour, l'idée tuerait l'enveloppe.

Pauvre petit ! Tous les enfants de France qui lui écrivaient chaque jour, dont il était le merveilleux idéal, ont vibré de toutes ses émotions, vécu de toutes ses joies, souffert de tous ses dangers. Il restera pour eux le modèle vivant des héros dont ils ont connu l'histoire.

Son nom court sur toutes les lèvres, et ils l'aiment comme on leur a appris à aimer les gloires les plus pures de notre pays.

Monsieur le Député, demandez que le Panthéon soit sa dernière demeure, où l'ont déjà placé les mères et les enfants. Ses ailes protectrices n'y seront point déplacées et, sous le dôme où dorment ceux qui nous ont donné notre patrimoine, elles seront le symbole de ceux qui nous l'ont gardé. »

6. — En renfort à l'armée d'Orient.

LE VOYAGE

« Partis de Marseille le 15 décembre à minuit, le 16 nous longeons la côte d'azur : Cannes, Nice, Monaco. Il est nuit quand nous entrons en Italie et quand nous passons à Vintimille, Gênes. Le 17 au jour nous sommes à La Spezzia ; nous apercevons Pise dans l'après-midi ; enfin, le soir, nous nous arrêtons à Livourne où nous couchons. Dès le lendemain matin 18, nous réintégrons nos wagons. Toute la journée encore nous roulons. A 2 heures du matin, le 19, arrêt à Rome, mais tout est fermé, tout est éteint et de la Ville Éternelle nous ne connaissons que le bouillon chaud qu'on nous sert en gare. Dans la journée, près de Naples, soudain la portière est assaillie ; on se montre une tache insolite, un nuage unique sur le ciel d'un bleu très pur : c'est le Vésuve. Nous traversons « la Botte » pendant la nuit ; à Bari, le lendemain, nous apercevons l'Adriatique et enfin, le 21, à la tombée de la nuit, après six jours d'un voyage en wagons peu confortables, nous arrivons à Tarente ou, plus exactement, au camp de « Buffoluto ».

UN CAMP

C'est en pleine nuit que nous entrons au camp. Les baraques Adrian sont archicombles et notre détachement est important. Restent les marabouts (1) dans lesquels, en pleine obscurité, nous nous entassons tant bien que mal. A la lueur de quelques rares bougies, on nous apporte une espèce de soupe au riz dans laquelle nagent des biscuits cassés en deux, brouet sans goût que nous avalons parce qu'il est chaud et qu'hélas ! nous reverrons invariablement pendant tout notre séjour ici.

Le peu de paille que nous trouvons sous les tentes a déjà beaucoup servi (ce qui n'est pas sans inconvénients), pourtant c'est avec une réelle satisfaction que nous nous étendons pour nous soulager des poses incommodes des longues heures de wagon. En pleine nuit, nous sommes réveillés par

(1) Grandes tentes rondes.

le tonnerre. La pluie tombe si abondamment qu'en quelques minutes les tentes sont inondées et la bonne nuit que nous avions commencée se termine en cauchemar. Invariables comme le menu, deux autres nuits semblables nous attendaient.

L'EMBARQUEMENT

Notre tour de départ est affiché au tableau du camp : à trois heures la soupe, à quatre heures sac au dos et rassemblement. En colonne par quatre, nous avançons vers la baie. Après les piétinements inévitables, nous nous retrouvons entassés sur un chaland. Un détachement de zouaves, un autre d'artilleurs qui nous précèdent se dirigent vers deux croiseurs-cuirassés spécialement affectés aux transports de troupes : le *d'Entrecasteaux* et le *Jurien-de-la-Gravière*. Notre chaland démarre à son tour et lentement s'approche d'un grand transport, troisième unité du convoi. Nous distinguons à peine sur l'avant le nom qui, en temps de paix, s'étalait orgueilleusement en lettres d'or : *Duc-d'Aumale*. Pauvre Duc ! Il a l'air bien fatigué. Il penche même un peu à droite. Il est sale, fané, mais il est fier et ne porte aucun maquillage ; c'est un vieux routier qui nous inspire confiance. Accrochés à l'extérieur, prêts à être descendus, nous apercevons les chaloupes et d'énormes flotteurs de sauvetage. Pendant qu'un à un nous grimpons le fragile et mouvant escalier d'abordage, malgré nous, nous pensons au *Châteaurenault*, qui, la semaine précédente, a été torpillé.

Nous voici à bord. Sur le pont, un bœuf fraîchement abattu se balance à un palan, tandis que les bouchers lavent à grande eau les planches maculées de sang et de débris.

Au petit bonheur, nous nous casons sur le pont, l'entrepont ou dans les cales. Notre embarquement a pris beaucoup de temps ; aussi la nuit arrive et la fraîcheur nous saisit. Chacun défait son sac, sa couverture, et s'installe de son mieux. Sur le pont nous nous serrons les uns contre les autres pour essayer de dormir. Dans les cales on étouffe, ici nous avons froid. Et c'est le moment, 24 décembre, veille de Noël, où là-bas, à la maison, nos petits mettent leurs souliers dans la cheminée !...

LA TRAVERSÉE

Nous sommes le jour de Noël. C'est pour faire place à de nouveaux arrivants qu'on nous a embarqués la veille. Aussi nous attendons vingt-quatre heures avant de quitter « Buffoluto ». Enfin les machines se mettent en marche, c'est un « ah ! » de soulagement. Nous percevons un bruit sourd, rythmé au-dessous de nous ; une légère trépidation secoue le navire. Nous ne partons pas encore cependant ; l'essai des machines dure trop à notre gré. Bientôt pourtant le camp qui était en face de nous semble s'être déplacé. Tout doucement le *Duc-d'Aumale* passe devant diverses unités de la flotte de guerre italienne, notamment le majestueux cuirassé de ligne *Dante-Alighieri*. Nous franchissons le chenal qui nous sépare de la haute mer.

De tous côtés les mouchoirs s'agitent : le public italien et les camarades français de la base sont venus nombreux nous saluer au passage. Il semble que la nouvelle de la perte du *Châteaurenault* donne à ce départ un intérêt particulier.

Les flotteurs du filet qui ferme l'entrée du port de guerre s'écartent, tirés par des chalutiers, et nous pénétrons dans la zone dangereuse. Notre marche s'accélère et bientôt le convoi se forme.

Devant nous les deux croiseurs, empanachés de fumée noire, nous montrent la route. Fidèlement le *Duc-d'Aumale*, qui penche fortement à droite, suit dans leur sillage. Malgré les signaux pressants et répétés, nous ne pouvons aller plus vite ; nos deux compagnons ralentissent : visiblement nous retardons la marche.

Tout près de nous, à droite et à gauche, sont venus se placer trois minuscules contre-torpilleurs. Attentifs et vigilants, ils surveillent la surface de l'eau. Nos yeux, moins habitués que les leurs, voient, à chaque instant, des dangers imaginaires. La plus inoffensive des épaves prend vite à nos yeux fatigués la forme inquiétante d'un périscope.

La nuit se passe cependant sans incident. Au matin nous arrivons en vue de Corfou. Le bruit des machines cesse, l'ancre est jetée aussitôt. Tout à coup un ordre circule, on remonte l'ancre, chacun revêt sa ceinture de sauvetage, les canonniers rejoignent leur pièce à l'avant, c'est l'alerte. Les torpilleurs infatigables partent immédiatement en patrouille, leur tube lance-torpille menaçant le large. Nous les suivons des yeux, en silence, cherchant à reconnaître le danger qui nous menace. Un échange de signaux a lieu et aussitôt cet ordre du commandant du bord : « Tout le monde au poste d'appareillage ! » C'est fini, nous repartons, chacun retourne tranquillement à sa place. Le vent grandit, la mer devient houleuse, les plus fragiles sont pris de malaises ; les autres en profitent pour manger à leur faim, car les distributions du bord sont faites avec beaucoup de parcimonie. La nuit suivante est très agitée et les malades sont nombreux. Nos pauvres bagages sont inondés. Pour beaucoup, la précieuse provision de sucre est perdue.

Avec le jour, le calme revient. Toujours vigilants, nos convoyeurs continuent leur faction en flanc-garde. Le soir enfin nous atteignons le canal de Corinthe, fermé aux incursions des sous-marins par un filet qui nous livre passage. Les contre-torpilleurs font demi-tour, regagnant leur base à toute vitesse, les croiseurs filent vers Itéa et le vieux paquebot, dont les machines s'époumonnent, termine seul cette partie du voyage où il n'a plus rien à redouter. A la nuit nous arrivons, mais il est trop tard pour débarquer. Nous sommes restés à bord quatre nuits et trois jours pour un voyage d'une durée normale de vingt heures.

ITÉA-BRALO

Débarqués à Itéa le matin, nous prenons le chemin du camp situé à flanc de montagne. Notre fatigue est telle que nous grimpons péniblement jusqu'aux baraques où nous déposons sacs et musettes avec soulagement. Autour de l'unique fontaine c'est bientôt la cohue.

Nous allons passer la nuit ici, il faut s'organiser. Mais la place manque :
les plus favorisés coucheront sur les planches, les autres en dessous, par
terre.

Le lendemain, rassemblement avant le jour. Les camions sont venus
se ranger en bas sur la route. Nous nous y entassons. Bientôt les moteurs
ronflent; en route pour Bralo. C'est d'abord la plaine, puis un bois, puis la
route dans la montagne. En première vitesse nous abordons un énorme massif
couvert de neige. La piste en lacet a été transformée par les armées alliées
en une route par laquelle passent maintenant tous les renforts. Les premiers
camions que nous apercevons, par instants, au-dessus de nous, semblent
accrochés à une crémaillère invisible, tandis que les autres, en dessous,
simulent la queue d'un immense serpent.

Nous montons, nous montons. Deux aigles planent au-dessus de nous.
Il fait de plus en plus froid. Enfin nous voici sur l'autre versant. Nous
descendons maintenant, et la moindre défaillance du conducteur ou des
freins peut nous jeter au fond d'un précipice. Le vertige nous saisit. Cependant le voyage se termine sans accident.

BRALO-SALONIQUE

Entassés dans des wagons à bestiaux (dans le mien 44 hommes avec sacs
et musettes), ce voyage, qui dure vingt-cinq heures, est particulièrement
pénible. Le voisinage de l'Olympe, du Parnasse, n'éveille en nous qu'une
curiosité atténuée. Jusqu'à Salonique, rien à signaler que l'ennui crois-
sant d'un voyage interminable.

Nous voici en gare des « Occidentaux ». A peine descendus du train, on
nous forme en colonne et nous prenons le chemin du dépôt intermédiaire.
Nous traversons Salonique, cette ville dont le nom symbolise pour nos
familles l'expédition d'Orient. L'impression est mauvaise. Il pleut. Une
boue noire, liquide, dans laquelle nous pataugeons, nous renseigne sur la
propreté de ce port cosmopolite où les camions militaires passent à toute
vitesse en nous éclaboussant. Par endroits le chemin, devenu sans doute
impraticable, a été recouvert de pierres à peine cassées, aux arêtes coupantes,
sur lesquelles nous trébuchons. Pendant 4 kilomètres nous traînons ainsi
nos sacs et notre fatigue.

Mais voici le camp. La consigne est sévère. Il faut entrer en ordre et au
pas. « Pas cadencé ! un, deux !... » Nous essayons, nous y mettons toute
la bonne volonté qui nous reste, mais nos jambes sont molles et la cadence
s'en ressent. Depuis dix-neuf jours nous sommes en voyage, nous suons à
grosses gouttes, nous sommes exténués !

Nous voici alignés, arrêtés enfin devant une baraque Adrian en mauvais
état. Des sergents discutent pour savoir si cet emplacement est bien celui
qui doit nous être assigné. Pendant ce temps nous nous penchons en avant,
appuyés sur le fusil, pour mieux soutenir notre charge ; quelques sacs
tombent dans la boue ! Nous entrons enfin, beaucoup trop nombreux pour
les places disponibles. Les premiers s'installent tout autour, les autres au
milieu, dans la poussière. On nous lit les consignes du camp. Bien inutile-

ment on nous menace des peines les plus sévères. Nous n'avons qu'un désir : nous reposer, dormir...

A l'occasion du 1ᵉʳ janvier on nous donne la permission d'aller à Salonique en tenue réglementaire : capote, ceinturon. Il fait chaud. En chemin, tout près du Vardar, nous saluons l'immense cimetière dont on nous a déjà parlé et où dorment tant de pauvres camarades.

Salonique, encombrée de militaires, est une ville sans intérêt. Pourtant nous sommes péniblement impressionnés par les ravages de l'incendie qui, dit-on, a consumé le plus beau quartier de la ville. Des maisons il ne reste plus que quelques murs noircis et des barres de fer tordues et enchevêtrées. Une odeur de suie très désagréable s'en dégage. Sur ces ruines, des commerçants se sont installés, vendant de tout et offrant leur marchandise en se lamentant et en étalant leur misère. Sur le pas d'une porte, des joueurs, cartes en mains, insensibles à ce qui se passe autour d'eux, jouent avec acharnement. Des billets crasseux passent de l'un à l'autre.

Munis d'une boule de pain, reste du voyage, nous pénétrons dans un estaminet. Tout heureux de l'aubaine, le tenancier nous donne en échange une mauvaise friture de petits poissons de mer que, moyennant un supplément, nous arrosons d'une bouteille d'un vin de figues prétentieusement étiqueté : « Samos ».

Quand nous rentrons, à la tombée de la nuit, un vent glacial très fort, « le vent du Vardar », se met à souffler avec violence. Après la chaleur du jour, ce refroidissement subit nous saisit. Nous grelottons. Bientôt, lancée avec violence par le vent, la neige se met à tomber fine, dure, piquant le visage et les mains. La malchance a voulu que le matin même, beaucoup d'entre nous fussent vaccinés. Le froid rend la fièvre plus pénible. Cela nous vaut à tous un deuxième couvre-pied qu'on nous distribue sur-le-champ.

Pour quelques-uns le voyage est terminé. Ce sont des spécialistes ou des hommes âgés. Pour la plupart ce n'est qu'un second dépôt. On désigne les renforts pour les différents groupements de divisions. Le nôtre part à Florina. Nous voici encore entassés dans un wagon. La nuit est glaciale. Vers deux heures du matin, nous arrivons dans la gare déserte. Seul un courrier venu au train, enveloppé dans une peau de mouton et muni d'un falot, nous indique le chemin du gîte d'étape.

Ce chemin est rocailleux. La neige, qui a fondu dans la journée, le recouvre de glace pendant la nuit. Lourdement chargés, nous glissons et tombons sur le sol durci. Des visages sont ensanglantés. Enfin nous arrivons au gîte. Nous trouvons des braseros allumés. Nous chauffons longuement nos membres ankylosés par le froid, puis nous nous couchons sur le sol recouvert d'une paille rare et hachée menu.

Le lendemain, dans la journée, une voiture chargée de nos bagages nous montre le chemin de la compagnie que nous devons rejoindre. Deux à deux, de chaque côté de la route, nous suivons les fossés pour nous dissimuler aux avions ennemis qui surveillent l'arrivée des renforts.

Le 10 janvier, exactement un mois après notre départ du dépôt, nous avons rejoint notre unité au front. »

7. — Paroles françaises.

« La politique de guerre est un ensemble dont toutes les parties se tiennent et qui procède partout du même esprit. Pour la pratiquer avec efficacité, nous avons besoin du concours du pays. On ne lui a jamais fait appel en vain quand on lui parle avec franchise. Il a donné depuis le début de la guerre des exemples qui répondent de sa constance pour aller jusqu'au bout des sacrifices que la guerre exigera de lui. Nous devons lui continuer notre confiance, comme il nous maintiendra la sienne, et la justice de la nation ne sera pas avare pour cet admirable peuple, paysans et ouvriers, quand, ayant déposé les armes du combat, il reprendra les outils du travail. »

ALEXANDRE RIBOT.
(Déclaration ministérielle du 21 mars 1917.)

« Si la France poursuit cette guerre, ce n'est ni pour conquérir ni pour se venger, c'est pour défendre sa liberté et son indépendance, en même temps que la liberté et l'indépendance du monde. Ses revendications sont celles du droit même ; elles sont indépendantes du sort des batailles. Elle les proclamait solennellement en 1871, alors qu'elle était vaincue ; elle les proclame aujourd'hui qu'elle a fait sentir à ses agresseurs le poids de ses armes. »

PAUL PAINLEVÉ.
(Déclaration ministérielle du 18 septembre 1917.)

CHAPITRE VI

1918 : L'OFFENSIVE ALLEMANDE
LA CONTRE-OFFENSIVE FRANÇAISE
LA VICTOIRE DES ALLIÉS

Les desseins de l'Allemagne. — L'attaque du 21 mars. — L'unité de commandement : Foch généralissime. — La surprise du Chemin des Dames. — L'effort des Alliés. — Les préparatifs d'une nouvelle offensive. — L'organisation de la défense. — La dernière offensive allemande : l'attaque de Champagne (15 juillet). — L'offensive alliée du 18 juillet. — L'offensive générale. — La défaite allemande. — L'offensive en Orient et en Italie. — La victoire des Alliés.

LES DESSEINS DE L'ALLEMAGNE

Les privations imposées à l'Allemagne par le blocus, l'arrivée rapide des renforts américains mettaient l'état-major allemand dans l'obligation de chercher une solution rapide à l'état de guerre. Au début de 1918 il avait encore la supériorité des effectifs ; il ne l'aurait plus quand l'armée américaine, forte d'un million d'hommes, aurait son plein. N'ayant désormais aucun sujet d'inquiétude du côté de l'Est, bien avant la signature des traités de Brest-Litovsk et de Bucarest, commencèrent les transports sur le front occidental des troupes allemandes retenues jusque-là en face de la Russie et de la Roumanie.

Cependant les gouvernants de l'Allemagne n'étaient pas sans inquiétude. Ils avaient la plus grande confiance dans le « grand Hindenburg », dont les talents militaires étaient reconnus par l'empereur lui-même. Mais ils savaient aussi que, si cette attaque suprême venait à échouer, ils ne pourraient plus demander aucun effort à l'Allemagne affamée et que ce serait la fin.

Les menaces allemandes.

Ils auraient bien voulu qu'on leur fît des ouvertures de paix et, par des rodomontades menaçantes, ils tentèrent encore d'ébranler le moral des peuples et d'arriver à leurs fins. Dès Noël 1917, Guillaume II proclamait solennellement : « Nous allons imposer la paix à nos ennemis occidentaux par les éclairs de nos sabres et par le fer des poings allemands. » Et, renchérissant sur leur maître, les hommes d'État, les journaux, menaçaient des plus terribles représailles les Alliés qui avaient « frivolement repoussé les honnêtes propositions de l'Allemagne ».

Projets d'attaques.

Ce fut peine perdue. Nul écho ne répondit aux suggestions allemandes. Le 8 janvier, dans un message, le président Wilson avait résumé en quatorze points les conditions de la paix future exigée par l'Amérique et, le 2 février, le conseil de guerre interallié, réuni à Versailles, déclarait que les Alliés poursuivraient la guerre « en coopération et avec la dernière énergie ». L'Allemagne dut se résoudre à attaquer. Elle le fit avant que l'aide américaine pût être d'un grand poids dans la balance. Elle y employa tous ses moyens.

C'est dans la région de Saint-Quentin, au point de soudure des armées britanniques et françaises, que l'état-major allemand décida de porter son premier effort. Il espérait rejeter vers le nord l'armée anglaise et s'ouvrir la route de Paris par la vallée de l'Oise.

Connaissant le dispositif adopté par les troupes alliées pour la défensive, il modifia sa tactique. Après une courte préparation d'artillerie avec obus toxiques, l'attaque se ferait en masses denses et les troupes, accompagnées par des canons légers, fonceraient droit devant elles, sans se préoccuper des faibles îlots de résistance qui garnissaient les premières lignes et qui seraient submergés.

La concentration des troupes.

Malgré les nombreux coups de main qui se pratiquaient journellement sur tout le front, l'attaque ne pourrait être éventée, et l'effet de surprise serait acquis. Toutes les précautions furent prises pour que la concentration des troupes restât ignorée et échappât aux investigations de nos avions.

La nuit, en utilisant le couvert des bois, une masse de manœuvre de plus de 300 000 hommes fut réunie sur le point choisi pour le premier choc. 600 000 hommes immédiatement derrière étaient prêts à exploiter le succès.

Mais le général Pétain veillait. Sur les divers points du front, à l'arrière, près de routes à l'avance repérées, des files de camions automobiles attendaient, auprès de troupes au repos, le moment de les transporter sur le point menacé.

L'ATTAQUE DU 21 MARS : LE BOMBARDEMENT DE PARIS

L'attaque se produisit le 21 mars. Elle fut accompagnée de procédés barbares destinés à terroriser les non-combattants. Des escadrilles de gothas survolèrent Paris et Londres, en lançant des bombes énormes et, le 23 mars, des pièces de canon à longue portée, qui avaient été secrètement fabriquées et amenées dans le Laonnois, à plus de cent kilomètres, commençaient sur Paris un tir démoralisant. Paris cependant s'habitua aux « grosses Berthas » comme il s'était accoutumé aux raids d'avions.

La retraite des Anglais. — Comme il était prévu, l'attaque fut brutale. Favorisés par le brouillard, après une courte et terrifiante préparation d'artillerie, à 9 heures du matin, les Allemands se ruèrent sur les Anglais très éprouvés par les gaz. Malgré une héroïque résistance, nos alliés submergés durent céder le terrain. Poursuivis, harcelés par des masses toujours nouvelles, qui avançaient à marche forcée, leur retraite se fût transformée en déroute sans l'intervention immédiate des Français.

L'intervention française. — En alertant les troupes, le général Pétain avait lancé un ordre du jour énergique et claironnant : « L'ennemi s'est rué sur nous dans un suprême effort. Il veut nous séparer des Anglais pour s'ouvrir la route de Paris. Coûte que coûte, il faut l'arrêter. Cramponnez-vous au terrain ! Tenez ferme ! Les camarades arrivent. Tous réunis, vous vous précipiterez sur l'envahisseur. C'est la bataille ! Soldats de la Marne, de l'Yser et de Verdun, je fais appel à vous : il s'agit du sort de la France ! »

Des camions automobiles nos soldats descendaient au contact de l'ennemi et, immédiatement, sans repos, après quarante-huit heures d'un voyage exténuant, le combat s'engageait. Pas d'ordres. On allait à l'ennemi et on lui barrait la route. « Tenir! Tenir ! » fut la seule consigne donnée à ses troupes par le général Fayolle. Nos fantassins l'exécutèrent avec un héroïsme admirable. Le 28 mars, nous étions maîtres de la situation. Le 5 avril, la soudure entre les armées françaises et britanniques était réalisée. « Nous tenons le bon bout », put dire le général Debeney dans l'ordre du jour qu'il adressa aux soldats de la 1ʳᵉ armée.

La bataille pour Amiens. Après dix jours d'une lutte épique entre Lassigny et Noyon, la « bataille de l'Empereur », comme l'appelaient les Allemands, était perdue. La bataille pour Amiens, comme nous disions, n'était pas encore gagnée. Il fallut faire face, du 9 au 17 avril, à une nouvelle offensive vers la mer, entre Ypres et La Bassée, bataille dite d'Armentières ou des monts de Flandre, qui avait pour objectifs éloignés Dunkerque et Calais. Au prix de lourds sacrifices, les Allemands réussirent à conquérir le mont Kemmel, magnifiquement défendu par une division française, et à réaliser une avance de 15 ou 20 kilomètres. Mais ils ne purent rompre le front des Alliés et, en définitive, la chaîne des monts de Flandre nous resta.

L'UNITÉ DE COMMANDEMENT : FOCH GÉNÉRALISSIME

Le danger était momentanément écarté, mais il avait été grand. On reconnut enfin qu'il était indispensable de réaliser le commandement unique des armées alliées. Dès le 30 mars, à la mairie de Doullens, grâce à l'intervention du président Poincaré et du premier ministre Lloyd George, le général Foch avait reçu la mission de coordonner les opérations de l'armée anglaise et de l'armée française. Le 30 avril, il reçut le titre de « généralissime sur le front occidental ». De longue date, sur l'Yser, le général Foch s'était imposé à l'admiration des Anglais. Ils s'inclinèrent devant ce choix que justifiaient des services éclatants.

FIN DE LA BATAILLE POUR AMIENS

Du 15 au 30 avril, la bataille pour Amiens continua. De violents combats se livrèrent autour de Hangard-en-Santerre et de

Villers-Bretonneux qui, pris par les Allemands, fut repris par les Anglais après une lutte acharnée. Encore une fois, la troisième depuis un mois, l'ennemi fut contenu.

LA SURPRISE DU CHEMIN DES DAMES

L'obligation où nous avions été de soutenir les Anglais avait obligé le haut commandement à prélever des troupes sur les points qui n'étaient pas momentanément menacés. Ainsi une partie de nos forces avait dû remonter jusque dans les Flandres.

L'ennemi le soupçonnait et, éventé dans le Nord, où toutes les mesures de protection se trouvaient prises, il chercha un terrain où il pourrait nous surprendre et renouveler sa tentative de percée.

Au nord de l'Aisne, entre la forêt de Pinon et la région de Reims, le secteur, autrefois très agité, était devenu fort calme. Il était tenu par cinq divisions franco-britanniques seulement. La position, fortement organisée, était cependant considérée comme imprenable.

Rien ne décelait les projets de l'ennemi quand, par des marches de nuit, en grand secret, il réussit à amener, le 26 mai au soir, en première ligne, vingt divisions fraîches soutenues par vingt autres divisions. Aucun bruit, aucune activité d'aviation ou d'artillerie ne purent faire prévoir l'attaque. Les officiers allemands eux-mêmes croyaient à une relève et ne connurent le projet d'attaque que lorsqu'ils furent à pied d'œuvre.

Le lendemain, à 4 heures, après un court mais violent bombardement par obus toxiques, derrière des chars d'assaut, sur un front de 40 kilomètres s'étendant d'Anizy-le-Château à Berry-au-Bac, les colonnes allemandes s'élancent à l'assaut. Malgré une résistance héroïque, les divisions alliées sont submergées par le nombre. A 8 heures, les Allemands franchissent le Chemin des Dames. À midi, ils passent l'Aisne sur nos ponts demeurés intacts, entre Vailly et Berry-au-Bac.

Guillaume II qui, du château de la Bove, assistait à l'attaque, célébrait déjà, dans un télégramme à l'impératrice, la « belle victoire que Dieu avait procurée à ses troupes ».

L'avance
allemande.

Le terrain est libre. Nos réserves n'étant pas arrivées, le 28, par camions automobiles, de nouvelles masses ennemies sont jetées dans la bataille. Les Allemands franchissent la Vesle, à Bazoches et à Fismes. Aux ailes, ils tentent d'élargir la brèche sur Soissons et vers Reims.

Le 29, Soissons tombe et, au centre, après un violent combat, l'ennemi s'empare de Fère-en-Tardenois. Le 30, il atteint la Marne à Jaulgonne.

A ce moment, les Allemands avaient fait 45 000 prisonniers, pris 400 canons, des dépôts énormes de munitions, de ravitaillement, des camps d'aviation, des hôpitaux. Une angoisse formidable étreignit toute la France.

L'arrêt des Allemands. A partir du 31, le plan allemand devient clair. C'est la marche sur Paris qui va reprendre par les vallées de l'Oise, de l'Aisne, de l'Ourcq et de la Marne. Dans ce but, les armées font une conversion vers l'ouest. Alors s'engage, entre l'Oise et la Marne, une bataille formidable. Les Américains interdisent aux Allemands le passage de la Marne et les empêchent de déboucher de Château-Thierry. Les Français gardent la forêt de Villers-Cotterets. Le 4 juin, devant la résistance héroïque des Alliés, l'effort allemand se ralentit. Les pertes avaient été effroyables. Anglais, Américains, Français, avaient rivalisé de bravoure.

Le 9, après des combats acharnés qui nous permirent quelques progrès, le front était stabilisé de Noyon à Château-Thierry.

La bataille pour Compiègne. Au cours des batailles du 21 mars et du 27 mai, l'ennemi avait réalisé deux avances : l'une sur Amiens, l'autre sur Château-Thierry. Arrêté sur la Marne, sans un instant de répit, dès le 9 juin, il se jeta avec des divisions fraîches sur le saillant que nous formions dans ses nouvelles lignes, en avant de Compiègne. Pendant cinq jours, par des attaques violentes, entre Montdidier et le sud de Noyon, les Allemands tentèrent de s'ouvrir la route de l'Oise. Mais cette fois l'attaque était prévue. Ils ne purent atteindre Compiègne et ils ne réussirent pas davantage dans leurs tentatives sur la forêt de Villers-Cotterets et Reims.

L'EFFORT DES ALLIÉS

Encore une fois la route de Paris était barrée. Mais on pouvait s'attendre à de nouvelles attaques et, si les Allemands avaient subi des pertes formidables, nos troupes commençaient à s'épuiser. Les Alliés résolurent de redoubler leurs efforts : l'Angleterre renforça son armée de 300 000 hommes, l'Amérique accéléra ses transports. Grâce à la flotte britannique, 250 000 hommes traversèrent l'Atlantique en mai, 270 000 en juin. « Les Américains, avait déclaré un ministre allemand, ne pourront pas voler, ils ne pourront pas nager, ils ne viendront pas. » Malgré les sous-marins, ils étaient venus et ils arrivaient en masse.

LES PRÉPARATIFS D'UNE NOUVELLE OFFENSIVE ALLEMANDE

Avec une progression aussi rapide, la supériorité numérique serait bientôt du côté des Alliés. L'état-major allemand sentait la nécessité d'un effort suprême. L'accalmie qui suivit la bataille pour Compiègne lui permit de regrouper ses forces en vue d'amener à tout prix la décision dont il avait un pressant besoin.

Il était à prévoir que l'ennemi chercherait de nouveau l'effet de surprise qui lui avait si bien réussi sur le Chemin des Dames. Aussi, par des coups de main répétés sur tout le front, par l'aviation, le commandement français cherchait-il à se renseigner sur les intentions de l'adversaire.

Le but de l'ennemi. A certains indices, dès le 7 juillet, on put prévoir que l'attaque aurait lieu en Champagne. Le but était d'isoler Verdun en coupant les armées françaises du Centre de celles de l'Est. L'occupation de Châlons, s'ajoutant à celle de Château-Thierry déjà réalisée, permettrait, par un mouvement de conversion vers l'ouest, de reprendre la marche sur Paris, but suprême du haut commandement allemand. L'action devait se dérouler sur un front de 110 kilomètres, entre Château-Thierry et l'Argonne. Sous les ordres du Kronprinz, quatre armées devaient y prendre part. L'effort principal devait se porter à l'est de Reims.

Les préparatifs.   Pendant un mois, les Allemands, à la
                          faveur de la nuit, concentrèrent sans relâ-
che les troupes d'assaut les plus réputées, renforcèrent leur artillerie, constituèrent jusqu'en première ligne d'énormes dépôts
de munitions. Ils amenèrent même, tant le succès leur paraissait certain, le matériel nécessaire pour franchir la Marne.
N'avaient-ils pas décrété (des ordres trouvés sur des officiers
faits prisonniers en font foi) que, le premier jour, ils occupe-
raient Montmirail, Epernay, Mourmelon ; que le second jour ils
seraient à Châlons. Les services d'intendance qui devaient
prendre possession des grands magasins d'approvisionnement
de Châlons étaient désignés et devaient marcher immédiatement derrière les troupes d'attaque. Les réserves devaient
suivre et, au besoin, être engagées sans délai, car il fallait
aboutir, sans souci des obstacles, sans s'arrêter aux pertes.
Comme dans les précédentes attaques, l'offensive se ferait en
masse, après une courte, mais violente préparation d'artillerie.
Les troupes devaient foncer droit devant elles, sans s'attarder
à réduire les îlots de résistance qui seraient submergés par
le flot des réserves.

L'organisation de   Or, le général Gouraud, qui com-
   la défense.   mandait en Champagne, avait trans-
                          formé le secteur de la 4ᵉ armée en une
véritable forteresse. Une deuxième position, particulièrement,
avait été solidement organisée et était protégée par des forêts
de réseaux de fil de fer barbelé. D'accord avec les généraux
Foch et Pétain, un plan de défense avait été élaboré : l'avant-
ligne ne serait occupée que par des petits postes sacrifiés, qui
auraient pour mission de prévenir par des signaux de l'approche de l'ennemi et de désorganiser l'attaque par leurs feux ;
la résistance principale aurait lieu à quelques centaines de
mètres plus loin, sur une ancienne ligne que les Allemands
croyaient abandonnée et qu'on réorganisa fébrilement pendant
les jours qui précédèrent l'attaque. Et si l'ennemi venait à
triompher de cet obstacle, il serait arrêté sur la deuxième
position où seraient massées les réserves. Pour tromper les
Allemands qui connaissaient notre dispositif de défense, en
groupes de combat épars échelonnés en profondeur, et pour
empêcher toute infiltration, sur la ligne de résistance comme
sur la deuxième position, les hommes seraient coude à coude.

L'attaque éventée. Chaque jour, par des coups de main, on cherchait à connaître les dispositions de l'ennemi. Le 14 juillet au matin, alors que la veille, comme les jours précédents, les coups de main n'avaient permis de faire qu'un nombre infime de prisonniers, une incursion dans les lignes ennemies en ramena plus d'une centaine. Pendant la nuit, les troupes d'assaut avaient occupé leurs emplacements de départ. Ainsi l'on apprit que l'attaque était fixée au lendemain, 4 heures, et que le bombardement devait commencer à minuit. Déjà, depuis plusieurs jours, le dispositif prévu pour la défense de nos lignes était pris par nos troupes.

LA DERNIÈRE OFFENSIVE ALLEMANDE
L'ATTAQUE DU 15 JUILLET

Le 15 juillet, à minuit, une canonnade effrayante, qu'on entendit jusqu'à Paris, déversa sur nos positions des obus de tous calibres, toxiques et fumigènes, qui enveloppèrent le terrain d'un épais nuage. A la même minute, à la grande surprise des Allemands, notre artillerie répondait au tir allemand par une contre-préparation formidable.

A 4 heures, les fusées de nos petits postes annoncèrent que les Allemands sortaient de leurs tranchées. Le tir de l'artillerie ennemie s'allongea, précédant d'un barrage roulant très dense les troupes d'assaut.

L'attaque de front, désorganisée par nos feux, dans l'ensemble échoua et coûta aux Allemands des pertes énormes. Mais l'ennemi voulait passer coûte que coûte. Toute l'armée allemande avec ses convois, ses services, était en marche derrière les premiers éléments. Pendant trois jours, avec des effectifs sans cesse renouvelés, ils tentèrent de s'infiltrer dans nos lignes. Grâce au coude-à-coude qui avait été réalisé, ils ne purent y parvenir et si les actions locales furent violentes, si, sur certains points, assaillants et défenseurs se confondirent dans des corps-à-corps furieux, si nous dûmes céder parfois du terrain sous une poussée trop forte, l'Allemand ne put passer. C'était déjà la victoire.

L'OFFENSIVE ALLIÉE DU 18 JUILLET

Pendant ce temps, le général Foch, dans le secret le plus absolu, par des marches de nuit et en profitant des couverts des forêts de Villers-Cotterets et de Compiègne, avait massé des troupes destinées à attaquer au moment propice. Deux armées françaises, commandées par le général Fayolle, de fortes divisions américaines, en trois jours, se préparèrent à l'offensive que des chars d'assaut, une puissante artillerie, devaient soutenir. Le 18 juillet, à 4 h. 30 du matin, entre l'Aisne et la Marne, sur un front de 45 kilomètres, sans préparation d'artillerie, mais protégées par un barrage roulant très dense et accompagnées par les tanks, les vagues d'assaut des Alliés tombèrent sur le flanc de l'ennemi dont tous les efforts, dirigés vers le sud, tendaient à franchir la Marne.

La surprise fut complète. Pour ne pas être coupée, l'armée allemande dut refluer vers le nord. Malgré une résistance désespérée sur plusieurs points, elle ne put empêcher nos armées de gagner du terrain : le 21 juillet, les Français entrent à Château-Thierry ; le 27, toute la rive de la Marne est abandonnée par les Allemands; le 2 août, nous occupons Soissons ; le 4, les Américains atteignent Fismes.

La victoire des Alliés. En quinze jours, le front des Allemands, de la Marne passa sur l'Aisne et sur la Vesle, et des pertes énormes furent infligées à l'ennemi.

La victoire était complète. Un immense frisson d'enthousiasme et d'espoir secoua toute la France. Le gouvernement le traduisit en glorifiant les chefs victorieux : la dignité de grand-croix de la Légion d'honneur fut conférée au général Pershing pour témoigner de notre reconnaissance envers les Américains ; le général Pétain reçut la médaille militaire; le général Foch, enfin, fut nommé maréchal de France. Le décret qui élevait le généralissime des armées alliées à cette haute dignité, dans un raccourci éloquent, met en lumière ses titres à la reconnaissance nationale et résume admirablement les opérations de la deuxième quinzaine de juillet :

«... A l'heure où l'ennemi, par une offensive formidable, comptait arracher la décision et nous imposer la paix allemande, le général Foch et ses admirables soldats l'ont vaincu.

« Paris dégagé, Soissons et Château-Thierry reconquis de haute lutte, plus de deux cents villages délivrés, 35 000 prisonniers, 700 canons capturés, les espoirs hautement proclamés par l'ennemi avant son attaque écroulés, les glorieuses armées alliées jetées, d'un seul élan victorieux, des bords de la Marne aux rives de l'Aisne, tels sont les résultats d'une manœuvre aussi admirablement conçue par le haut commandement que superbement exécutée par des chefs incomparables... »

*L'offensive géné-
rale.*   Cependant le maréchal Foch ne laissa aucun répit à l'ennemi. Tantôt dans un secteur, tantôt dans un autre, ce sont des coups de bélier successifs et ininterrompus, qui ne laissent pas aux armées allemandes le temps de se réorganiser, les démoralisent et finalement les acculent à une retraite générale.

L'offensive du 18 juillet, commencée entre la Marne et l'Aisne, s'étend d'abord jusqu'à Arras, puis sur tout le front, des Flandres à la Woëvre. Le 8 août, les Anglais sont victorieux à Montdidier ; le 12 août, les Français s'emparent du massif de Lassigny ; le 20, ils attaquent entre l'Aisne et l'Oise, dans la région de l'Ailette. Le 21, les Anglais se portent en direction de Bapaume ; le 23, ils avancent sur les deux rives de la Scarpe. Le 8 septembre, la fameuse ligne Hindenburg, suprême espoir des Allemands, est franchie. Le 12, les Américains s'emparent de Saint-Mihiel et dégagent la Woëvre. En Champagne et en Argonne, nous brisons le front allemand (26 septembre), tandis que, dans le Nord, les Belges gagnent les crêtes des Flandres et que les Anglais accentuent leur poussée. 250 000 prisonniers, des morts et des blessés en grand nombre, tel est le bilan de ces offensives. Belges, Anglais, Américains, Français, tous les Alliés, sous l'impulsion d'un commandement unique, avec une égale ardeur, secouent terriblement le colosse germanique qui chancelle.

*La retraite des
Allemands.*   Pendant le mois d'octobre, les Allemands se cramponnent au massif de Saint-Gobain, puis à la région montagneuse qui s'étend sur les rives de la Serre, entre l'Oise et l'Aisne. Mais, débordés au nord par l'offensive franco-belge qui, suivant la côte, atteint Ostende, Bruges, Gand, par

l'avance britannique sur Hirson, Maubeuge et Valenciennes, forcés à l'est sur le Chemin des Dames, en Champagne et en Argonne, ils sont obligés de lâcher pied et de battre en retraite vers la Sambre et vers la Meuse.

LA DÉFAITE ALLEMANDE

Pendant les mois d'août et de septembre, l'ennemi avait opposé une vigoureuse résistance aux efforts des Alliés, particulièrement sur la ligne Hindenburg. Dans sa retraite, il tenta encore, à plusieurs reprises, d'arrêter notre avance. De durs combats marquèrent les étapes successives des armées alliées, dont les soldats fournirent pendant trois mois, sans arrêt, un effort inouï. Mais à aucun moment l'ennemi ne put se ressaisir et reconstituer une ligne de résistance solide. Pour éviter une catastrophe plus grande, pour échapper aux dangers de l'offensive franco-américaine qui venait d'être ordonnée en Lorraine, l'Allemagne vaincue sollicita un armistice.

L'armistice. Le 7 novembre au soir, à Haudroy, sur la route de La Capelle, les parlementaires allemands franchirent les lignes françaises pour venir conclure avec le maréchal Foch l'armistice sollicité par leur gouvernement. Le 11 novembre 1918, à Rethondes, dans le wagon-salon du généralissime, ils acceptèrent toutes les conditions imposées par les Alliés. A ce moment, les Allemands avaient été refoulés au delà de Gand, Mons, Rocroy et Charleville. Le 12 novembre, la victoire des Alliés était portée à la connaissance des armées par la proclamation suivante :

« Officiers, sous-officiers et soldats des armées alliées.

« Après avoir résolument arrêté l'ennemi, vous l'avez, pendant des mois, avec une foi et une énergie inlassables, attaqué sans répit.

« Vous avez gagné la plus grande bataille de l'histoire et sauvé la cause la plus sacrée : la Liberté du monde. Soyez fiers !

« D'une gloire immortelle vous avez paré nos drapeaux.

« La postérité vous garde sa reconnaissance.

« Le Maréchal de France
commandant en chef les armées alliées,

« Foch. »

A la même date, le général Pétain, commandant en chef les armées françaises, était élevé à la dignité de maréchal de France.

Comme dans tout le pays, la nouvelle de l'armistice provoqua aux armées une joie spontanée et indescriptible. Jusqu'à ce que la nouvelle fût officielle, malgré les capitulations successives de la Bulgarie, de la Turquie, de l'Autriche, les soldats ne voulaient pas croire à la fin de la guerre. Ils craignaient que, par des négociations, les Allemands ne cherchassent à gagner du temps, à réorganiser leur armée en arrière de la Meuse où ils pourraient tenir en échec les Alliés jusqu'au printemps. Mais les victoires avaient décuplé les forces de tous. L'enthousiasme avait résisté à toutes les fatigues. Chacun était préparé à passer encore un hiver aux tranchées. On savait que la victoire était au bout; qu'au printemps, avec l'aide des Américains, la puissance germanique s'écroulerait.

La décomposition de l'Allemagne, la désorganisation de son armée rendirent heureusement inutile ce sacrifice qui était à l'avance consenti. Un ravitaillement précaire ne permit pas, sur le front, de fêter partout la grande nouvelle. On y suppléa par des feux d'artifice de fusées éclairantes et de fusées-signaux et par la joie sans mélange qui pénétra tous les cœurs quand on put s'aborder par ces mots : « La guerre est finie, la France est victorieuse ! »

L'OFFENSIVE EN ORIENT ET EN ITALIE

Déjà la Bulgarie avait capitulé, la Turquie avait été mise hors de cause, l'Autriche avait demandé grâce, et ces graves événements n'avaient pas été sans avoir une répercussion fâcheuse sur le moral allemand.

La défaite des Bulgares. En Orient, dès le mois de juin 1918, le général Guillaumat se tenait prêt à une offensive à laquelle devaient prendre part, à côté des Français, des Anglais et des Italiens, l'armée serbe réorganisée, et l'armée grecque, loyalement mise au service de l'Entente par le roi Alexandre et son ministre Venizelos.

Des routes avaient été construites; des dépôts avaient été constitués; l'artillerie, les troupes mises en place. Appelé au

commandement de l'armée d'Orient, le général Franchet
d'Esperey décida d'attaquer, le 15 septembre. En trois jours, le
front fut rompu. En quinze jours, la défaite des armées bulgares,
soutenues par des troupes allemandes, fut complète. Les troupes
alliées réalisèrent une avance de 100 kilomètres. Dans leur
déroute, les Bulgares laissèrent entre nos mains 90 000 prisonniers et 2 000 canons.

Le 25 septembre, le gouvernement bulgare sollicitait un
armistice, signé le 29. Le 4 octobre, le tsar Ferdinand abdiquait
en faveur de son fils Boris et se réfugiait en Autriche.

La victoire de l'armée d'Orient: capitulation de la Turquie et de l'Autriche. La victoire de l'armée d'Orient était
complète. Elle contribua à démoraliser
les Autrichiens et les Allemands. Elle
permit au général Franchet d'Esperey
de prononcer, par une attaque à revers,
une menace sérieuse contre l'Autriche
et Berlin, tandis qu'à l'ouest les Italiens s'ouvraient la route
de Vienne et de l'Allemagne du Sud.

Pendant que les troupes alliées occupaient, en Bulgarie

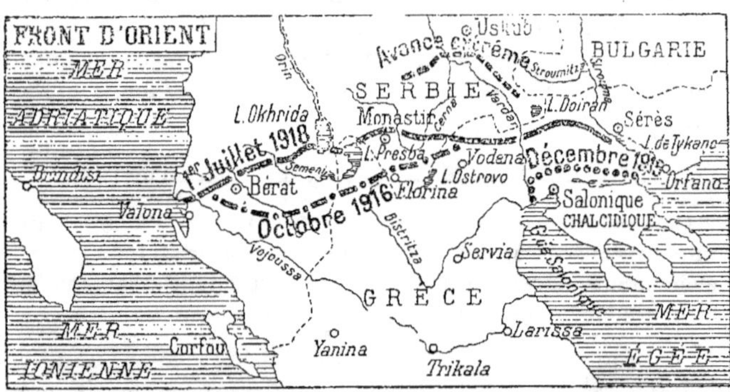

les principaux points stratégiques, se saisissaient des chemins
de fer, des postes et télégraphes, et procédaient au désarmement de l'armée bulgare, les Alliés, pendant le mois d'octobre,
dirigèrent leurs efforts contre les forces austro-allemandes
qui occupaient encore l'Albanie et la Serbie. Les Grecs réoccu-
pent la Macédoine orientale; les Italiens s'avancent en Albanie
et occupent Scutari (31 octobre); les Serbes, malgré les diffi-

cultés du terrain, avec une ardeur accrue par la joie de délivrer leur pays, franchissent 160 kilomètres en huit jours et entrent à Belgrade le 1ᵉʳ novembre. Le 3, toute l'ancienne Serbie est délivrée, les Français atteignent le Danube aux Portes de Fer, isolant ainsi complètement la Turquie et donnant la main à la Roumanie.

Le 31 octobre, la Turquie capitule. Le 3 novembre, l'Autriche sollicite à son tour un armistice et accepte sans discussion toutes les conditions qui lui sont imposées.

L'offensive en Italie.   En Italie, pendant l'année 1918, la guerre suivit des phases analogues à celles qui se déroulèrent sur le front français. Au cours du mois de juin, pour appuyer l'offensive allemande sur le front français, les Autrichiens attaquèrent les Italiens sur la Piave et le plateau d'Asiago. Mais cette offensive était prévue et attendue. Loin de porter, comme elle l'espérait, aux Italiens « le coup décisif et dernier » qui devait amener la paix, elle se termina par la déroute des Autrichiens qui subirent des pertes effroyables (15 au 23 juin).

Le 25 octobre, les Italiens, soutenus par des contingents français, américains et anglais, passèrent à leur tour à l'offensive, appuyant ainsi les mouvements des Alliés vers le nord et en Orient. En quelques jours, le front autrichien fut rompu et l'ennemi obligé à une retraite précipitée. La Piave franchie, la Vénétie libérée, ce fut la déroute. Selon la coutume germanique, les Autrichiens, en se retirant, pillèrent, brûlèrent, massacrèrent, mais nulle part ils ne purent constituer une ligne de résistance solide et ils laissèrent entre les mains des Alliés 300 000 prisonniers, un grand nombre de canons, un matériel énorme.

Trente occupée, Trieste aux mains des Italiens, la menace sur l'Autriche s'accentuait, au moment même où l'armée d'Orient se portait sur le Danube. Le 3 novembre, l'Autriche capitula.

LA VICTOIRE DES ALLIÉS

Ainsi, sur tous les fronts, la victoire des Alliés était éclatante. L'un après l'autre, les alliés de l'Allemagne durent capituler : la Bulgarie, le 29 septembre ; la Turquie, le 31 octobre ; l'Autriche, le 3 novembre. Le colosse germanique lui-même s'effondra, le 11 novembre 1918.

DOCUMENTS ET LECTURES

---

1. — L'effort américain.

« Mon cher Président,

Plus d'un million de soldats américains sont partis des ports des États-Unis pour participer à la guerre en France. En vous faisant part de ce fait, j'ai le sentiment que vous vous intéresserez à quelques données montrant la marche de notre effort militaire pour le service d'outre-mer. Le premier vaisseau portant un personnel militaire a levé l'ancre le 8 mai 1917. Le général Pershing et son état-major se sont embarqués le 20 mai 1917.

Ont été embarqués :

Année 1917			Année 1918.		
Mai	1 718	hommes.	Janvier........	46 776	hommes.
Juin.............	13 261	—	Février........	48 027	—
Juillet...........	12 988	—	Mars	83 811	—
Août.............	18 323	—	Avril..........	117 212	—
Septembre	32 523	—	Mai	244 345	—
Octobre.........	38 259	—	Juin...........	276 372	—
Novembre.......	23 016	—	Fusiliers marins.	14 544	—
Décembre.......	48 840	—			

Au total : 1 million 019 115 hommes. »

(Lettre du ministre Baker au président Wilson, à l'occasion de la fête de l'indépendance américaine du 4 juillet 1918).

2. — Bombardement de Paris.

Dans le but de frapper le moral des peuples et d'affirmer la supériorité de la science allemande, les Allemands avaient fabriqué en grand secret, dans les usines Krupp, des canons qui leur permettraient de tirer sur les villes à de très grandes distances.

Un de ces gros canons, destiné au bombardement de Paris, fut installé à Crépy-en-Laonnois, à 7 kilomètres de Laon, à 140 kilomètres de Paris à vol d'oiseau.

Le projectile pesait plus de 100 kilos. Il était projeté en l'air à une hauteur de 35 à 40 kilomètres. La résistance de l'air étant moindre, par suite de la diminution de la pression atmosphérique dans les hautes sphères, le trajet pouvait être plus long.

Le 23 mars 1918, le Kaiser lui-même assista au premier tir sur Paris. Du 23 mars au 9 août, jour du dernier tir, on a compté environ 300 projectiles tombés à Paris ou en banlieue. Il y eut 236 tués et 630 blessés. Le jour du Vendredi-Saint, pendant l'office, un projectile tomba sur l'église Saint-Gervais et causa la mort d'une centaine de victimes.

Dans le langage populaire on désigna ces canons sous le nom de Berthas, du nom de la propriétaire des établissements Krupp, la veuve Bertha Krupp.

3. — Au secours des Anglais.

« En Champagne depuis les premiers jours d'octobre 1917, la relève, annoncée le 18 mars dans nos tranchées, fut accueillie avec joie. Nous devions, paraît-il, aller au camp de Mailly, compléter nos effectifs, faire de l'instruction et de l'entraînement. Nous n'avions jamais connu les longues périodes de repos qu'on attribuait à d'autres régiments, c'était bien notre tour.

AU REPOS

Sous prétexte que le camp de Mailly était momentanément occupé par d'autres troupes et que ses baraquements n'étaient pas en état de nous recevoir, on nous transporta dans la région sud d'Epernay, d'où, quand le moment serait venu, dans huit jours, quinze jours au plus tard, nous devions nous rendre au camp par étapes.

Cette perspective nous enchantait. Huit jours, quinze jours peut-être, de repos dans une région plantureuse, aux maisons coquettes, à la population accueillante, au milieu des coteaux couverts de vignes, et cela au printemps, c'était un rêve que nul n'aurait osé faire dans les mornes paysages d'hiver de la Champagne. Dans les cantonnements, plus que le vin pétillant, la joie de la liberté, de la sécurité, du confort de la paille de granges bien closes, aiguisait les langues, faisait éclater les chansons. On disait bien que les Allemands préparaient une grande offensive, mais nul ne s'en inquiétait. En réserve d'armée, ne devions-nous pas aller nous instruire au camp de Mailly ?

L'ALERTE

Les visages s'assombrirent et la sérénité des premiers jours disparut quand, le 21 mars, arriva la nouvelle de l'offensive allemande et de la déroute anglaise. Chacun comprit que l'instruction au camp de Mailly n'était qu'un prétexte, que les retards successifs apportés à notre départ n'avaient d'autre but que de nous éviter par avance toute inquiétude, que les longues files de camions automobiles qui étaient dissimulées dans des villages voisins, au repos, n'attendaient qu'un ordre pour nous transporter dans la bataille.

Cet ordre arriva le 23 mars. A 11 heures, un coup de téléphone de la division alerte le régiment : embarquement par chemin de fer à la tombée de la nuit ; à midi, nouveau coup de téléphone : embarquement immédiat en camions automobiles ; ni train de combat, ni train régimentaire ; les hommes auront le plein de cartouches et des vivres de réserve ; les mitrailleurs emmèneront leurs voiturettes sans les mulets. Nous allons à la bataille.

Alors c'est la fièvre. Chacun est rentré à son cantonnement. Les agents de liaison courent, portant des ordres. On mange en hâte. On distribue les munitions, les vivres. On boucle son sac, sa cantine. Une heure et le régiment est prêt. Les compagnies sont rassemblées dans les rues aux abords de l'église. En colonne par quatre, les bataillons s'ébranlent et s'acheminent vers le point d'embarquement. Sur le seuil des portes, graves, les habitants regardent passer les soldats. Furtivement les femmes essuient leurs yeux. De peur de pleurer, les vieillards rentrent. Insouciants, les enfants courent le long de la colonne qui marche en silence.

DANS LES CAMIONS AUTOMOBILES

A quelques kilomètres, la colonne s'arrête, les faisceaux sont formés. Il est 3 heures. Nous sommes au point d'embarquement. C'est en pleine campagne. On s'assied au rebord des fossés, on fume, on cause, on mange. Où allons-nous? Pourquoi les camions n'arrivent-ils pas? On dit que les Allemands ont percé le front et que l'armée anglaise fuit en débandade. Il paraît que les lettres sont supprimées. Les heures passent. Chacun somnole quand, vers minuit, une longue file de camions automobiles vient s'aligner le long de la route. Rapidement, les faisceaux sont rompus, les hommes, comptés par vingt, s'embarquent immédiatement. Là-bas, tout au bout du convoi, on charge les voiturettes de mitrailleuses, les cuisines roulantes. Quelqu'un, dans la nuit, dit : « Convoi prêt, mon colonel ». Les chauffeurs mettent les moteurs en marche. Le convoi s'ébranle.

Sur la grande route d'Épernay, dans le bruit et dans la poussière, le train automobile roule. Le jour paraît. Les villes, les villages se succèdent. Les paysages se transforment : voici la vallée de la Marne, les plateaux de l'Aisne, les collines de l'Ile-de-France, l'Oise, la forêt de Compiègne. Les officiers, sur les cartes, cherchent à retrouver la route. On se penche pour lire les poteaux indicateurs.

Le convoi roule toujours. D'abord de l'est à l'ouest, puis du nord au sud. A la nuit il atteint Montdidier. Serrés les uns contre les autres, les hommes dorment dans les camions. Au volant des machines, les chauffeurs, gris de poussière, exténués, luttent contre le sommeil. A la sortie de Montdidier, on revient vers le sud, on reprend en sens inverse la route déjà parcourue. Que se passe-t-il? Des bruits circulent : l'avance des Allemands a été si rapide que le lieu où l'on devait débarquer se trouve occupé par eux ; un convoi, ignorant ce fait, a été, paraît-il, capturé par l'ennemi sans avoir pu combattre.

La nuit est noire. Où sommes-nous, où allons-nous? Quelqu'un annonce Lassigny. On roule toujours. Enfin, à 3 heures du matin, le convoi s'arrête.

Tout le monde descend. Nous sommes à l'entrée de Ribécourt, sur la route de Noyon à Compiègne.

A LA RENCONTRE DE L'ENNEMI

Le spectacle nous surprend. Dans le village, sur la route, c'est un véritable encombrement de matériel et de troupes qui marchent, tournant le dos à l'ennemi. Dans l'ombre passent des canons à tracteurs de l'artillerie anglaise ; sur les bas côtés de la route, en file ininterrompue, des hommes, de l'infanterie sans doute, marchent silencieux.

Au jour, le régiment s'installe dans le village démoli. Les hommes s'apprêtent à prendre un peu de repos quand, à 10 heures, alerte. Les compagnies rassemblées attendent les ordres. A midi, on se met en marche dans la direction de Noyon.

Malgré la fatigue, malgré la frugalité des repas froids, le régiment a belle allure sur la route. Les hommes marchent allègrement. On plaisante les mitrailleurs qui, en queue des bataillons, ont pris la place des mulets, traînent leurs voiturettes chargées de munitions et suent à grosses gouttes. On sait qu'on va se battre, mais le premier moment est passé, il n'y a plus de surprise, on y va. On sent d'ailleurs qu'il est temps d'arriver : la colonne marche sur le bas côté de la route, tandis qu'au milieu le lugubre défilé de la nuit continue. Bientôt, aux soldats anglais se mêlent les habitants chassés pour la seconde fois de leurs demeures. On se croirait revenus aux mauvais jours de 1914, après Charleroi : les yeux hagards, chacun marche, portant son petit paquet, toute sa fortune. Les femmes serrent leurs enfants. Les petits pleurent. Les vieillards, courbés sur leur bâton, avancent péniblement.

La colonne traverse Noyon. Elle s'achemine sur Babœuf, où elle doit cantonner en fin de journée. Un groupe se détache, c'est le campement qui part en avant. Nous marchons rapidement. La route prend bientôt l'aspect d'un champ de bataille : une batterie d'artillerie est en position dans un champ ; dans le fossé, une section de mitrailleuses est formée en colonne ; à la lisière du village, des cuirassiers à pied sont échelonnés en tirailleurs. L'objet de notre mission les amuse fort. Nous venons coucher à Babœuf et les Allemands en occupent les premières maisons ! Les cavaliers ont été lancés là les premiers pour retarder la marche de l'ennemi. Ils nous attendent. Hâtons-nous, quelques volées de 77, une activité anormale des mitrailleuses Maxim annoncent que la poussée allemande continue.

Nous rebroussons chemin. Nous arrivons au colonel et nous lui disons ce que nous avons vu. Sur un ordre, immédiatement, sans repos, le régiment quitte la colonne par quatre, prend les formations de combat et, couvert par des patrouilles, marche crânement à l'ennemi. »

4. — L'attaque allemande du 15 juillet.

AVANT LA BATAILLE

« Le 1er juillet, le bataillon qui, depuis six semaines, se trouvait en ligne n'avait pas eu de repos, fut mis en réserve. Le 5 juillet, il fut alerté : et les compagnies occupèrent les emplacements qu'elles devaient tenir en cas d'attaque. Nul aménagement n'ayant été prévu, elles furent au bivouac et passèrent la nuit à la belle étoile. Les jours suivants, l'installation resta sommaire, chacun creusant sa niche dans le talus de la tranchée, comme en 1914. On dormait à son emplacement de combat, mais, par un travail intensif qui dura toutes les nuits jusqu'au 14, on s'efforça d'arriver à une organisation défensive solide : on approfondit les tranchées et les boyaux, on planta des réseaux de fil de fer barbelé, on s'assura que les liaisons avec les voisins étaient fortement établies.

C'est après cette période de huit jours de mouvements incessants, de fatigue énorme, de nuits passées en travaux pénibles, sur les positions de combat, que, le 14 juillet, à 23 h. 45, les compagnies furent avisées que l'attaque était attendue pour le lendemain matin et que la préparation d'artillerie devait commencer à minuit. Le temps que les agents de liaison arrivent sur le terrain de travail et le bombardement se déclenchait violent, général.

Cependant, sans désordre, sans hâte, chacun, restant maître de soi et sûr de sa volonté, rejoignit son poste de combat, le masque sur la figure, dans l'éclatement des obus et la vapeur des gaz.

Le travail obscur mais utile, la fatigue acceptée, tout cet effort collectif fourni avant la bataille méritait d'être cité, car il a son mérite au même titre que l'attitude vaillante des unités ou les actes héroïques des individus dans le cours du combat.

LA NUIT DU 14 AU 15 JUILLET

La nuit se passa au travail. Chacun, à l'emplacement où il devait combattre, s'ingénia, malgré la violence du bombardement, à renforcer le système défensif de la position. Avant de penser à sa sécurité personnelle, chaque soldat prit soin d'organiser son poste de façon à obtenir de son arme le meilleur rendement. Il fallait arrêter l'ennemi, c'était l'unique pensée de tous, et, jusqu'à 4 heures du matin, chacun s'y employa. Sur la ligne de soutien, comme dans la première ligne, les armes prêtes, surveillant avec attention le moindre indice de l'arrivée de l'ennemi, tous, officiers, sous-officiers et soldats, n'eurent qu'une pensée: être forts pour résister, pour tenir, coûte que coûte, sur place. C'était la consigne, elle devait être exécutée.

Malgré la nocivité des gaz, malgré le bombardement des tranchées, dans le chaos, la poussière et la fumée, au petit jour, graves mais fermes, officiers et soldats, sans se préoccuper des obus qui tombaient autour d'eux, observaient le martelage, plus intense encore, de notre première position, à quelques centaines de mètres en avant, où se tenaient les petits postes que le sort avait désignés et qui, voués par avance au suprême sacrifice, devaient par des signaux prévenir de l'attaque. Ils attendaient le barrage roulant qui, se déplaçant à partir de 4 h. 10, arriva sur eux, formidable tonnerre, croyant jeter partout la mort et la confusion.

Le tonnerre passa. Il y eut des morts, mais nulle confusion. Chacun était resté à son poste, le regard vers l'avant, cherchant à pénétrer le nuage de poussière et de fumée qui masquait les mouvements de l'ennemi. Des rafales de mitrailleuses, des fusils mitrailleurs, des coups de fusil fouillaient le nuage sans précipitation, sans excès. On voulait voir et on attendait pour agir.

L'ASSAUT DES ALLEMANDS

Le barrage ennemi s'était allongé trop tôt, assez à temps pour qu'on pût apercevoir les petites colonnes ennemies, s'avançant dans la plaine, prêtes à se déployer. Les mitrailleuses commencèrent leur œuvre. On vit du flottement chez l'ennemi, on pressentit l'action des chefs cherchant à regrouper leurs hommes et la marée continua sa marche en avant, sans que fussent émus par le nombre ceux qui attendaient, l'arme au pied, le moment d'entrer dans la danse.

L'ordre avait été donné de ne pas gaspiller les munitions, de ne tirer qu'à bonne portée et à coup sûr, de ne déclencher le barrage d'artillerie qu'au moment précis où l'ennemi, engagé dans la plaine, arrivant à nos fils de fer, pourrait être encerclé de nos feux. Sous l'action des chefs de section, les hommes surent attendre, laissant aux mitrailleurs le travail préparatoire aux grandes distances. On eut le sang-froid d'attendre, pour lancer la fusée-drapeau, le moment précis (5 heures) où l'ennemi, ayant enfin pu se déployer abordait notre dernier barrage de fil de fer barbelé.

LA RIPOSTE FRANÇAISE

Ce fut un splendide spectacle. A peine les trois couleurs étaient-elles dans le ciel que, sur toute la ligne, une fusillade terrible éclata, tandis que les 75, rasant les têtes, tombaient dans les rangs ennemis, faisant un ravage effroyable. La ligne des réseaux sur laquelle restèrent accrochés de nombreux cadavres fut bientôt vide d'assaillants qui refluèrent vers les tranchées proches. La plaine elle-même, d'un coup, sembla vide. L'ennemi s'était aplati sous nos feux, cherchant une protection précaire dans les plis du terrain.

A ce moment, les éléments d'arrière, formés en colonnes par quatre, puis en petites colonnes, qui poussaient ceux de l'avant, furent à leur tour pris sous nos feux de barrage d'artillerie et l'on vit des hommes qui fuyaient, des chevaux qui s'échappaient, le désordre de gens surpris par une résistance qu'ils n'attendaient pas et dont ils ne pouvaient soupçonner la brusque violence.

A plusieurs reprises l'ennemi tenta de se reconstituer. Très nettement, on vit les gradés intervenir, allant d'un groupe à l'autre, mais, chaque fois, pris sous le feu des mitrailleuses, les rafales de 75, ils durent renoncer à traverser la plaine et rechercher les couverts.

TENTATIVES D'INFILTRATION

Il était 7 h. 40. L'assaut frontal était brisé, l'infiltration allait être tentée. Elle avait commencé déjà vers la droite où, profitant des vues limitées

par une croupe de terrain, l'ennemi avait réussi à pénétrer jusqu'à la crête
tenue par une section de mitrailleuses appuyée par une section d'infanterie.

La mission de cet élément avancé, en dehors de la parallèle principale
de résistance, était de faire à l'ennemi le plus de mal possible par ses feux,
et de tenir sur ses positions jusqu'à épuisement des munitions. Cette mission
fut remplie jusqu'au bout avec une admirable abnégation.

Attaquée au nord et à l'est par un ennemi sans cesse renouvelé, encerclée,
cette poignée d'hommes lutta jusqu'à 7 h. 30. Les munitions épuisées, à
la grenade, les hommes se frayèrent un passage et rejoignirent leurs camarades sur la ligne de résistance. On les croyait prisonniers depuis deux
heures !

Partout, à la grenade, l'ennemi est chassé des points où il a pu pénétrer.
A 7 h. 40, son premier effort est brisé.

On profita de l'arrêt momentané du combat rapproché pour, entre deux
escarmouches, combler les vides, rétablir une liaison étroite entre tous les
éléments, ravitailler en munitions et en eau, établir des barrages, envoyer
des renforts sur les points menacés.

Puis le combat reprit, violent, acharné...

Dans l'après-midi, l'effort de l'ennemi redoubla. Il prenait position au
nord de la plaine en masses profondes. On vit les batteries s'installer. L'une
d'elles, à 500 mètres, fut détruite par nos mitrailleuses. Le mouvement
s'intensifia d'heure en heure, l'infiltration vers nos lignes se fit plus pres-
sante jusqu'au moment où les forces ennemies, enfin en place, reprirent l'attaque par la droite et par la gauche, comptant faire tomber par ce double
effort le saillant que nous occupions.

Vers 17 heures, il y eut un moment critique. Une section ayant dû se
replier sous une pression trop forte de l'ennemi, c'était notre principale
ligne entamée, précisément en un point où la ligne de soutien offrait une
moindre résistance.

Ordre fut aussitôt donné à la compagnie de réserve d'arrêter toute infiltration et de contre-attaquer. A la grenade, les Allemands furent chassés des
boyaux et des tranchées qu'ils occupaient. Des prisonniers furent faits.
La ligne était rétablie, mais chaude avait été l'alerte et vifs les combats.

LA JOURNÉE DU 16 JUILLET

La nuit, à part quelques épisodes sans grande importance, fut relativement calme. Tout le monde s'employa, malgré la fatigue, avec la plus
grande activité, et en assurant un service de veille attentif, à consolider la
position sur tous les points.

Au petit jour, tout était en place, et les hommes, confiants, attendaient
avec calme la nouvelle ruée de l'ennemi. Mitraillés par les nombreux avions
allemands qui les survolaient très bas, ils faisaient gaiement des « cartons »
(ils eurent la joie plus tard, vers midi, d'en descendre un par le feu combiné
de mitrailleuses et de fusils mitrailleurs, et de le voir s'enflammer dans les
airs et tomber dans la plaine).

Grâce au travail de tous, les pertes avaient été relativement minimes.

Dans les tranchées profondes, sur les emplacements de combat étroits, tous ces hommes qui avaient subi pendant tout le jour et la nuit un « marmitage » furieux, attendaient sans émotion l'attaque qui s'annonçait. Mieux, ils la désiraient. L'épreuve de la veille les avait rendus sûrs d'eux-mêmes, ils avaient pris pleine conscience de leur force. La plus grande confiance régnait dans les premières lignes : on était sûr de tenir sans avoir à céder un pouce de terrain.

L'attaque se déclencha vers 9 heures. après un bombardement violent, mais bref. Comme la veille dans l'après-midi (l'ennemi n'osant plus se déployer sous le feu de notre artillerie et de nos mitrailleuses), elle se produisit par la droite et par la gauche. Arrêtée net sur la droite, la lutte fut ardente vers la gauche. Trois fois l'ennemi pénétra dans nos lignes, trois fois il en fut immédiatement chassé par des contre-attaques à la grenade.

STRATAGÈME DÉLOYAL

A 11 heures, la question était réglée. Cependant on se battait toujours à la grenade. Des partis ennemis cherchaient à s'infiltrer, et l'on vit l'un d'eux employer un stratagème déloyal qui n'arrêta point le tir de nos fusils. Un petit groupe d'ennemis cheminait dans les boyaux, cherchant dans les réseaux de fil de fer le passage qui lui permettrait de poursuivre sa route en dehors des barrages formés par nos feux. De temps en temps, deux d'entre eux, sans arme apparente, brassard de la Croix-Rouge au bras, grimpaient sur le talus, semblant à la recherche de cadavres. Puis ils partaient les premiers, montrant la brèche qu'ils venaient de découvrir à ceux qui venaient ensuite.

Ils progressaient ainsi, de boyau en boyau, de trou d'obus en trou d'obus, à travers nos réseaux, jusqu'au moment où une rafale de nos mitrailleuses les coucha définitivement sur le sol. On en vit deux seulement qui, jetant sac et fusil, redescendirent précipitamment dans le boyau d'où ils sortaient, reprenant le chemin d'où ils étaient venus... »

(Rapport d'un chef de bataillon, 21 juillet.)

5. — L'attaque française du 20 août.

(Prise du Mont de Choisy.)

« Après avoir supporté l'attaque allemande du 15 juillet et jours suivants, le régiment a été relevé le 26. Un repos de cinq jours lui est accordé, puis, en camions automobiles d'abord, par étapes ensuite, la nuit, il gagne la forêt de Compiègne où il campe.

Le 18 août, à 20 h. 15, le bataillon reçut l'ordre d'aller bivouaquer dans le parc d'Offémont, mouvement qui fut terminé le 19, à 2 h. 30. Ce même jour, à 19 heures, ordre fut donné de se porter sur les positions de départ, la mise en place devant être terminée à minuit.

A 20 h. 50, le bataillon se mit en marche. L'itinéraire ayant été en partie

reconnu pendant la journée, la marche se fût faite normalement si, dès la
sortie du parc d'Offémont, le bataillon ne s'était trouvé pris sous de violentes rafales d'obus toxiques. Plusieurs hommes furent tués ou blessés,
quelques-uns intoxiqués au point de ne pouvoir poursuivre leur route,
un grand nombre furent incommodés. Le tir ennemi accompagna la marche
de la colonne jusqu'à Puisaleyne, obligeant les hommes à porter constamment le masque. Il fut particulièrement violent sur la route de Quennevières,
où l'ennemi répliqua vigoureusement par des obus à ypérite au tir de nos
canons de 75 placés à proximité de la route, et auprès de la carrière Min-
gasson, où le bataillon dut s'arrêter pendant plus d'une demi-heure, attendant des guides...

Malheureusement ces guides, pris au hasard dans les sections en ligne,
n'avaient parcouru qu'une seule fois le chemin pour venir à notre rencontre;
ils ne reconnurent pas leur route et le bataillon mit trois heures pour faire
un trajet qui aurait dû n'en demander qu'une. Sans cesse coupé par d'autres
éléments, gêné par les rafales de mitrailleuses, ce n'est qu'à 2 h. 15 qu'il
arriva sur ses emplacements de départ.

Jusqu'à 5 heures, les compagnies se regroupèrent ; les petits détachements,
les isolés, qui s'étaient égarés, rejoignirent. Tous s'entassaient dans des
tranchées face à l'ennemi, en liaison avec les unités voisines.

Les hommes étaient fatigués par la marche, par le port prolongé du masque,
par la nocivité des gaz absorbés. Cependant leur moral était excellent et
ils supportèrent vaillamment les heures d'attente sous le feu de l'artillerie
ennemie. Notre préparation d'artillerie commença à 5 heures ; elle donna
confiance aux hommes par la précision et la densité de son tir.

En voyant, à 7 h. 10, avec quel entrain tous, sans hésitation, franchirent
le parapet, on n'aurait pu croire que c'étaient les mêmes hommes qui,
quelques heures auparavant, marchaient péniblement sur la route et s'étaient
affalés inertes dans la tranchée jusqu'au moment de l'attaque.

Le spectacle était magnifique, la plaine semblait se mouvoir, les canons
tonnaient ; les mitrailleuses crépitèrent un instant ; des gerbes de terre et de
fumée précédaient la marche des fantassins qui collaient au barrage.

Les guetteurs ennemis avaient annoncé notre attaque par une fusée rouge.
Aussitôt, le barrage ennemi s'était déclenché, mais déjà toutes nos vagues
avaient « bourré » vers l'avant et nos pertes, en somme, furent relativement
minimes à ce moment...

Dès l'arrivée en lisière du bois, les premières lignes ennemies furent
enlevées d'assaut... Le bois fut rapidement nettoyé. On ne se préoccupait
ni des prisonniers, ni du matériel. Les prisonniers, désarmés par les net-
toyeurs, étaient dirigés sur l'arrière au geste, traversaient en courant les
colonnes du bataillon et étaient recueillis par les troupes de soutien...

Au débouché du bois, les vagues sont arrêtées net par des mitrailleuses
ennemies disposées en éventail aux abords d'un ruisseau. La progression
dans la vallée est tout d'abord impossible. Nos mitrailleuses sont mises en
batterie et, protégés par leur tir précis, nous commençons l'infiltration vers
l'ennemi. Nos pertes sont sensibles, mais nous avançons grâce à un fossé
peu profond, puis à un chemin creux dont la légère dépression permet de
s'abriter du feu incessant des mitrailleuses ennemies. A 9 h. 10, le village est
à nous avec de nombreux prisonniers.

Pendant toute la journée nous piétinons sur place, arrêtés par des mitrailleuses abritées dans des creutes et par les canons d'accompagnement que possède l'infanterie allemande.

A 20 heures, l'attaque reprend. Des avions ennemis nous survolent bas, laissant tomber des sacs de grenades. A travers bois, nous avançons péniblement. A 23 h. 30, nous atteignons notre objectif, le sommet du Mont de Choisy où nous attendons le jour... »

(Rapport d'un chef de bataillon.)

6. — Foch.

(Discours du Président de la République à l'occasion de l'élévation du général Foch à la dignité de maréchal de France.)

« Depuis le début de la guerre, dans les postes divers où vous avez été placé, vous avez justifié, avec un éclat grandissant, toutes les espérances que, dès le temps de paix, l'armée avait mises en vous.

Fécondée au contact des faits, la forte doctrine que vous exposiez jadis à vos élèves a enfanté déjà toute une suite de victoires. Tout en sachant assouplir aux nouvelles nécessités de la bataille les idées que vous aviez professées, vous êtes resté fidèle à ce qui était l'âme de votre enseignement. Au mois de septembre dernier, lorsque, auprès du château de Mondement, vous nous retraciez magistralement les phases du combat livré en 1914 dans les marais de Saint-Gond, je voyais vos principes familiers prendre devant moi la forme et le mouvement de la vie et je me rappelais vos définitions favorites : la guerre, département de la force morale ; la bataille, lutte de deux volontés ; la victoire, supériorité morale chez le vainqueur, dépression morale chez le vaincu.

Cette supériorité morale, vous l'avez entretenue comme une flamme sacrée. Combien de fois, en des heures graves, sur l'Yser et sur la Somme, n'ai-je pas été témoin de votre énergie et de votre ténacité ! »

7. — La victoire.

(Discours de M. Paul Deschanel, président de la Chambre des députés, 11 novembre 1918).

« La voilà donc enfin, l'heure bénie pour laquelle nous vivions depuis quarante-sept ans ! quarante-sept ans pendant lesquels n'a cessé de retentir en nos âmes le cri de douleur et de révolte de Gambetta, de Jules Grosjean, de Keller et des députés d'Alsace-Lorraine, celui de Victor Hugo, d'Edgar Quinet et de Georges Clemenceau, quarante-sept ans, pendant lesquels l'Alsace-Lorraine bâillonnée n'a cessé de crier vers la France ! Un demi-siècle ! Et demain, nous serons à Strasbourg et à Metz ! Nulle parole humaine ne peut égaler ce bonheur !

Provinces encore plus tendrement aimées parce que vous fûtes plus misérables, chair de notre chair, grâce, force et honneur de notre Patrie, un barbare ennemi voulait faire de vous le signe de sa conquête ; non ! vous êtes

le gage sacré de notre unité nationale et de notre unité morale, car toute
uotre histoire resplendit en vous ! Oui, c'est toute la France, la France
de tous les temps, notre ancienne France comme celle de la Révolution et de
la République triomphante, qui, respectueuse de vos traditions, de vos coutumes, de vos libertés, de vos croyances, vous rapporte toute sa gloire !

Et maintenant, Français, inclinons-nous pieusement devant les artisans
magnifiques du grand œuvre de justice, ceux de 1870 et ceux de 1914.
Ceux de 1870 sauvèrent — non l'honneur, certes : l'honneur était sauf, j'en
atteste les mânes des héros de Reichshoffen, de Gravelotte, de Saint-Privat,
de Beaumont, Beaumont où les fils des compagnons de La Fayette viennent
de venger Sedan, — mais ils sauvèrent l'avenir. Leur résistance a préparé
nos victoires.

Et vous, combattants sublimes de la grande guerre, votre courage surhumain a fait de l'Alsace-Lorraine, aux yeux de l'univers, la personnifica-
tion même du droit ; le retour de nos frères exilés n'est pas seulement la
revanche nationale, c'est l'apaisement de la conscience humaine et le pré-
sage d'un ordre plus haut. » (*Acclamations unanimes. Tous les députés se lèvent
et applaudissent longuement.*)

8. — Le dernier communiqué.
(*Dicté par le Maréchal Pétain*).

« 11 novembre 1918, 23 heures.

« Au cinquante-deuxième mois d'une guerre sans précédent dans l'histoire, l'armée française, avec l'aide de ses alliés, a consommé la défaite de
l'ennemi.

Nos troupes, animées du plus pur esprit de sacrifice, donnant pendant
quatre années de combats ininterrompus l'exemple d'une sublime endurance et d'un héroïsme quotidien, ont rempli la tâche que leur avait confiée
la Patrie.

Tantôt supportant avec une énergie indomptable les assauts de l'ennemi,
tantôt attaquant elles-mêmes et forçant la victoire, elles ont, après une
offensive décisive de quatre mois, bousculé, battu et jeté hors de France
la puissante armée allemande et l'ont contrainte à demander la paix.

Toutes les conditions exigées pour la suspension des hostilités ayant été
acceptées par l'ennemi, l'armistice est entré en vigueur aujourd'hui, à
11 heures. »

9. — Ordre du jour du maréchal Pétain
(*12 novembre 1918*).

*Le maréchal Pétain a adressé à ses troupes le superbe
ordre du jour suivant :*

« Aux armées françaises !

Pendant de longs mois, vous avez lutté. L'histoire célébrera la ténacité et la fière énergie déployées pendant ces quatre années par notre Patrie, qui devait vaincre pour ne pas mourir.

Nous allons demain, pour mieux dicter la paix, porter nos armées jusqu'au Rhin. Sur cette terre d'Alsace-Lorraine, qui nous est chère, vous pénétrerez en libérateurs. Vous irez plus loin, en pays allemand, occuper des territoires qui sont le gage nécessaire de justes réparations.

La France a souffert dans ses campagnes ravagées, dans ses villes ruinées ; elle a des deuils nombreux et cruels. Les provinces délivrées ont eu à supporter des vexations intolérables et des outrages odieux.

Mais vous ne répondrez pas aux crimes commis par des violences qui pourraient vous sembler légitimes dans l'excès de vos ressentiments. Vous resterez disciplinés, respectueux des personnes et des biens ; après avoir battu votre adversaire par les armes, vous lui en imposerez encore par la dignité de votre attitude, et le monde ne saura ce qu'il doit le plus admirer, de votre tenue dans le succès ou de votre héroïsme dans les combats.

J'adresse avec vous un souvenir ému à nos morts, dont le sacrifice nous a donné la victoire ; j'envoie un salut plein d'affection attristée aux pères et aux mères, aux veuves et aux orphelins de France, qui cessent un instant de pleurer dans ces jours d'allégresse nationale pour applaudir au triomphe de nos armes.

Je m'incline devant vos drapeaux magnifiques.

Vive la France !

PÉTAIN. »

10. — Félicitations de M. Raymond Poincaré, Président de la République, aux Combattants de la grande guerre.

« 11 novembre 1918, 8 heures du matin.

« Mon cher Président,

Au moment où s'achève par la capitulation de l'ennemi la longue série de victoires auxquelles votre patriotique énergie a si largement contribué, laissez-moi vous adresser à vous-même et vous prier aussi de transmettre au maréchal Foch, commandant en chef des armées alliées ; au général Pétain, commandant en chef de l'armée française ; à tous les généraux, officiers, sous-officiers et soldats, l'expression de ma reconnaissance et de mon admiration.

Depuis le 15 juillet, la France a suivi avec une émotion haletante les éclatants succès quotidiens qu'ont remportés les troupes alliées et qui ont précipité la retraite de l'armée allemande. Les populations captives ont été rendues à la liberté. L'ennemi, déconcerté, a laissé derrière lui une quantité énorme d'hommes et de matériel, et le bilan des prisonniers dépasse les chiffres les plus élevés qu'ait jamais connus l'histoire.

Ce matin, vient d'être signé un armistice qui délivre l'Alsace-Lorraine et qui permet aux armées alliées d'occuper, en garantie des droits à exercer, une vaste zone de territoire allemand.

En ces heures de joie et de fierté nationales, ma pensée se reporte successivement vers les héros qui, dans l'enthousiasme du départ, sont tombés sur les champs de bataille de Namur et de Charleroi, vers ceux qui, sur les rives de la Marne, ont victorieusement arrêté et refoulé l'invasion, vers ceux qui, dans les lentes et dures journées de la guerre de tranchées, ont montré une si confiante opiniâtreté, vers les intrépides défenseurs de Verdun, vers les soldats de l'Yser, de la Somme, de l'Aisne, de la Champagne, des Vosges, vers ceux qui ont donné leur vie à la patrie, vers ceux que leurs blessures ont rendus invalides, vers tous ceux qui, aujourd'hui encore sous les armes, sont maintenant récompensés de leurs infatigables efforts et de leur bravoure indomptable.

Ils ont tous été les ouvriers des victoires finales. Ils ont tous apporté leur pierre aux magnifiques arcs de triomphe sous lesquels passeront bientôt les vainqueurs. Rien ne s'est perdu de ce qu'a accompli leur courage, rien n'a été stérile du dévouement qu'ils ont mis au service du pays. La gloire de la France est faite de leur ardeur prolongée, de leur abnégation, de leurs souffrances et de leur sang.

J'envoie aux morts un souvenir respectueux et attendri. Je vous prie de vouloir bien communiquer aux vivants les félicitations qu'au nom de la France je leur adresse du fond du cœur. »

MER DU NORD
ANGLETERRE
HOLLANDE
Ostende
Bruges
Anvers
Nieuport
la Panne
Dunkerque
Dixmude
Thielt
Gand
Escaut
Calais
Steenstraete
Roulers
Lys
Cassel
Ypres
Zonnebeke
Gheluvelt
St Omer
Kemmel
BRUXELLES
BELGIQUE
Boulogne
Armentières
Tournai
Hazebrouck
Lille
Lys
Béthune
la Bassée
Mons
Vermelles
N.-D.
de Lorette
Lens
Scarpe
Valenciennes
Charleroi
St Pol
Douai
Maubeuge
Sambre
Dinant
Arras
Croisilles
Escaut
Cambrai
Bapaume
le Cateau
Abbeville
Somme
Albert
Sailly-Saillisel
Péronne
Guise
Amiens
Villers-
Bretonneux
Chaulnes
Oise
Charleville
Mézières
Moreuil
Roye
Nesle
Ham
la Fère
Saint
Boye
Chauny
St Gobain
Montdidier
Noyon
Laon
Rethel
Lassigny
Aisne
Beauvais
Compiègne
Soissons
Aisne
Creil
Senlis
Villers-
Cotterets
Fismes
Reims
Chantilly
Fère-
en-Tardenois
Ville-en-
Tardenois
Ermenonville
Dormans
Épernay
Dammartin-
en-Goële
Château-Thierry
Marne
Meaux
la Ferté-sous-Jouarre
Marais
de St Gond
Vitry-le-François
PARIS
Morin
Coulommiers
Sézanne
Sommesous
Melun
Aube
Troyes
Bar-s-Aube
Seine
MANCHE
Pas de Calais
Seine
Flandre
Artois
Picardie

Légende
Offensive allemande en 1914
Après la contre-offensive française en 1914
Le front français en 1917
Offensive allemande en 1918
Front à l'armistice (11 novembre 1918)
Échelle
0   20   40   60   80   100 km.

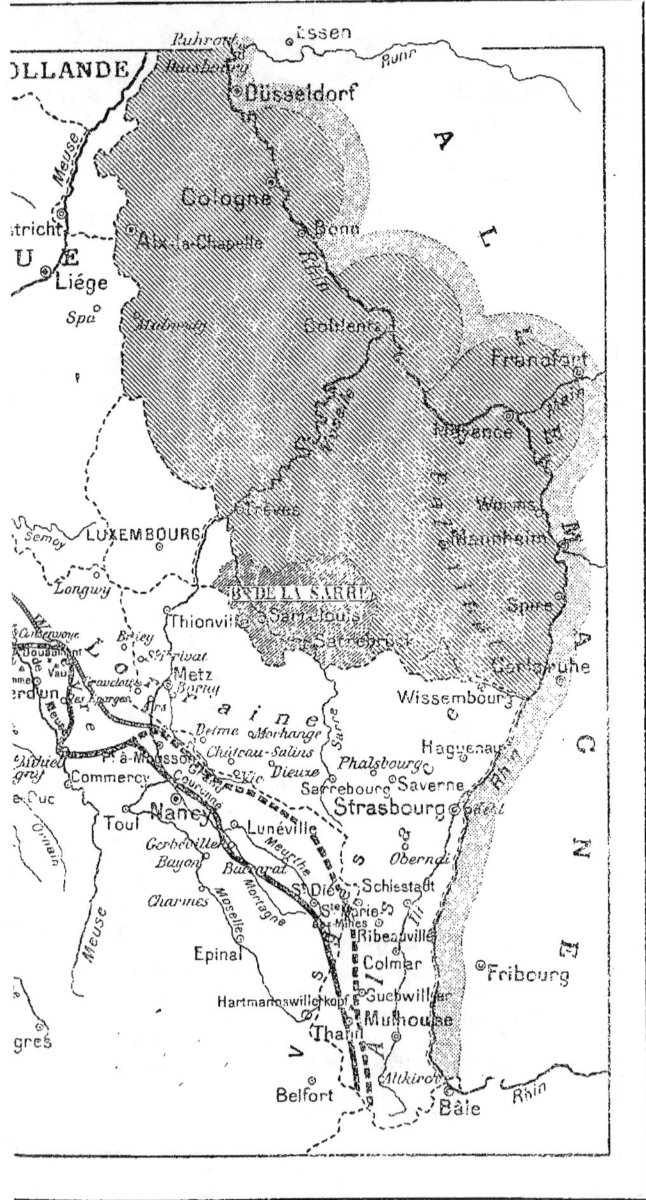
Essen
Ruhrort
HOLLANDE
Duisbourg
Düsseldorf
Ruhr
Düsseldorf
Cologne
Bonn
Aix-la-Chapelle
Maëstricht
BELGIQUE
Liége
Spa
Stavelot
Coblence
Rhin
Francfort
Mayence
Main
Trèves
Worms
Mannheim
LUXEMBOURG
Semoy
Longwy
B. DE LA SARRE
Spire
Thionville
Sarrelouis
Briey
St-Privat
Sarrebruck
Karlsruhe
Metz
Borny
Wissembourg
Verdun
Gravelotte
Lorraine
Sarre
Delme
Morhange
Haguenau
Château-Salins
Pont-à-Mousson
Vic
Dieuze
Phalsbourg
Rhin
Commercy
Courcelles
Sarrebourg
Saverne
Nancy
Strasbourg
Toul
Lunéville
Meurthe
Oberndi
Gerbéviller
Bayon
Baccarat
Schlestadt
St-Dié
Charmes
Ste-Marie-aux-Mines
Ribeauvillé
Meuse
Moselle
Colmar
Fribourg
Epinal
Guebwiller
Hartmannswillerkopf
Mulhouse
Thann
Belfort
Altkirch
Bâle
Rhin

CHAPITRE VII

LES ARMISTICES. — LES TRAITÉS DE PAIX CONCLUSION

Dernières manœuvres allemandes pour la paix. — L'armistice du 11 novembre. — Conditions imposées a l'Allemagne. — La marche triomphale vers le Rhin. — La paix avec l'Allemagne. — Le traité de Versailles. — Les clauses du traité. — La paix avec les autres nations : le traité de Saint-Germain ; le traité de Neuilly. — Le traité de Sèvres. — Les difficultés de la paix. — Conclusion.

DERNIÈRES MANŒUVRES ALLEMANDES POUR LA PAIX L'ARMISTICE DU 11 NOVEMBRE 1918

Les offres de paix de l'Allemagne. Dès le mois de juillet, après l'échec de l'offensive allemande et l'avance des armées franco-britanniques, l'inquiétude s'était accentuée chez les dirigeants allemands. Elle se manifesta par de nouvelles tentatives en faveur d'une paix qui, faite prématurément, aurait laissé à l'Allemagne toute sa force et réduit à néant la victoire des Alliés.

Au mois de septembre, l'Allemagne offrit sans succès la paix à la Belgique. Puis ce fut au tour de l'Autriche de demander, sans plus de réussite, que les délégués des puissances fussent réunis dans un pays neutre pour y discuter les principes fondamentaux de la paix future. En vain l'Allemagne essaya-t-elle encore d'intimider les Alliés en déclarant, le 24 septembre, que « le peuple allemand n'implorerait pas sa grâce

qu'il resterait debout et ne s'humilierait pas » ; il lui fallut se soumettre à l'inévitable.

La défection de la Bulgarie, de la Turquie et de l'Autriche. Le 25 septembre, la Bulgarie inaugurait, en signant un armistice, la série des capitulations. Elle était suivie, le 31 octobre, par la Turquie; le 3 novembre, par l'Autriche.

Le 4 octobre, le tsar Ferdinand de Bulgarie avait abdiqué en faveur de son fils. Le 12 novembre, Charles Ier dut abandonner sa double couronne d'empereur d'Autriche et de roi de Hongrie. Les Tchéco-Slovaques, les Yougo-Slaves, soutenus par les Alliés, constituèrent des gouvernements nationaux ; la Hongrie proclama son indépendance. C'était la dissolution de l'empire austro-hongrois.

Tentatives de l'Allemagne auprès du président Wilson. L'Allemagne, acculée à la paix dès la fin de septembre, tenta d'atténuer les conséquences de sa défaite en opérant dans son gouvernement des transformations d'apparence démocratique. Le 6 octobre, s'adressant au président Wilson, elle demanda « la conclusion immédiate d'un armistice général sur terre, sur mer et dans les airs », priant le président des États-Unis d'Amérique de provoquer l'ouverture immédiate de négociations en vue d'une paix qui aurait pour base les quatorze points indiqués par le président dans son message au Congrès du 8 janvier 1918.

Le président Wilson répondit en réclamant l'évacuation préalable de tous les territoires occupés et en déclarant que l'Entente ne pouvait négocier avec les autorités allemandes qui avaient conduit la guerre (14 octobre). « Les nations du monde, avait-il déclaré, ne se fiaient pas et ne pouvaient pas se fier à l'œuvre de ceux qui avaient été les maîtres de la politique allemande. »

Ce fut un coup terrible pour l'orgueil allemand. Mais les événements se précipitaient. A tout prix il fallait aboutir pour éviter le désastre qui s'annonçait.

La fuite de Guillaume II. En vain, le 3 novembre, Guillaume II proclama-t-il solennellement qu'il « transférait le pouvoir au peuple allemand ».

Ne se sentant plus en sécurité ni au milieu de son armée, ni de son peuple, à la veille de l'armistice, le 9 novembre, il s'enfuit en Hollande, bientôt suivi par le Kronprinz. Ils espéraient ainsi échapper aux terribles responsabilités qui pesaient sur leur tête. La révolution éclata en Allemagne, la République fut proclamée, mais sous cette forme, démocratique en apparence, l'armature impériale fut maintenue et, malgré leurs divisions et leurs luttes intestines, les Allemands restèrent unis pour se soustraire aux obligations qu'allaient leur imposer l'armistice d'abord, le traité de paix ensuite.

L'ARMISTICE DU 11 NOVEMBRE

Aux dernières tentatives du gouvernement allemand relatives à un armistice immédiat, le président Wilson ayant répondu que, la question étant d'ordre militaire, il fallait s'adresser au maréchal Foch, commandant en chef des armées alliées, il fallut s'incliner. Le 6 novembre, la délégation allemande, conduite par le secrétaire d'État Erzberger, quitta Berlin. Le 7 au soir, elle traversait les lignes françaises. Le 8 au matin, le maréchal Foch, assisté de l'amiral Wemyss, premier lord de l'amirauté britannique, donna lecture des conditions d'armistice fixées par les Alliés, refusa toute suspension d'armes et accorda un délai de soixante-douze heures pour répondre. Les plénipotentiaires allemands, ayant pris l'avis de leur gouvernement, presque sans discussion, l'armistice fut signé le 11 novembre, à cinq heures du matin, à Rethondes.

CONDITIONS IMPOSÉES A L'ALLEMAGNE

Les conditions imposées par les Alliés avaient pour but de mettre l'Allemagne dans l'impossibilité de reprendre les hostilités. Elles comportaient notamment :

Le retour pur et simple de l'Alsace-Lorraine à la France ;

L'évacuation, dans un délai de quinze jours, de tous les pays envahis : France, Belgique, Luxembourg ;

L'évacuation, dans un délai de trente jours, de toute la rive gauche du Rhin, et l'occupation de ces pays par les troupes alliées et des États-Unis ;

L'occupation des principaux passages du Rhin (Cologne,

Le Vainqueur.

Coblentz, Mayence) et l'entretien de garnisons alliées autour de ces points, dans un rayon de trente kilomètres;

Le rapatriement sans réciprocité de tous les prisonniers de guerre, militaires, civils, otages ;

La réparation complète des dommages causés dans le nord de la France et en Belgique;

L'évacuation de toutes les colonies ;

La renonciation de l'Allemagne aux traités de Brest-Litovsk et de Bucarest;

La livraison des sous-marins, le désarmement des navires de guerre, l'abandon d'un important matériel d'artillerie et de nombreux wagons, locomotives, camions automobiles;

La restitution immédiate de l'encaisse de la Banque nationale de Belgique et de l'or russe et roumain pris par les Allemands.

Pour assurer l'exécution de ces conditions, le blocus était maintenu et la durée de l'armistice fixée à trente-six jours, avec faculté de prolongation ou de rupture, moyennant un préavis de quarante-huit heures.

L'impression en France. — L'annonce de l'armistice provoqua en France une joie immense et unanime. Spontanément les fenêtres se pavoisèrent, les cloches sonnèrent à toute volée, des manifestations inoubliables s'organisèrent. Un instant tous les deuils, toutes les souffrances furent oubliés. Dans un même élan fraternel, toutes les classes de la société se confondirent en des fêtes enthousiastes où chacun sentit battre le cœur de la Patrie. Le Parlement décréta que le président Poincaré, le président du Conseil Clemenceau, le maréchal Foch « avaient bien mérité de la Patrie ». Le général Pétain fut élevé à la dignité de maréchal de France. Paris acclama les chefs d'État des pays alliés, le roi d'Angleterre, le roi d'Italie, le roi des Belges, le président Wilson, associant en toutes circonstances le « poilu » vainqueur à l'hommage qu'il rendait aux grands chefs civils et militaires.

LA MARCHE TRIOMPHALE VERS LE RHIN

Au lendemain de l'armistice, les armées se mirent en mouvement vers le Rhin. L'entrée du roi des Belges dans sa capitale reconquise, Bruxelles, fut particulièrement émouvante. L'arrivée des troupes françaises à Mulhouse, à Metz, à Colmar, à Strasbourg, donna lieu à des manifestations d'un enthousiasme délirant. L'Allemagne avait osé parler de la nécessité d'un plébiscite en Alsace-Lorraine pour savoir si les populations voulaient redevenir françaises. Au milieu d'une foule ardente qui criait sa joie du retour à la France, à Metz, à Strasbourg, il suffit au président Poincaré de déclarer simplement : « Messieurs, le plébiscite est fait ». L'injure du traité de Francfort était effacée. La protestation des députés alsaciens-lorrains à l'Assemblée nationale de Bordeaux avait été entendue. L'Alsace et la Lorraine reprenaient leur place dans la grande famille française.

LA PAIX AVEC L'ALLEMAGNE

Les négociations.   Les négociations pour la paix furent longues et laborieuses et, à plusieurs reprises, l'armistice du 11 novembre dut être renouvelé. C'est à Paris, au palais des Affaires étrangères, que le Président de la République française ouvrit, le 18 janvier 1919, les travaux de la Conférence de la Paix. Vingt-neuf puissances, groupant toutes les nations qui, pendant la guerre, avaient pris position contre les Empires centraux, étaient représentées. Par acclamation, sur la proposition de MM. Wilson et Lloyd George, le président du Conseil français, Clemenceau, fut nommé président de la Conférence. Par le choix du lieu de la Conférence et de son président, les Alliés avaient voulu témoigner leur admiration pour le grand rôle joué par la France et pour les souffrances qu'elle avait noblement endurées. Les difficultés commencèrent dès qu'on se mit au travail. Bientôt, la Conférence de la Paix se réduisit, au moins pour les décisions importantes, à un Conseil des « Quatre » qui comprenait les chefs des délégations de la France, de l'Angleterre, des États-Unis et de l'Italie : MM. Clemenceau, Lloyd George, Wilson et Orlando. Encore un accord parfait ne régna-t-il pas toujours entre les représentants des Alliés, et fallut-il de nombreuses concessions pour aboutir à un résultat définitif.

Écartant les questions relatives à l'Autriche, à la Bulgarie et à la Turquie, qui devaient être réglées par des traités séparés, les « Quatre » élaborèrent les clauses qui instituaient la Société des Nations et qui fixaient les conditions de paix imposées à l'Allemagne.

Le traité de Versailles. La remise officielle du traité eut lieu à Versailles, au Trianon-Palace, le 7 mai 1919, aux plénipotentiaires allemands. Dans une brève allocution, Clemenceau fit savoir aux délégués des vaincus que « l'heure du lourd règlement de comptes était venue », qu'aucune discussion verbale ne leur serait permise et qu'ils auraient un délai de quinze jours pour présenter leurs observations écrites.

Les Allemands tentèrent de démontrer que l'Allemagne n'était pas seule à porter les responsabilités de la guerre. Ils protestèrent contre « la paix de violence » qu'on voulait leur imposer. Ils répondirent par des contre-propositions qu'après examen les Alliés rejetèrent en grande partie. Ils furent avisés enfin, que si, le 23 juin, à 7 heures du soir, ils n'avaient pas donné leur acceptation au projet de traité qui leur avait été soumis, l'armistice prendrait fin avec toutes les conséquences que cette rupture pouvait comporter.

La signature du traité (28 juin 1919). L'Allemagne dut alors s'incliner. Le 28 juin 1919, au château de Versailles, dans cette même Galerie des Glaces où, le 18 janvier 1871, Bismarck avait proclamé l'unité allemande et posé sur la tête de Guillaume Ier la couronne impériale, Hermann Muller, ministre des Affaires étrangères, et quatre délégués de l'État allemand, apposaient leur signature au bas du traité qui mettait fin à la plus horrible des guerres.

LA SOCIÉTÉ DES NATIONS. — LES CLAUSES DU TRAITÉ

Dans un préambule, le traité de Versailles établit la Société des Nations, ouverte à toutes les nations belligérantes et à celles qui demanderont à y entrer. L'Allemagne et ses alliés en sont exclus jusqu'au moment où ils auront fait preuve de loyauté dans l'exécution des conditions de paix. Le siège de la Société est à Genève. Le but est de substituer l'arbitrage à la guerre pour le règlement des différends entre les nations ; de réduire les charges militaires par une réduction générale des armements ; de garantir aux peuples la libre disposition d'eux-mêmes ; d'administrer provisoirement les territoires ou colonies qui ont changé de mains ; de fixer, au moins dans leurs principes généraux, les conditions du travail dans tous les pays.

Suivent les clauses relatives aux restitutions, réparations, garanties.

Restitutions.
Clauses
territoriales.

Les nouvelles frontières de l'Allemagne sont fixées. La France retrouve sa frontière de 1871, l'Alsace et la Lorraine lui sont rendues quittes de toute charge ; la Belgique reprend sa frontière de 1914 avec, en plus, les districts d'Eupen et de Malmédy ; la Pologne est reconstituée avec les provinces qui lui avaient été enlevées par l'Allemagne et par l'Autriche ; la Tchéco-Slovaquie, la Yougo-Slavie sont formées en États indépendants ; l'Allemagne renonce à ses colonies, qui seront administrées par la Société des Nations. Enfin, en compensation de la destruction par les Allemands des mines de charbon de la région du Nord de la France, celle-ci reçoit le bassin minier de la Sarre, en toute propriété et quitte de toutes dettes ou charges, sous réserve qu'un régime politique et administratif spécial sera établi pendant quinze ans dans cette région. A cette époque, les habitants feront connaître sous quelle souveraineté ils désirent être placés et la Société des Nations statuera.

Réparations :
clauses
financières
et économiques.

L'Allemagne est tenue pour responsable de toutes les pertes et dommages causés par la guerre. Elle s'engage à les réparer dans leur totalité, en quelque lieu que ce soit. Une commission internationale des réparations, instituée à Paris et composée d'un représentant de chacune des grandes puissances, fera connaître à l'Allemagne, avant le 1er mai 1921, le montant des réparations ainsi mises à sa charge.

A titre d'acompte, l'Allemagne doit verser : 1° 25 milliards de marks-or avant le 1er mai 1921 ; 2° 50 milliards de 1921 à 1926 ; 3° 50 milliards lorsque la commission des réparations le décidera. Ces acomptes pourront être payés en nature suivant une liste de denrées, matières premières, outillage, produits divers dont mention est faite au traité.

Des clauses économiques fixent le régime des relations commerciales avec l'Allemagne : tout privilège douanier accordé à une puissance quelconque devant s'étendre à toutes les puissances alliées ou associées.

Enfin Guillaume II sera mis en accusation publique « pour offense suprême contre la morale internationale et l'autorité sacrée des traités ». Il sera jugé par les Alliés. Toutes les personnes coupables d'avoir violé les lois et coutumes de la guerre devront être livrées par l'Allemagne et seront jugées par les tribunaux militaires des Alliés.

Garanties. L'exécution du traité est garantie par l'occupation militaire de la rive gauche du Rhin et par le désarmement de l'Allemagne.

Pendant quinze ans, à dater de la signature du traité, la rive gauche du Rhin avec les têtes de pont indiquées au moment de l'armistice, restera occupée par les Alliés. Les frais d'occupation seront à la charge de l'Allemagne. La durée et l'étendue de l'occupation pourront être réduites progressivement si les clauses du traité sont fidèlement exécutées. Au contraire, elles pourront être retardées si l'Allemagne ne remplit pas ses engagements. Dans ce dernier cas, il est prévu que de nouveaux territoires pourront être occupés.

Sur la rive gauche du Rhin et dans une zone s'étendant a 50 kilomètres sur la rive droite, toutes les défenses militaires devront être détruites et il ne pourra être fait aucun rassemblement de troupes.

Le service militaire obligatoire sera aboli. L'armée ne se recrutera que par des engagements volontaires. Elle ne devra pas dépasser 100 000 hommes et 4 000 officiers. Tout le matériel de guerre en excédent sera livré aux Alliés, et il ne pourra plus en être fabriqué sans l'autorisation de ceux-ci.

La flotte devra être réduite à 30 cuirassés, croiseurs, destroyers ou torpilleurs, avec un effectif maximum de 15000 marins. Tous les sous-marins devront être livrés aux Alliés. Il en sera de même de tous les bâtiments en excédent du nombre fixé ci-dessus.

L'aviation militaire et navale est supprimée. Tout le matériel aéronautique devra être livré.

Des commissions militaires interalliées seront chargées de surveiller l'exécution de toutes les clauses qui précèdent ou de procéder à toute investigation jugée nécessaire par la Société des Nations.

Clauses diverses. L'Allemagne enfin s'engage à reconnaître les traités de paix qui interviendront avec la Bulgarie, l'Autriche et la Turquie. Elle abandonne au Japon son ancienne colonie de Kiao-Tchéou. Elle renonce à tous les droits qu'elle avait obtenus en 1906 par l'acte d'Algésiras, ainsi qu'aux accords de 1909 et de 1911 passés avec la France et à tous les traités conclus avec le sultan du Maroc. Ainsi la question du Maroc se trouve définitivement réglée.

L'Assemblée nationale allemande ratifia le traité, le 9 juillet 1919. Le 14, à Paris, des fêtes inoubliables, les fêtes de la Victoire, terminaient en apothéose le triomphe des Alliés. Des délégations des armées alliées, ayant à leur tête les maréchaux Joffre, Foch, Pétain, Douglas Haig, Pershing, défilèrent sous l'Arc de Triomphe, aux acclamations d'une foule enthousiaste.

LA PAIX AVEC LES AUTRES NATIONS

D'autres traités réglèrent le sort de l'Autriche et de la Bulgarie.

Le traité de Saint-Germain avec l'Autriche. Le traité avec l'Autriche fut signé à Saint-Germain-en-Laye, le 10 septembre 1919. Il contient des dispositions analogues à celles du traité de Versailles en ce qui concerne la Société des Nations, les réparations, les clauses économiques.

Il consacre, en outre, le démembrement de l'Autriche-Hongrie qui est partagée en quatre tronçons : la république d'Autriche, la Hongrie, l'État tchéco-slovaque et les pays slaves rattachés à la Yougo-Slavie. Le Trentin était rendu à l'Italie, ainsi que la ville de Trieste. Le sort de la ville de Fiume devait être réglé plus tard, après de nombreuses difficultés, par accord direct entre l'Italie et la Yougo-Slavie.

Au point de vue militaire, l'Autriche s'engageait à livrer toute sa flotte, y compris les sous-marins, et à n'entretenir qu'une armée de 30 000 hommes strictement chargée de la police. Toute aviation navale ou militaire devait être supprimée.

La Hongrie, séparée de l'Autriche, signa le *traité de Trianon*, qui délivra du joug hongrois les Slovaques au nord, les Roumains de Transylvanie à l'est, les Slaves au sud-ouest.

Le traité de Neuilly avec la Bulgarie. Avec les Bulgares le traité définitif fut signé à Neuilly le 27 novembre 1919. Les nouvelles frontières de la Bulgarie furent fixées : elle perdait la Thrace et la Macédoine, dont les puissances alliées se réservaient de disposer plus tard, et quelques parcelles de territoire, à l'est, qui étaient cédées à la Yougo-Slavie.

L'effectif de l'armée était réduit à 20 000 hommes. Toute la flotte devait être immédiatement livrée. Une contribution de guerre de 2 milliards 250 millions en or lui était imposée.

Traité de Sèvres avec la Turquie. Le 10 août 1920, le traité de Sèvres imposé à la Turquie attribua la Thrace et la région de Smyrne à la Grèce et régla, au moins provisoirement, la question des Détroits. La Syrie fut placée sous le protectorat de la France ; la Palestine et la Mésopotamie sous celui de l'Angleterre ; l'Arabie fut reconnue indépendante.

Traité de Rapallo. Le traité de Rapallo, conclu le 12 novembre 1920, entre l'Italie et la Yougo-Slavie, en érigeant en État indépendant la ville et le district de Fiume, compléta le traité de Saint-Germain et mit fin aux difficultés graves qui, à plusieurs reprises, surgirent entre ces deux nations.

LES DIFFICULTÉS DE LA PAIX — LES CONFÉRENCES

Tous ces traités ne donnèrent pas une satisfaction complète aux aspirations des peuples. Dans ce remaniement complet de la carte de l'Europe, les intérêts se heurtèrent avec violence et faillirent plus d'une fois provoquer des conflits. Avec des concessions mutuelles, l'entente put cependant être maintenue entre les Alliés, au grand dépit de l'Allemagne qui espérait bien profiter des rivalités qui se manifestaient pour éluder l'exécution d'une partie des obligations qui lui étaient imposées par le traité de Versailles.

La commission des réparations n'ayant pas l'autorité nécessaire pour assurer l'application des clauses du traité, il fallut de nombreuses conférences entre les chefs des gouvernements alliés, tant pour arriver à mettre l'Allemagne dans l'obligation de payer ce qu'elle doit que pour régler les questions laissées en suspens par les traités. Le retour du roi Constantin en Grèce ne fut pas pour aplanir les difficultés de la situation en Orient.

La *conférence de Paris* (janvier 1921) fixa de nouveau les conditions du désarmement de l'Allemagne, le chiffre des annuités qu'elle devrait verser à l'Entente, les sanctions à intervenir en cas de non-exécution des stipulations du traité. Elle affirma surtout la volonté des Alliés de rester unis et d'exiger, par une commune action, l'exécution du traité de Versailles et des accords qui le précisent.

A la *conférence de Londres* (février), les Allemands ne voulurent pas accepter les conditions de l'accord de Paris. Conformément aux stipulations du traité de Versailles, les Alliés décidèrent de prendre immédiatement les gages nécessaires : les villes de Dusseldorf, Duisbourg, Ruhrort, furent occupées et une ligne douanière établie entre les pays rhénans et l'Allemagne. Ainsi s'affirmait une fois de plus l'accord des Alliés, France, Angleterre, Italie, et leur volonté de faire exécuter par les vaincus le traité qu'ils ont signé.

Au cours de nouvelles conférences qui eurent lieu à *Londres* en avril, la commission des réparations fixa, dans le délai prescrit par le traité de Versailles, à 132 milliards de marks-or (dont 52 p. 100 pour la France), le montant global de la dette allemande.

Le président du Conseil, M. Aristide Briand, sut maintenir, encore une fois, l'union entre les Alliés. Le 5 mai, la conférence, constatant l'inexécution des engagements pris par l'Allemagne touchant le désarmement, la punition des criminels, les réparations, décida que si, le 12 mai, l'Allemagne n'avait pas accepté, sans réserves, les conditions fixées par l'Entente, le bassin de la Ruhr serait occupé. Le président Harding, successeur de M. Wilson, affirma la solidarité des

États-Unis avec les Alliés en vue d'obliger l'Allemagne à remplir ses obligations.

Le 10 mai, jour anniversaire de la signature du traité de Francfort, l'Allemagne se soumit à l'ultimatum des Alliés.

Dans la paix comme dans la guerre, l'unité de front, une entente étroite entre les Alliés, peut seule triompher des résistances de l'Allemagne.

Cependant de graves problèmes restent posés. En Haute-Silésie notamment, Allemands et Polonais sont aux prises avant que soit tracée, par la commission interalliée, la frontière marquée dans ses grandes lignes par les résultats d'un plébiscite. Le point de vue français, favorable aux Polonais, alliés fidèles, se heurte au point de vue anglais qui leur est hostile. De ces divergences d'opinion les Allemands profitent pour entretenir l'agitation et fortifier leur situation. Tandis que le gouvernement allemand déclare qu'il n'interviendra pas en Pologne, des corps francs s'organisent et pénètrent en Haute-Silésie.

L'ère des difficultés nées de la guerre n'est pas close. Notre pays connaîtra encore des heures graves pour lesquelles il doit garder tout son sang-froid.

DOCUMENTS ET LECTURES

1. — La paix que voulaient les Allemands avant 1914.

« La France doit être réduite en esclavage politique et économique. »

GUILLAUME II.

« Dans la prochaine guerre, la France doit être saignée à blanc et ruinée à jamais. »

BISMARCK.

. . . .

« La France cédera à l'Allemagne toutes ses colonies, y compris l'Algérie et la Tunisie.

Elle cédera tout le pays compris depuis Saint-Valéry-sur-Somme en ligne droite jusqu'à Lyon.

Elle démolira toutes ses forteresses.

Elle supprimera le recrutement militaire pendant vingt-cinq ans.

Elle remettra 3 millions de fusils, 3 000 canons, 40 000 chevaux, etc.

La Belgique sera incorporée à l'Allemagne ; elle deviendra une province de l'Empire.

La Hollande et la Suisse entreront dans l'Empire au titre d'États confédérés.

Les populations des territoires français cédés à l'Allemagne et les populations de langue française de la Belgique seront déportées en France ; leurs terres devenues libres seront données aux soldats allemands ayant pris part à la guerre.

On imposera à la France une indemnité de guerre telle qu'on lui enlèvera toute possibilité de se reconstituer. »

(COMTE BERNSTORFF, ambassadeur d'Allemagne aux États-Unis.)

2. — La Conférence de la paix.

Discours prononcé par M. Raymond Poincaré, président de la République française, à la séance d'ouverture de la Conférence de la paix (19 janvier 1919).

« Messieurs,

La France vous adresse ses souhaits de bienvenue et vous remercie d'avoir, d'un consentement unanime, choisi comme siège de vos travaux la ville que, pendant plus de quatre années, l'ennemi a prise pour son principal objectif militaire et que la vaillance des armées alliées a victorieusement défendue contre des offensives sans cesse renouvelées.

Laissez-moi voir dans votre décision un hommage de toutes les nations que vous représentez à un pays qui a, plus encore que d'autres, connu les souffrances de la guerre, dont des provinces entières, transformées en vastes champs de bataille, ont été systématiquement ravagées par l'envahisseur et qui a payé à la mort le tribut le plus lourd.

Ces énormes sacrifices, la France les a subis sans avoir la moindre responsabilité dans l'épouvantable cataclysme qui a bouleversé l'univers ; et au moment où s'achève ce cycle d'horreur, toutes les puissances dont les délégués sont assemblés ici peuvent se rendre d'elles-mêmes cette justice qu'elles n'ont aucune part dans le crime d'où est sorti un désastre sans précédent. Ce qui vous donne toute qualité pour établir une paix de justice, c'est qu'aucun des peuples dont vous êtes les mandataires n'a trempé dans l'injustice. L'humanité peut vous faire confiance, parce que vous n'êtes pas de ceux qui ont violé les droits de l'humanité.

Besoin n'est pas d'informations complémentaires ou d'enquêtes exceptionnelles pour connaître les origines du drame qui vient d'agiter le monde. La vérité, toute couverte de sang, s'est déjà évadée des archives impériales. La préméditation du guet-apens est aujourd'hui clairement démontrée. Dans l'espoir de conquérir d'abord l'hégémonie européenne, et bientôt la maîtrise du globe, les empires du centre, rivés l'un à l'autre par une secrète complicité, ont inventé les prétextes les plus odieux pour tâcher de passer sur le corps de la Serbie et se frayer un chemin vers l'Orient. En même temps, ils ont renié les engagements les plus solennels pour pouvoir passer sur le corps de la Belgique et se frayer un chemin vers le cœur de la France. Voilà les deux inoubliables forfaits qui ont ouvert les voies à l'agression. Les efforts combinés de l'Angleterre, de la France et de la Russie se sont brisés contre cette folie d'orgueil.

Si, après de longues vicissitudes, ceux qui voulaient régner par le fer ont péri par le fer, ils n'ont à s'en prendre qu'à eux. C'est leur aveuglement qui les a perdus...

Pendant que, de proche en proche, la lutte engagée s'étendait sur toute la surface de la terre, résonnaient çà et là des bruits de chaînes secouées ; et des nationalités captives nous appelaient au secours, du fond de leurs geôles séculaires. Bien plus, elles s'échappaient pour venir à notre aide. La Pologne ressuscitée nous envoyait des troupes. Les Tchéco-Slovaques conquéraient en Sibérie, en France, en Italie. leur droit à l'indépendance. Yougo-Slaves, Syriens et Libanais, Arabes, tous les peuples opprimés, toutes les victimes, longtemps impuissantes ou résignées, des grandes injustices historiques, tous les martyrs du passé, toutes les consciences violentées, toutes les libertés étouffées se ranimaient au bruit de nos armes et se tournaient vers nous comme vers leurs défenseurs naturels.

Si bien que, peu à peu, la guerre a pris la plénitude de son sens initial et qu'elle est devenue, dans toute la force du terme, une croisade de l'humanité pour le droit ; et si quelque chose peut nous consoler, en partie, des deuils qui nous ont frappés, c'est assurément la pensée que notre victoire aussi est la victoire du droit.

Cette victoire est totale, puisque l'ennemi n'a demandé l'armistice que pour éviter un irrémédiable désastre militaire : et de cette victoire totale, il vous appartient de tirer aujourd'hui, dans l'intérêt de la justice et de la paix, les conséquences totales... »

3. — La remise du traité à l'Allemagne.

A 3 h. 5, le doyen des huissiers du ministère des Affaires étrangères, en grande tenue, annonce, à l'entrée de la salle où sont déjà réunis tous les délégués alliés :

« MM. les plénipotentiaires allemands ! »

M. de Brockdorff-Rantzau entre en tête de la délégation. Sa pâleur est extrême. Tous les délégués des puissances alliées et associées se lèvent un instant. Les plénipotentiaires allemands s'inclinent. Puis, ils s'installent aux places qui leur ont été réservées et qu'indiquent six étiquettes portant ces mots : « Délégation allemande ».

M. Clemenceau déclare :

« La séance est ouverte ».

Et, debout, le président du conseil français, président de la Conférence de la paix, prononce l'allocution suivante :

« Ce ne peut être ni le temps, ni le lieu des paroles superflues. Vous avez devant vous les représentants accrédités des petites et grandes puissances alliées et associées, qui ont poursuivi sans relâche, pendant plus de quatre années, la guerre impitoyable qui leur fut imposée.

L'heure du lourd règlement de comptes est venue. Vous avez demandé la paix. Nous sommes en disposition de vous l'accorder.

Ce volume, que va vous remettre M. le secrétaire général de la conférence, vous dira quelles conditions nous avons déterminées. Pour étudier ce texte, toutes facilités vous seront nécessairement accordées, sans parler des procédures de courtoisie qui sont d'usage chez tous les peuples civilisés.

Pour vous faire connaître l'autre aspect de ma pensée, je dois nécessairement ajouter que cette seconde paix de Versailles, qui va faire l'objet de nos débats, a été trop chèrement achetée par les peuples représentés ici pour que nous ne soyons pas unanimement résolus à obtenir par tous les moyens en notre pouvoir toutes les satisfactions légitimes qui nous sont dues. »

4. — La vie dans les régions occupées.

A. — *Une période de l'occupation allemande* (Laon, *10 septembre-10 décembre 1917*).

« Il est impossible de donner, en un court résumé, une idée complète de la vie de la population française dans la région occupée, mais certaines périodes ont comme « ramassé » les traits distinctifs de l'occupation. Nous relaterons, sans commentaires, telle que la vécurent les habitants de Laon une de ces périodes, celle qui s'étend du 15 septembre au 10 décembre 1917 et qui encadre l'attaque et la prise du fort de la Malmaison par les troupes françaises.

Il suffit de consulter une carte pour constater que Laon se trouvait dans la partie la plus avancée d'une courbe des lignes allemandes menaçant directement Paris. La situation de la ville sur une hauteur isolée permettait à ses habitants de surveiller la plaine vers Marle et Guise au nord, vers le Chemin des Dames, tout proche, au sud ; d'avoir vue sur la route de Reims et la direction de Tergnier ; d'entendre toutes les canonnades de la Champagne et de la Somme ; de suivre du regard les avances et les reculs des ballons observateurs français et allemands, qui s'échelonnaient face à face, entre Anizy et Craonne. C'est dire que tous les événements d'un front très étendu avaient pour eux une réalité plus nette et plus grande peut-être que partout ailleurs ; que chaque jour leur apportait une crainte, une illusion, un espoir... que chaque nuit, en s'illuminant des fusées et des éclats d'obus, sur les collines proches, les tenait dans l'angoisse de la lutte voisine.

Les mois d'août et de septembre 1917 furent des mois calmes ; la lutte s'était portée ailleurs. Après la grande espérance de ces jours d'avril, où chacun croyait distinguer sur les crêtes des silhouettes françaises, la population s'était résignée à attendre, à concentrer ses forces. La situation de ces quelques semaines se reflète très exactement dans les affiches de la commandanture allemande. On y sent la mise en coupe réglée d'un pays et aussi les difficultés matérielles avec lesquelles l'occupant se trouve aux prises. On devine les sentiments d'humiliation et aussi d'ironie et d'espoir qui agitent les cœurs français.

Voici quelques-unes de ces affiches :

Le 12 août :

Commandanture des étapes.

ORDRE.

La population devra déclarer avant le 17 août à la mairie toutes les quantités de *fil à coudre et à repriser.*

Toute non-déclaration ou dissimulation sera punie d'une amende de 30 marks ou de trente jours de prison.

La commandanture :
Signé : MAERKER.

Toute une série d'affiches semblables sont apposées :

Le 29 août, déclaration obligatoire de « toutes les quantités de ganses balayeuses, galons, soutaches, passepoils, rubans de coton et de toile ».

Signé : BARON DE BERLEPSCH.

Le 12 septembre : « toutes les calandres à linge ».

Le 5 octobre : « tous les fers non utilisés et ferrailles se trouvant dans les maisons et caves».

A la même date : « tous les sacs qui se trouvent encore aux mains de la population ».

Signé : MAERKER.

Entre temps, les Laonnois peuvent lire, le matin du 18 septembre :

Commandanture des étapes.

ORDRE.

Il est interdit de pénétrer dans les champs pour y glaner des pommes de terre.

Les contraventions seront punies.

La commandanture :
Signé : MAERKER.

et le 20 septembre :

Commandanture des étapes.

ORDRE.

A partir du 21 septembre 1917, la circulation des habitants à l'intérieur du district de la commandanture des étapes de Laon n'est plus permise que jusque neuf heures du soir (heure allemande), huit heures française.

La commandanture :
Signé : MAERKER.

Une autre affiche règle la circulation des marks, une autre encore la livraison des objets réquisitionnés précédemment. Enfin, le 9 octobre, un ordre nouveau met en émoi toute la population.

Commandanture des étapes.

ORDRE.

Tous les chefs de famille devront remettre jusqu'au 11 octobre 1917 à la mairie, un état des locaux occupés par eux, et ce, conformément au modèle ci-dessous et en deux exemplaires.

Toute non-déclaration ou faux renseignements seront punis de jusque 500 marks d'amende ou d'une détention correspondante.

Modèle.

État des locaux occupés...
Par la famille...
Rue...   No

NOMBRE DE PERSONNES ADULTES.		NOMBRE DE PERSONNES NON ADULTES (moins de 14 ans).		NOMBRE DE PIÈCES.	NOMBRE TOTAL DES LITS.	OBSERVATIONS à remplir par la commandanture.
Masculines.	Féminines.	Masculines.	Féminines.			

La commandanture :
Signé : MAERKER

Presque aussitôt ordre est donné d'afficher, bien en vue, sur chaque porte, la même liste ci-dessus. Et chacun se demande quel passage ou quel séjour de troupes va se préparer, quel mouvement s'est produit sur le front, quels événements peuvent être attendus. Vers le 21 octobre, un nouvel ordre accroît l'attention générale.

Commandanture des étapes.

Avis.

Toutes les personnes qui désirent être évacuées chez leurs familles ou des amis à l'arrière de l'étape peuvent se faire inscrire à la mairie jusqu'au 23 octobre 1917.

Toutefois :

1º Seules les personnes inaptes au travail pourront être évacuées ;

2º Les familles ne pourront être séparées (par exemple une famille se composant de personnes aptes et inaptes au travail ne pourra être évacuée).

Sous la désignation *inaptes au travail*, la commandanture ne comprend que toutes les personnes de moins de quatorze ans et de plus de soixante-cinq ans, les malades, infirmes, ainsi que les mères de plusieurs enfants.

La commandanture :
Signé : Maerker.

Mais déjà le canon tonne : les Laonnois, depuis plusieurs nuits, suivent avec anxiété, mais en dédaignant l'abri des caves, le passage des avions français qui survolent la vieille cité et bombardent la gare. Ils sont à peine étonnés de lire le 28 octobre :

Commandanture de Laon.

Avis.

Le haut commandement s'est déclaré prêt à transporter à l'arrière des titres ou objets de valeur.

Ceux-ci peuvent être déposés (en paquets scellés) jusqu'au 29 octobre 1917 à midi, à la mairie de Laon, contre un accusé de réception.

Pour les valeurs qui seront retenues à Laon, il ne sera pris aucune sorte de garantie.

La commandanture :
Signé : Von Bruning.

Un mouvement inusité bouleverse les « casinos », la commandanture qui change de logis, les maisons occupées par les officiers supérieurs ; une inquiétude se lit sur les visages ennemis, la route entre Urcel et Laon est sillonnée de trous d'obus, des troupes allemandes refluent en désordre, se débarrassent de leurs sacs, s'éparpillent... La population française, à qui il est interdit de circuler sur les remparts d'où elle s'efforce de suivre les combats, sent monter en elle l'angoisse des évacuations et l'espoir ardent d'une fin prochaine ; une fièvre spéciale soutient les plus débilités ; tout l'être est tendu vers l'attente, dans une sorte de préparation intérieure à tout événement.

Le 24 octobre 1917, l'évacuation des faubourgs est décidée. Nous pouvons donner quelques précisions sur ce que fut cette évacuation. Le même jour, l'institutrice de Leuilly avait envoyé à Laon une jeune fille qui nous avait apporté de ses nouvelles. Cette jeune fille venait d'entendre une personne qui descendait dans les faubourgs du sud, parler d'évacuation, mais elle n'en croyait rien. En arrivant à Leuilly vers 4 heures, à la tombée de la nuit, elle apprit que des gardes circulaient dans le pays et transmettait directement l'ordre formel : « Faire ses paquets, se charger, au lever du jour, de ce que chacun pouvait transporter *par ses propres moyens* et se trouver à 10 heures (heure allemande) à la gare d'Athies-sous-Laon, à 6 ou 8 kilomètres de là. »

Ce que peut être la nuit qui précède un tel départ, avec la douleur de choisir parmi les témoins de son passé, de devoir préférer les provisions et le linge à tous les chers souvenirs, de détruire, pour qu'ils ne soient pas souillés par des mains ennemies, les parures des aïeules, les lettres, les photographies des morts bien aimés, rien ne peut l'exprimer !

Et le matin les habitants, traînant leurs humbles colis sur des brouettes, des voitures d'enfants, des traîneaux improvisés, s'en allèrent sur les routes boueuses et défoncées par les camions. Les enfants suivaient, chargés aussi de lourds paquets que plusieurs durent abandonner. Des amis accourus assistaient impuissants: des habitants de Leuilly, réfugiés à Laon, furent obligés de se joindre aux évacués et, avertis au dernier moment, partirent presque démunis de tout... A la gare d'Athies, les malheureux, sans sièges, sans abri, attendirent jusqu'à une heure la formation du train qui les emmenait vers le nord. Et leur calvaire commençait seulement.

Ardon, Semilly, La Neuville partirent cette même semaine. Laon se prépara...

Cependant les temporisations fermement habiles du maire reculaient l'évacuation de la ville ; le canon cessait de se faire entendre. L'attente et l'espoir se prolongeaient soutenus par une nouvelle affiche.

9 novembre 1917.

Commandanture de place.

Avis.

La population est informée que les objets artistiques ou de valeur se trouvant encore en sa possession et dont elle désire l'expédition à Valenciennes, de façon à les protéger du feu d'artillerie ou autres dangers en cas d'un bombardement éventuel, peuvent être déclarés à la mairie jusqu'au dimanche 11 novembre courant.

Un officier chargé par le haut commandement de l'expédition de ces objets ira ensuite dans les diverses maisons, naturellement avec l'autorisation des habitants, pour se rendre compte de leur valeur artistique.

La commandanture:

Signé : Von Bruning.

Mais toutes les chances de délivrance s'éloignaient ; les Allemands massèrent des troupes et les Français n'attaquèrent plus. La fièvre prolongée usait les énergies ; dans une sorte de cauchemar, les Laonnois purent lire :

Le 15 novembre, que « les matières premières et autres objets d'utilité de guerre sur le territoire français devaient être intégralement livrés avant le 20 courant... (affiche signée A. B., leutnant et adjudant).

Le 24, « qu'il était interdit de se livrer à n'importe quelle vente de produits de l'industrie textile, de vêtements et de lingerie, même provenant d'*habitants évacués* ». (Affiche signée VON BRUNING).

Et le 25 que, « par jugement rendu par le conseil de guerre en date du 12 novembre 1917, les personnes sous-nommées, résidant à Pouilly-sur-Serre, qui n'ont pas livré à l'autorité allemande des pigeons voyageurs jetés derrière les lignes par des aviateurs français et qui, de plus, les ont fait envoler, ou ont eu connaissance de ces faits et ne les ont pas déclarés

Ont encouru les peines suivantes...

Duménil Ernest, pour avoir lâché des pigeons à quatre reprises différentes : huit ans de réclusion.

Les peines variaient de un à huit ans de réclusion; les condamnés étaient au nombre de huit. L'affiche était signée :

Quartier général de l'armée.
Pour le général commandant en chef :
WICHURA,
General der Infanterie.

C'était les derniers échos du combat. Les communiqués français reproduits par la *Gazette des Ardennes* laissaient comprendre que les troupes s'étaient emparées du fort de la Malmaison, mais ne faisaient pas présager une attaque plus étendue ; les affiches « ménagères » réapparaissaient. Le 6 décembre, la population, déçue dans son espoir, brisée dans son grand effort stoïque, était avisée que :

ORDRE.

La population civile devra livrer pour le 8 décembre, à 12 heures (heure allemande), au magasin de la commandanture, rue Méchain, 14, tous les poêles et tuyaux inutilisés.

Les heures de livraison sont :

Le 7 décembre, de 2 à 6 heures du soir.

Le 8 décembre, de 8 à 12 heures du matin.

La commandanture :
Signé : VON BRUNING.

L'occupation se prolongeait.

Elle ne devait cesser qu'un an plus tard, le 13 octobre 1918. »

Mlle MOUFLARD,
Inspectrice des écoles maternelles de la Seine, à Laon pendant l'occupation.

B. — *La vie à* Lille *sous la domination allemande.*

« Le 26 octobre courant, notre commission s'est transportée à Lille et à Douai.

L'ennemi, en se retirant de Lille, ne s'est pas livré à ses actes de dévastation coutumiers. Les seules destructions que nous ayons pu constater remontent à une époque plus éloignée. En 1914, les Allemands avaient incendié un certain nombre d'immeubles, et, au cours de l'occupation, ils avaient méthodiquement ravagé les usines de la ville et des faubourgs, brisant le matériel, emportant les métaux et arrêtant ainsi, pour de longues années, toute activité industrielle dans la région. S'il n'a pas été organisé, comme ailleurs, de grands pillages systématiques, les larcins n'en ont pas moins été continuels. Les chefs ne se gênaient pas pour s'approprier ce qui tentait leur convoitise et donner à qui leur plaisait des objets soustraits par eux dans les maisons où ils s'étaient installés. Lorsqu'une plainte ou une réclamation se produisait, l'autorité supérieure répondait que les officiers devaient être considérés comme propriétaires de ce qui garnissait leurs logements, et que, dès lors, les personnes en faveur desquelles ils en disposaient n'étaient pas coupables de recel.

La population a d'ailleurs été molestée et pressurée de toutes les manières. La ville a dû payer, sous forme de contributions et d'amendes, une somme otale de 184 000 000 de francs, solder jusqu'à concurrence de 9 792 000 francs les travaux et les fournitures commandés par les Allemands, et verser 6 000 598 francs à titre de frais de logement et de chauffage des troupes.

Le musée n'a pas été épargné. Le 17 octobre 1914, deux officiers, après avoir brisé d'un coup de pommeau de sabre la vitrine d'une collection numismatique, se sont emparés de toutes les pièces qu'elle contenait, ainsi que de dix-neuf miniatures. Le conservateur, à la suite d'énergiques protestations, obtint la restitution des objets dérobés; mais il y manquait plusieurs médailles et deux miniatures. Depuis mai 1917 jusqu'à octobre 1918, sur indications d'un fonctionnaire allemand de l'administration des beaux-arts, 481 tableaux, 1 550 dessins environ, 3 autographes et plus de 500 objets d'art ont été pris, contre reçu.

Mais il est surtout un crime qui a laissé dans la mémoire des habitants une impression d'horreur et d'indignation ineffaçable : c'est, plusieurs fois renouvelé, dans des conditions de cruauté inouïes, l'enlèvement d'une partie de la population, notamment de jeunes gens, de femmes et de jeunes filles qui, réduits en un véritable esclavage, furent astreints, souvent dans une promiscuité révoltante, au travail le plus pénible, sous la menace et sous les coups.

Contrairement au droit des gens, les jeunes hommes emmenés en servitude devaient, à proximité du front et en continuel danger de mort, creuser des tranchées ou disposer des fils de fer barbelés. Ceux qui osaient se refuser à travailler ainsi contre leur patrie étaient privés de nourriture et frappés avec la dernière violence. Il en est même qui furent exposés presque nus aux rayons d'un soleil brûlant, puis brusquement plongés dans l'humidité d'un lieu clos.

Les évacuations de civils ont été nombreuses. Les dernières auxquelles il a été procédé, quelques jours avant la retraite allemande, ont porté sur plusieurs milliers d'hommes et de jeunes gens, notamment sur des étudiants et des élèves des grandes écoles ; mais les plus cruelles et les plus atroces ont été effectuées en avril 1916. Conçues et organisées par le quartier-maître général Zöllner, elles ont, suivant l'expression du recteur de l'Académie de Lille, déshonoré pour toujours la nation qui n'a pas reculé devant une pareille infamie.

Des travailleurs volontaires avaient été demandés par voie d'affiches. Cet appel n'ayant pas été entendu, l'autorité militaire décida d'agir par voie de réquisition forcée ; et, dans la crainte que les hommes de Landsturm qui occupaient la ville manquassent de fermeté, elle fit venir un régiment plus sûr, le 64e d'infanterie poméranien.

La veille de l'opération, des placards enjoignent aux habitants de ne pas sortir de chez eux et de se disposer au départ. Le 23 avril, dès 2 heures du matin, les rues sont barrées par des mitrailleuses ; des officiers et des soldats pénètrent dans les maisons, consultent la feuille de recensement de chaque immeuble, et choisissent les victimes, auxquelles ils n'accordent que quelques instants pour préparer, sous la garde de sentinelles, les paquets qu'elles devront porter à la main. Pendant plusieurs jours, malgré les larmes et les supplications des familles, femmes et jeunes gens sont poussés vers des écoles ou des fabriques, d'où, après une attente plus ou moins longue, on les conduira dans les gares. Les parents qui essaient d'embrasser une dernière fois leur enfant ou tentent de fléchir les exécuteurs sont brutalement repoussés, sous la crosse des soudards ou sous la cravache des chefs. Il se passe alors des scènes indescriptibles. « Dussé-je vivre cent ans, je ne les oublierai jamais », nous a dit M. Langlois, directeur du comité d'alimentation, qui, sur les quais de la gare des marchandises de Fives, s'efforçait de ravitailler les prisonniers.

C'est, en effet, dans ce quartier de Fives, où il a commencé, que l'enlèvement a eu le caractère le plus odieux. Tandis qu'une musique militaire se faisait entendre, des officiers buvaient le champagne dans un poste de police, près du lieu de rassemblement vers lequel étaient traînées les malheureuses désignées pour l'exil.

Après un pénible voyage en chemin de fer, dans des wagons à bestiaux, et un trajet plus ou moins long à pied sur les routes, les évacuées ont été réparties dans divers villages de l'Aisne ou des Ardennes, où beaucoup ont dû, pendant des semaines, coucher sur la paille, dans des maisons démunies de vitres, de portes ou même de toitures. Plus tard, quand elles furent logées moins misérablement, elles eurent encore à se défendre contre les sollicitations des soldats et des officiers qui s'introduisaient parfois auprès d'elles pendant la nuit ; quelques-unes durent se sauver en chemise et pieds nus pour se mettre en quête d'une protection. Le travail des champs auquel on les astreignait était fort dur ; et pour qu'aucune honte ne leur fût épargnée, presque toutes, sans distinction de moralité ni d'éducation, eurent à subir, dans des conditions d'inconcevable brutalité, les visites médicales les plus humiliantes.

Ces abominables enlèvements n'avaient pas lieu seulement à Lille, où ils provoquaient les courageuses protestations du maire, M. Delesalle, et où l'évêque, Mgr Charost, écrivait au général von Graevenitz : « Disloquer la famille, en arrachant des adolescents, des jeunes filles à leur foyer, ce n'est plus la guerre ; c'est pour nous la torture, la pire des tortures, la torture morale indéfinie ». A Tourcoing, le 31 mai 1917, six mois après le retour des prisonnières déportées en avril 1916, la Kommandantur invitait le maire, M. le sénateur Dron, à en désigner un certain nombre pour être interrogées,

Sur le refus qu'on lui opposa, elle en requit elle-même soixante de comparaître le lendemain à l'hôtel de ville dans la salle du conseil municipal, à 10 heures du matin. En présence du maire, du secrétaire de la mairie et de plusieurs notables, le commandant Freiherr von Tessin, assisté du capitaine Burgstummer, leur adressa, sur le traitement dont elles avaient été l'objet pendant leur captivité, des questions auxquelles il fut répondu avec beaucoup d'indépendance ; puis il les congédia en leur ordonnant de revenir à 4 heures de l'après-midi. A ce moment, le commandant leur présenta des feuilles de papier blanc, au bas desquelles il leur demanda d'apposer leur signature. Aucune d'elles n'y ayant consenti, il entra dans une violente colère, les menaça de la prison et fit appeler trente policiers, armés de revolvers et accompagnés de gros chiens. Terrorisées, treize femmes signèrent. Les quarante-sept autres, indignement brutalisées, furent aussitôt conduites dans le sous-sol d'une fabrique et y demeurèrent enfermées pendant quinze jours, privées d'air et de lumière et ne pouvant sortir sous aucun prétexte.

Dans des communiqués radiotélégraphiques, les Allemands ont prétendu n'avoir évacué que des « sans travail », dans l'intérêt même d'une population difficile à ravitailler. C'est absolument inexact. Il est hors de doute qu'ils ont déporté des personnes de toutes les conditions sociales. Nous avons reçu, sur ce point, le témoignage de jeunes femmes qui n'étaient certes pas des chômeuses. L'envahisseur s'est efforcé d'ailleurs, par tous les moyens, d'échapper à la responsabilité de ses crimes. Le 16 de ce mois, veille du départ des troupes d'occupation, un officier amenait au commissariat central de police de Lille une femme qu'il venait d'arrêter et demandait au commissaire un certificat constatant qu'elle avait commis un acte de pillage. D'après ses déclarations, ce certificat devait contribuer à établir aux yeux du président Wilson que les vols imputés aux Allemands étaient, en réalité, commis par des Français. Après une enquête sommaire, l'accusation fut reconnue de tous points mensongère.

Si les Allemands traitaient avec tant de cruauté des gens paisibles et inoffensifs, comment s'étonner de la rigueur impitoyable avec laquelle ils frappaient ceux à qui ils croyaient avoir à reprocher quelque infraction à leurs ordres ou quelque initiative inspirée par un patriotisme qu'ils ne pouvaient tolérer? Quatre excellents citoyens, trois Français et un Belge, MM. Jacquet, Deconinck, Verhulst et Maertens, secouraient des soldats restés à Lille au début de l'occupation et leur fournissaient les moyens de partir pour la Hollande. Dénoncés par un traître, ils furent traduits, le 17 septembre 1915, devant un conseil de guerre qui les condamna à la peine de mort, bien que, l'accusation d'espionnage ayant été abandonnée, le seul fait de complicité d'évasion eût été retenu, et bien qu'aucune preuve sérieuse n'eût été relevée par l'instruction à la charge de Maertens.

Le gouverneur von Heinrich, ne voulant pas permettre qu'un recours en grâce pût parvenir en temps utile jusqu'à l'empereur, fit exécuter la sentence le 22 septembre, à 6 heures du matin. Avant de marcher au supplice, Jacquet écrivit, pour son ami, M. Dumont, la lettre suivante, qu'il signa avec ses trois compagnons :

« 22 septembre 1915, 6 heures du matin.

« Mes chers amis, camarades,

Nous voilà au but. Dans quelques instants nous serons fusillés. Nous allons mourir bravement, en bons Français, en brave Belge, debout, les yeux non bandés, les mains libres.

Adieu à tous et courage !

Vive la République ! Vive la France ! »

M. Maertens ayant réclamé l'assistance d'un prêtre, M. l'abbé Delcambre, vicaire de la paroisse Saint-Michel, se présenta à la citadelle, où devait se faire l'exécution. Comme il demandait son chemin pour se rendre auprès du condamné, les soldats, dont l'attitude fut ignoble, l'accueillirent en ricanant et en criant : « kapout ! » Il put néanmoins parvenir, au bout d'un quart d'heure, au lieu du supplice, alors que les hommes du peloton avaient déjà le genou en terre. Sur l'insistance de Maertens, qui l'avait aperçu, un officier lui permit de s'approcher et de remplir son ministère. Le prêtre, après avoir reçu la suprême confession de celui qui l'avait appelé et lui avoir donné la communion, adressa un mot d'adieu aux trois autres. Tous le remercièrent avec un calme qui le frappa d'admiration et, au moment de tomber, poussèrent le cri de : « Vive la France ! »

(Rapport de la Commission instituée en vue de constater les actes commis par l'ennemi, en violation du droit des gens.)

C. — *Extrait d'une communication des Membres et Correspondants de l'Institut de France, de l'Académie de médecine et de l'Académie d'agriculture retenus à Lille pendant l'occupation allemande. (Procès-verbaux de l'Académie des sciences, séance du 28 octobre 1918.)*

« ... C'est au tribunal de l'histoire qu'il appartiendra d'apprécier l'utilité militaire de la destruction méthodique de toutes nos usines et de leur matériel, de l'enlèvement de nos machines, du pillage de nos propriétés privées, de la réquisition forcée de nos meubles, de nos matelas, de nos vêtements, de nos objets d'art, de nos ustensiles de ménage, de l'emprisonnement ou de la déportation d'une multitude de nos concitoyens pour simple refus de travailler pour l'armée allemande.

Mais il ne nous apparaît pas qu'on puisse excuser ou justifier des tortures cruellement et froidement infligées à toute une population sans défense, et nous estimons que ceux qui les ont ordonnées doivent en être rendus moralement et civilement responsables.

Parmi ces tortures, dont la simple énumération remplirait un volume, nous voulons surtout retenir ici quelques-unes de celles qui ont le plus violemment soulevé l'indignation publique et la nôtre.

La plus odieuse a été, pendant toute la semaine de Pâques 1916, l'enlèvement en masse d'environ 10 000 jeunes filles et jeunes femmes par le 64ᵉ régiment d'infanterie poméranien.

Successivement ou simultanément, tous les quartiers, toutes les rues de la ville de Lille furent barrés dès 2 heures du matin par des soldats en armes, avec mitrailleuses dans les carrefours. Dans chaque maison, un jeune officier ou sous-officier, accompagné de quelques hommes, pénétrait, examinait tous les habitants, qu'il faisait réunir dans une des chambres ou dans un vestibule, et désignait ceux qui devaient partir. Les victimes avaient une heure pour préparer un paquet de vêtements. Un soldat, baïonnette au canon, venait alors les prendre. Il les conduisait à un lieu de rassemblement et, de là, à la gare. Elles furent ensuite réparties par groupes dans quelques localités des départements de l'Aisne, des Ardennes ou de la Meuse et, sous la garde constante de soldats en armes, traitées comme du bétail ; soumises, sans aucun ménagement, à d'impudiques et ignominieuses visites sanitaires ; contraintes à des travaux agricoles profitant surtout à l'armée allemande, qui s'appropriait la presque totalité des récoltes. Ni les prières des familles, ni les supplications et les larmes des mères, ni les réclamations adressées par la suite à l'autorité allemande, ne purent empêcher ou atténuer l'exécution des ordres donnés par le quartier-maître général Zöllner. Ce général, dont le nom doit être voué à l'exécration des peuples, fut l'inspirateur ou l'ordonnateur de presque toutes les persécutions cruelles subies par les malheureux habitants des territoires français occupés. Il fut d'ailleurs très activement secondé dans son œuvre odieuse par un officier spécialement chargé des services de police et d'espionnage à Lille, le capitaine Himmel (*alias* libraire à Berlin), qui, pendant les quatre années de son séjour au milieu de nous, ne semble pas avoir poursuivi d'autre tâche que celle qui consistait à nous infliger les plus douloureuses tortures et les plus révoltantes humiliations.

C'est ainsi que, sans le moindre égard pour nos personnes, ni pour nos institutions scientifiques, ni pour nos familles, nous avons été, à plusieurs reprises, l'objet de perquisitions domiciliaires aussi complètes et outrageantes qu'on peut les imaginer. Au cours de l'une de ces perquisitions, l'un de nous fut immobilisé pendant deux heures dans un coin de vestibule, gardé par un factionnaire en armes qui avait ordre de ne lui laisser faire aucun mouvement. Nos appareils scientifiques, nos machines, nos instruments ne furent même pas respectés, et nos collègues de la Faculté de médecine ont été brutalement expulsés en quelques heures de leurs laboratoires, avec leurs collections, pour faire place à des bureaux.

Un autre d'entre nous, sous prétexte qu'il n'avait pas spontanément livré à la police militaire quelques appareils appartenant au service des manufactures de l'État français, appareils dont l'intendance allemande lui avait d'ailleurs antérieurement laissé la garde, a dû subir pendant une semaine entière des violences analogues et, après avoir été dépouillé de ses objets personnels les plus précieux, s'est vu frapper d'une amende de 100 marks ou de cent quatre-vingts jours d'emprisonnement !

Et que dire des abominables traitements infligés sous nos yeux à tant de malheureux, simplement suspects de ne pas avoir obéi avec assez d'empressement aux ordres de l'autorité allemande ? Que dire surtout de l'atroce cruauté avec laquelle presque tous nos enfants de quatorze à dix-huit ans

ont été arrachés à leurs familles et éloignés des écoles pour aller, en même
temps qu'un grand nombre de vieillards de soixante à soixante-cinq ans,
former, sur la ligne de feu, des bataillons de travailleurs? Roués de coups,
affamés quand ils se refusaient à obéir, on les obligeait à creuser des abris
souterrains, à faire des routes, à transporter des munitions. Le nombre
est immense de ces pauvres enfants et de ces pauvres vieux, que nous n'avons
plus revus, ou dont la santé est irrémédiablement compromise !

Enfin, sous prétexte de représailles à exercer contre le gouvernement
français, parce que 72 fonctionnaires allemands d'Alsace-Lorraine étaient
soi-disant indûment retenus en France, nous eûmes la douleur de voir
emmener en captivité comme otages 1 000 de nos concitoyens, dont
600 hommes et 400 femmes, choisis parmi les personnalités les plus mar-
quantes ou les plus utiles de la région du Nord occupée : grands industriels,
prêtres, doyens ou professeurs de nos facultés, femmes de plusieurs d'entre
nous, sans considération pour leur âge ni pour leur état de santé.

Les 6 et 12 janvier 1918, par un froid rigoureux de plein hiver, les hommes
furent transportés en Pologne, les dames au camp d'internement d'Holzminden, dans le Brunswick.

Après un voyage extrêmement pénible, qui dura huit jours et huit nuits
en chemin de fer, nos malheureux concitoyens, épuisés de fatigue, furent
répartis dans deux localités voisines de Vilna et soumis d'abord, pendant
quarante jours, à un régime dit de « représailles ». Ils eurent à supporter
les plus atroces souffrances. Entassés dans une sorte de grange, couchant
tout habillés sur des paillasses de fibre de bois superposées en trois étages,
si étroites et si rapprochées qu'il leur était impossible de se retourner ou de
s'asseoir, astreints pendant le jour aux travaux les plus pénibles et les plus
dégradants, dévorés de vermine, privés d'eau potable, n'ayant pour toute nourriture qu'une soupe de choux-raves ou d'orge, privés de tout envoi de France
et de toute correspondance avec leur famille, sans médecin, sans médica-
ments, ils n'avaient aucune possibilité de se plaindre, car l'officier qui les
surveillait avait une âme de bourreau. Vingt-cinq d'entre eux moururent
dès les premières semaines, entre autres le professeur Buisine, directeur de
l'Institut de chimie de la Faculté des sciences de Lille. Cet infortuné collègue, âgé de soixante-deux ans, souffrait depuis longtemps d'intermit-
tences cardiaques et d'un rétrécissement de l'œsophage ; sa femme crut
devoir attirer sur son état l'attention du médecin-major allemand qui examinait les partants. Ce médecin-major (Dr Krug) répondit : « Madame, ça
n'est pas contagieux pour l'armée allemande. »

Nos malheureuses compagnes, transportées à Holzminden, n'eurent pas
beaucoup moins à souffrir de l'atroce cruauté allemande. Elles durent faire
d'abord en pleine nuit, dans la neige, à pied, le trajet de 3 kilomètres qui
sépare la gare du camp d'internement. Ensuite on les enferma pendant
deux jours, sans feu, sans couvertures, dans une baraque commune où elles
durent coucher tout habillées sur des paillasses de fibre de bois. On leur
fit subir une fouille complète après les avoir déshabillées et on les répartit
finalement par groupes dans des chambrées étroites garnies de lits de camp
superposés en étagères, sans autres meubles que des petits bancs de bois.
Elles durent vivre ainsi dans les conditions hygiéniques, matérielles et
morales les plus pénibles, pendant plus de six mois, astreintes, comme des

condamnées de droit commun, à des appels quotidiens et à des revues de détail, privées de toute possibilité de correspondre avec leurs maris ou leurs enfants restés en France occupée... »

D. — *Sévices exercés contre les personnes systématiquement et par ordre.*

« *Travaux*. — Dès l'installation de la Kommandantur, les habitants de Sissonne ont été soumis au travail forcé, quel que fût leur âge ou leur sexe. Les hommes ont généralement été employés à leur métier ; mais c'est vis-à-vis des faibles, femmes et enfants, que l'autorité militaire allemande s'est montrée le plus odieuse.

Les femmes, particulièrement les jeunes filles et les jeunes femmes dont les maris étaient mobilisés, ont été employées aux plus durs travaux. Elles ont dû faire la moisson et la récolte des pommes de terre et des rutabagas, même quand ce n'était pas leur métier, puis ramasser et mettre en bottes les chardons, cueillir les orties, balayer la neige, racler la boue. On leur a fait, par un hiver rigoureux, abattre les arbres énormes du parc de Fleurival, puis brûler les menues branches sur place, alors que la population était privée de combustible, jusqu'au moment où les surveillants se sont aperçus qu'elles se chauffaient à ces foyers et les ont supprimés. On les a employées à décharger des rails, à transporter des pierres dans une carrière. On les a conduites à Saint-Erme où, par un temps de neige et sous le feu de l'artillerie française, elles ont dû faire une route en enlevant les pierres des murs en ruines, sans outils. Et cela, par tous les temps, tous les jours de la semaine, quel que fût leur état de santé, sans manteau et parfois sans chaussures.

Ce travail, agrémenté d'amendes de 10 ou 20 marks, de gifles, de coups de bâton, n'admettait d'exemptions que selon les caprices de la Kommandantur et de ses agents. Aucune objection, aucune résistance n'était possible. Un jour qu'un groupe de jeunes filles refusait d'aller travailler sous les obus, un gendarme a lancé son chien contre elles et, pour n'avoir pas voulu scier des arbres, travail qu'elle estimait au-dessus de ses forces, Mlle Claire Hauet s'est vu infliger des amendes, puis condamner à la prison ; et, sa peine finie, elle a été mise en colonne et envoyée à Marle dans une limonaderie, d'où elle n'est pas revenue.

C'est à partir de quatorze ans que les jeunes filles étaient affectées à ces équipes. Mais les enfants de huit à treize ans n'ont pas été exempts de corvées. Se souvenant sans doute que l'instituteur allemand avait été l'artisan de leurs victoires de 1870, les commandants de Sissonne ont voulu entraver autant que possible l'instruction des enfants de la commune, et ils les ont obligés à délaisser l'école pour ramasser des glands et des faînes, couper des orties, dans des conditions minutieusement réglementées, écheniller les choux, échardonner les avoines et recueillir les feuilles mortes pour faire de la litière à leurs chevaux. »

(Rapport de la Commission d'enquête.)

5. — Les régions dévastées.

A. — *Destruction de la cathédrale de Reims.*

« Un des crimes allemands contre les monuments religieux ou artistiques qui ont le plus ému le monde, c'est l'incendie et le bombardement de la cathédrale de Reims.

Le samedi 19 septembre 1914, vers 4 heures de l'après-midi, les batteries allemandes dirigent leur tir sur la cathédrale. Un obus incendiaire met le feu à l'échafaudage qui enveloppait la tour nord, alors en réparation ; d'autres projectiles atteignent l'édifice et allument d'autres foyers. En l'espace d'une heure, la merveilleuse charpente en chêne de la fin du XVe siècle, les hautes lames de plomb de la toiture, l'élégant clocher à l'Ange, le pavillon de l'horloge et le carillon qui chantait à chaque heure l'hymne du temps liturgique, les huit cloches de la tour nord qui composaient la célèbre *Gamme des Cauchois*, le Sagittaire qui couronnait la façade sud, s'effondrent dans les flammes.

A la façade principale, sous l'ardeur de l'incendie, les pierres se calcinent et éclatent, les sculptures s'effritent ; la statue de la Vierge à l'Enfant, adossée au trumeau de la porte du milieu ; le groupe du Christ couronnant sa mère, chef-d'œuvre qui décore le fronton ; le Combat de David et de Goliath, sous la Galerie des Rois, sont mutilés et ravagés. Les statuettes qui ornent les voussures de la grande rose sont en grande partie rongées par le feu ; la moitié de la balustrade du *Gloria laus* est renversée ; la célèbre statue de la Reine de Saba est décapitée, le reste du corps affreusement dégradé.

Au portail de la tour nord, les merveilleuses statues qui décoraient les ébrasements sont mutilées, et éclatent par larges écailles ; plusieurs, et parmi elles l'Ange de Saint-Nicaise, si connu sous le nom du « Sourire de Reims », sont décapitées ; d'autres sont réduites à l'état de blocs informes, pareils à des fuseaux de pierre qui sortiraient tout bruts de la carrière. Le drame de la Crucifixion qui ornait le gâble est horriblement ravagé ; les scènes de la Passion qui se déroulaient dans les voussures du portail sont en grande partie calcinées.

Tout l'ensemble de la tour jusqu'à l'étage supérieur est rongé par le feu et dans un état de dégradation navrant.

Plusieurs des élégantes colonnettes des tourelles qui flanquent les quatre angles de la tour à l'étage des cloches ont été brisées par les obus.

Sur le pourtour de la cathédrale, les murs sont criblés de meurtrissures qui forment des taches blanchâtres fort déplaisantes à l'œil sur le fond sombre des murs noircis par le temps.

Les pierres des murs de la grande nef sont, au-dessus des bas-côtés, calcinées par l'incendie de la charpente des basses nefs.

A l'intérieur, les portes massives, avec leurs tambours sculptés du XVIIIe siècle, et le magnifique tapis du sacre de Charles X, qui s'y trouvait roulé, sont la proie des flammes.

Les galeries de statues qui encadraient les portes des bas-côtés, à l'intérieur, sur le revers du mur de façade, sont effritées et détruites.

Les bases des colonnes, des nefs et leurs moulures sont calcinées ; de même les degrés des escaliers et les parois intérieures des tours, où les flammes s'engouffraient avec violence.

Enfin les merveilleux vitraux du XIIIe et du XIVe siècle sont en grand nombre complètement détruits, d'autres criblés, déchirés, tous sont plus ou moins endommagés. La grande rose a perdu la moitié de ses verres ; la splendide galerie de verrières qui s'étendait au-dessous est détruite.

Bien des fois encore, après le 19 septembre, les projectiles allemands vinrent frapper l'illustre et vénérable monument, perçant les voûtes, ébréchant les colonnettes, décapitant les pinacles, mutilant les statues, renversant les hautes galeries, labourant les murs d'innombrables écorchures.

Du 16 au 24 avril 1917, en six séances de bombardement, environ 70 obus de gros calibre, dont beaucoup de 305 et de 380, furent lancés sur la basilique ; les voûtes du sanctuaire et du transept sud s'effondrèrent, le maître-autel et les fonts baptismaux disparurent sous des montagnes de décombres.

Enfin, en 1918, les batteries ennemies atteignirent la façade principale de l'édifice et brisèrent une des tourelles qui flanquent la tour nord à son étage supérieur. La statue du Beau Dieu fut décapitée, celle qui représentait l'Église mise en pièces.

Tel est, en résumé, et à grands traits, le bilan des blessures faites à la cathédrale de Reims ; à l'intérieur, comme à l'extérieur, l'aspect est lamentable.

Aucune raison d'ordre militaire ne peut justifier les dévastations dont la cathédrale a été la victime, et les Allemands en porteront tout seuls la responsabilité devant l'histoire. »

(D'après le cardinal Luçon, archevêque de Reims.)

B. — La destruction des usines dans le Nord.

« Les nouvelles constatations auxquelles nous venons de procéder nous permettent d'apporter des détails plus précis et plus complets sur l'œuvre de dévastation accomplie par l'ennemi dans la malheureuse région du Nord. Elles ont achevé de nous démontrer l'existence d'un plan soigneusement établi et méthodiquement exécuté pour exploiter sans ménagement une population terrorisée, pour empêcher le relèvement d'un pays privé de ses moyens de travail, pour mettre enfin l'industrie allemande, ainsi débarrassée de toute concurrence, en possession de nos matières premières, de nos machines et de nos métaux.

Dans les départements envahis, les Allemands se targuaient volontiers de faire ce qu'ils appelaient une guerre économique. L'expression n'est pas assez forte. Ce dont, en effet, nous avons vu les résultats lamentables, ce n'est pas le règlement par les armes d'un différend entre deux nations : c'est une véritable entreprise de brigandage, à laquelle toute l'Allemagne a participé d'un même cœur, depuis les chefs suprêmes jusqu'aux simples soldats ; c'est, avec autant de brutalité, mais avec, en plus, l'organisation

et la discipline, la ruée antique vers la proie. Par la réduction des habitants
en servitude, par les menaces incessantes, les violences et les exécutions
qui tenaient sans répit les gens sous la terreur, par les réquisitions acca-
blantes, les perquisitions continuelles, le pillage des maisons et la destruction des usines, l'autorité militaire ennemie a poursuivi son but implaca-
blement, sans aucune considération de justice ou d'humanité.

A ce point de vue, la mise hors d'usage des établissements industriels
est particulièrement caractéristique. Les métiers, les appareils d'électricité,
les machines, les matières premières et la totalité des métaux ont été enlevés.
Ce qui ne pouvait être emporté était broyé sur place. A Lille, les Allemands
n'avaient épargné pendant leur occupation que l'usine de Wasquehal, qui
assurait l'éclairage public et la circulation des tramways. Avant leur départ,
ils en ont démoli une partie. Ils n'ont pas eu le temps de la faire sauter tout
entière. A Tourcoing, ils ont mis la main sur un stock énorme de laines,
saccagé les trois cinquièmes du matériel d'industrie et rendu le reste inu-
tilisable par l'enlèvement des courroies et la suppression de la force motrice.
La filature Motte a été ravagée en présence de l'un des associés de la maison.
A Cambrai, des prisonniers de guerre et des prisonniers civils ont dû briser
les machines sous la surveillance des soldats. »

(Rapport de la Commission d'enquête).

C. — *Procès-verbal de constat dressé, le 6 novembre 1918, à* Cambrai,
par la Commission d'enquête.

« L'an 1918, le mercredi 6 novembre, nous, membres de la Commission
instituée par décret du 23 septembre 1914,

Avons visité la ville de Cambrai.

La ville, dans son ensemble, présente le spectacle de la dévastation systématique et porte les traces d'un pillage général. Un grand nombre d'édifices et d'immeubles ont été plus ou moins endommagés par les bombardements. Beaucoup d'entre eux ont été totalement détruits par le feu ou par
les explosifs. Il est à remarquer que ces destructions totales comprennent
des groupes importants de maisons et forment des zones définies, évidemment choisies à dessein. L'aspect de la place d'Armes est à cet égard bien
significatif. Alors que, dans beaucoup d'autres parties de la ville, les car-
casses des maisons subsistent et que, malgré leurs murs crevés, leurs portes
défoncées, leurs fenêtres plus ou moins endommagées, on peut encore les
reconnaître et les identifier, tous les immeubles bordant la vaste place sont
pulvérisés au niveau du sol. L'hôtel de ville a été incendié ; mais les murs
des quatre façades sont restés debout. Nous avons pénétré dans les ruines
de l'édifice. C'est un amas de décombres sans nom. Les archives munici-
pales et judiciaires, qui avaient été déposées dans une cave au-dessous du
commissariat de police, ont été brûlées, en partie dans le sous-sol et en partie
dans la cour, où l'on en découvre des fragments rongés par les flammes et
complètement inutilisables. Dans l'ancienne salle des fêtes, on ne retrouve
plus rien que des cendres et les débris enchevêtrés d'une vingtaine de machines
à coudre, qui avaient été sans doute emmagasinées à cet endroit.

La cathédrale a beaucoup souffert des bombardements et l'accès en est rigoureusement interdit par les autorités britanniques, à cause du danger d'écroulement.

Le musée a été vidé par les Allemands. La bibliothèque communale, où se trouvaient des ouvrages précieux et « des manuscrits uniques au monde », a été également vidée. D'après les quelques habitants qu'on a revus depuis la reprise de la ville, un haut fonctionnaire allemand serait venu, à la fin de l'occupation, pour diriger l'évacuation des objets et documents de valeur.

Dans l'église Saint-Géry, où nous avons pénétré, le bombardement a fait d'importants ravages ; mais les traces du pillage sont encore très apparentes. Nous constatons notamment que, dans une chapelle à gauche du transept, chapelle de Notre-Dame des Victoires, le tabernacle a été forcé. La porte est enlevée et gît tordue sur l'autel. Tous les panneaux de bois à hauteur d'homme autour de la chapelle ont été brisés et, sous l'un d'eux, à gauche de l'autel, un coffre-fort dissimulé sous la boiserie a été fracturé ; la porte en a été défoncée, la serrure arrachée.

La chapelle à droite du transept présente à peu près le même aspect ; mais nous n'avons pu y procéder à des constatations aussi attentives, l'accès en étant interdit par des barrières de matériaux et de cordes.

Au maître-autel, la porte du tabernacle a été forcée. On relève parfaitement la trace de trois coups de pic. L'intérieur est vide.

Dans la sacristie, toutes les armoires ont été ouvertes ; il n'y reste rien ; les tiroirs sont à terre au milieu de débris de toute sorte. Un grand coffre-fort, dans le fond, près d'une fenêtre, a été éventré ; la porte a été découpée, la serrure pend, tordue, à la gauche du meuble. Les boiseries Louis XVI qui garnissaient la pièce et plusieurs portes d'armoires sculptées ont été enlevées.

Nous ne saurions décrire l'état dans lequel se présentent toutes les maisons de la ville. Une riche maison bourgeoise portant le n° 6 de la rue d'Inchy nous est signalée comme type. Dans toutes les pièces que nous parcourons successivement, ce ne sont que meubles bouleversés, fauteuils et chaises éventrés et disloqués. Des tiroirs brisés, des débris de glaces, de porcelaines et de faïences, des papiers de toutes sortes, des écrins vides jonchent les planchers. Les tentures ont été arrachées des murs, les grands rideaux des fenêtres ; les garnitures de cheminée ont disparu. Les tableaux ont été retirés de leurs cadres ; certaines toiles anciennes, découpées près des bordures ; un portrait de famille a été crevé en plein visage. Dans les chambres, pas un lit n'est intact. Une chambre d'enfant est reconnaissable aux débris de jouets qui l'encombrent. Dans un couloir, un coffre-fort est renversé, ouvert par le fond.

Dans un hangar municipal se trouve un immense amas de meubles entassés les uns sur les autres et d'objets de toute espèce. Nous remarquons, parmi les objets amoncelés pêle-mêle, des tapis roulés, des pièces d'étoffe, des buffets, des pianos, des lits, des sommiers, des baignoires, des fauteuils et des chaises, des armoires sculptées, des livres reliés et jusqu'à des chasubles et ornements sacerdotaux provenant de l'archevêché. Aux deux extrémités du hangar se trouvent superposées, en quantité considérable, des balles de fibre de bois destinées à l'emballage ; au milieu, près de l'entrée, s'élève un énorme tas de sciure. »

D. — *Procès-verbal de constat dressé à* Saint-Quentin *par la Commission d'enquête.*

« L'an 1918, le 27 novembre, nous, membres de la Commission instituée par le décret du 23 septembre 1914, nous sommes transportés à Saint-Quentin (Aisne) et y avons fait les constatations suivantes :

Nous arrivons à Saint-Quentin par la route de La Fère. La ville est entièrement ravagée ; aucune des maisons qui bordent la place du Huit-Octobre n'est intacte. Le monument de la défense de 1870, par Barrias, est détruit : les statues, les bas-reliefs et jusqu'aux médaillons qui ornaient le socle ont été enlevés. Sur tout le parcours de la rue d'Isle, les immeubles et les hôtels ne présentent que des façades disloquées et branlantes. Il en est de même rue de la Sellerie. Là, plusieurs édifices ne forment plus que des tas de pierres et de briques. Autour de la grand'place, beaucoup de maisons sont anéanties ; toutes celles dont les murs tiennent encore sont affreusement dégradées. Du monument commémoratif du siège de 1557, on ne retrouve que le socle de pierre.

Le vieil hôtel de ville subsiste, quoique endommagé ; mais à l'intérieur, les tableaux, portraits et tapisseries ont disparu.

A travers les décombres de la rue Saint-André, nous nous dirigeons vers la Collégiale. Les façades des maisons sont crevées ; les portes et les fenêtres n'existent plus. L'œil plonge dans l'intérieur et n'y distingue que de rares débris informes d'objets mobiliers déchiquetés. Le spectacle est du reste identique dans tous les quartiers. Il est visible que la ville a été vidée de tout ce qu'elle contenait. Les usines, les fabriques ont été saccagées, et il n'en reste que les murs.

Devant la basilique, irrémédiablement mutilée, nous franchissons des monceaux de gravats, et, par une porte latérale, nous pénétrons dans la nef à demi effondrée. Au milieu de ces ruines, il est de toute impossibilité de faire le départ entre les effets du bombardement et l'œuvre de destruction méthodique. Nous relevons pourtant des traces non douteuses de vandalisme : aux grandes orgues, dont les hautes boiseries pendent encore au-dessus de la tribune, tous les tuyaux ont été arrachés ; sur chacun des piliers de la nef, et de place en place dans les murs, ont été pratiquées, à environ 1^m,50 du sol, des cavités mesurant approximativement 65 centimètres de profondeur sur 70 centimètres de hauteur et 40 centimètres de largeur, évidemment destinées à recevoir des explosifs. Il est d'ailleurs certain que des charges y ont été déposées, puis en ont été retirées ; car les cavités, d'abord obturées par un scellement, ont été ensuite rouvertes ; des restes de ciment, reconnaissables à leur couleur plus foncée que celle de la pierre, garnissent encore les bords de chaque ouverture.

Au cimetière, nous constatons que de très nombreuses sépultures ont été visitées ; les dalles de fermeture ont été soulevées ou brisées ; les caveaux sont béants. Dans certains, on aperçoit des débris de cercueils et des ossements. A quel mobile attribuer ces effractions ? Aucune affirmation n'est ici permise. Ce qui, en tout cas, est indéniable et significatif, c'est, d'une part, que les plus riches sépultures sont les plus maltraitées, et, d'autre part que les portes de presque toutes les chapelles ont été forcées par un procédé uniforme ; à chacune, sur le chambranle de gauche, la pierre est cisaillée, creusée, hachée à hauteur de la serrure ; celle-ci est martelée de coups et souvent le pêne est tordu par l'arrachement de la porte.

A l'Hôtel-Dieu, transformé en hôpital militaire, nous visitons les souterrains où sont inhumés, depuis une époque ancienne, les restes des religieuses de l'établissement. Dans une crypte, nous nous trouvons en présence d'un panneau qui recouvre douze sépultures, sous des plaques de marbre portant des inscriptions gravées. Nous remarquons que l'une de ces plaques a disparu, et qu'un cercueil en bois de chêne est visible ; une ouverture longue et étroite y a été pratiquée. Dans un caveau voisin, qui compte dix-neuf cases, neuf à droite, dix à gauche, six alvéoles ont été ouverts dans la partie gauche ; ils sont vides. A droite, une case a été fracturée ; le cercueil a été tiré sur le sol et brisé ; le corps a été sorti du cercueil en plomb, corps de femme qui paraît momifié. »

(Suivent les signatures.)

6. — Les destructions allemandes.

« Je crois que les Allemands n'ont pas la moindre idée de la terrible étendue des ravages infligés du fait de la guerre dans les pays alliés. Je vais donner quelques chiffres pour indiquer dans quelles mesures les dévastations ont été infligées.

21 000 usines ont été endommagées, dont 693 seulement en Prusse orientale. Les mines du nord de la France ont été détruites, il faudra dix ans ou plus pour les rétablir. La totalité des usines métallurgiques, électriques et mécaniques dans les régions dévastées a été simplement balayée, 4 000 usines dans l'industrie textile, 4 000 dans l'industrie alimentaire ont été détruites ou dépouillées de leurs installations, qui ont été ou bien emmenées en Allemagne, ou détruites sur place.

Voici ce que les Allemands ont détruit en France : 1 699 communes entièrement détruites ; 707 communes détruites pour les trois quarts ; 1 656 ont au moins 50 p. 100 de destruction ; 319 269 maisons complètement détruites ; 313 675 maisons partiellement détruites : 20 603 usines détruites ; 7 985 kilomètres de voies ferrées ; 4 875 ponts ; 12 tunnels ; 52 754 kilomètres de routes ; 3 800 000 hectares de terrain qui devraient être remis en condition et sur lesquels 1 740 000 hectares étaient du terrain cultivé ; enfin, réduction de 50 p. 100 de la production totale en minerai de la France, 21 millions de tonnes de charbon, au lieu de 42 millions.

» Une grande partie de ces dévastations ont été causées par les bombardements ou les opérations de guerre. Mais une quantité incroyable de dommages ont été causés de propos délibéré, dans le dessein de détruire les moyens essentiels de production, aussi bien en France qu'en Belgique. Pour employer les paroles mêmes du général von Bissing, à la première réunion de la mission économique allemande en Belgique, le 19 juin 1915, l'objet de cette destruction était d'empêcher que l'industrie renaissante de la Belgique ne porte tort à l'industrie allemande. De grandes usines ont été systémati-

quement détruites, des machines ont été mises en pièces, quelquefois de l'outillage essentiel et compliqué, qu'il faudrait longtemps pour replacer, a été enlevé. On a fait sauter à la dynamite des ponts, des fondations de béton armé, ainsi que des hauts fourneaux ; des appareils ont été détruits à la flamme d'oxyhydrogène, uniquement afin de mutiler les industries françaises et belges et de les mettre dans l'impossibilité de lutter contre les industries allemandes quand la guerre serait finie.

Je peux fournir à la délégation allemande un grand nombre de cas de cette espèce. Il y a des cas où les installations de machines ont été simplement démolies afin de fournir du métal à l'Allemagne. Un grand nombre de mines du nord de la France ont été détruites en vue de les mettre dans l'impossibilité de travailler pendant de longues années. Et cela non pas par le bombardement, mais du fait d'une destruction délibérée et systématique. Les machines, dans beaucoup des usines de l'industrie textile, étaient ou bien détruites, ou déplacées de leurs installations essentielles.

Voici, par exemple, le cas de l'industrie linière, qui a été, en fait, rasée par la destruction de toutes les machines, de sorte que l'Allemagne qui, avant la guerre, ne produisait que 8 p. 100 de ses besoins en lin, a pu se fournir elle-même dans la proportion de 50 p. 100, grâce à des machines enlevées aux usines, tandis que la France n'a plus aucune production depuis deux ans. Prenons maintenant le cas des hauts fourneaux et des laminoirs de Belgique. On les a fait sauter à la dynamite. On a laissé l'emplacement en ruines, de façon que, lorsque la guerre serait finie, il faille à l'industrie belge des années pour pouvoir entrer en compétition avec l'Allemagne. Je pourrais fournir bien d'autres cas où les industries de la Belgique et de la France ont été mises systématiquement hors d'état de servir.

D'autre part, les maisons de l'Allemagne, avec relativement peu d'exceptions dans la Prusse orientale, n'ont souffert aucun dommage et les usines d'Allemagne sont intactes. Du jour où la guerre fut finie, elles ont été libres de se livrer à la fabrication de leurs produits et de les vendre au monde, tandis que leurs rivaux voyaient leurs ateliers détruits, leurs machines enlevées ou démolies.

Par conséquent, à moins que l'Allemagne n'exécute les réparations, on peut dire que ce seront les vainqueurs qui payeront les dommages et les vaincus qui récolteront les fruits de la victoire.

J'apprends par le ministre de Belgique, qui est présent, que la destruction des usines par les Allemands a été portée à un tel point que l'armée allemande a déporté 150 000 ouvriers belges en Allemagne, sous le prétexte qu'ils étaient des chômeurs.

Mais cela ne représente pas tous les dommages causés par la guerre provoquée par le gouvernement impérial allemand. Je ne donne pas les chiffres pour l'Italie et pour la Grande-Bretagne ; je donne seulement ceux-ci comme exemple. Il y a la destruction de la marine marchande : pour la Grande-Bretagne, 8 millions de tonnes ont été envoyées au fond de la mer.

» Mais ce résumé est incomplet, si l'on pense aux plus poignantes et dévastatrices pertes infligées aux pays alliés en morts et mutilés. La France a perdu 1 400 000 hommes et doit servir des pensions à 3 500 000 personnes. L'empire britannique a perdu un million d'hommes et les mutilés auxquels il doit servir des pensions sont au nombre de 1 700 000.

Je n'ai pas par devers moi les chiffres pour l'Italie et la Belgique. Ces pertes représentent non seulement une perte en forces et en richesses pour la production du pays, mais un lourd fardeau annuel sur les ressources du pays pour venir en aide aux veuves et aux mutilés qui ne peuvent subvenir à leurs besoins. La France et la Grande-Bretagne supportent chacune un fardeau annuel qui représente à peu près trois fois le montant total du payement annuel que l'Allemagne offre à présent pour faire face aux réparations de toute espèce.

. . . .

(Réponse des Alliés aux contre-propositions allemandes et dont lecture fut donnée par M. Lloyd George à la Conférence de Londres, le 3 mars 1921.)

7. — La responsabilité de l'Allemagne.

« Nous n'affirmerons jamais assez la responsabilité de l'Allemagne. Pour les générations à venir, il faut clamer sans cesse que nous avons été victimes du plus monstrueux des attentats. Il est acquis désormais que le gouvernement impérial a voulu la guerre par soif de conquête. Les protestations d'un peuple qui cherche à éluder les responsabilités à l'heure du règlement de comptes ne pourront rien contre la vérité historique.

Mais c'est la grande faiblesse de la France, si cela fait sa grandeur morale, de se montrer parfois généreuse à l'excès, et, fidèle à ses traditions de droiture chevaleresque et loyale, de ne pas croire à l'existence chez les autres de la félonie et de la mauvaise foi qu'elle rougirait de pratiquer. L'ennemi d'hier connaît cette faiblesse et il en joue ; il emploie toutes les ruses de la kultur germanique à persuader le monde qu'il est hors d'état d'acquitter sa dette. Or les faits contredisent ses affirmations audacieuses ; l'Allemagne s'est relevée, ses usines produisent ; ses sociétés distribuent à leurs actionnaires de fructueux dividendes et le contribuable allemand est bien loin de payer ce que paye le contribuable français. Ne soyons pas dupes ; que le coupable s'exécute ou nous l'exécuterons.

Nous attendons chez tous les gouvernements de l'Entente l'unité de vues, l'accord durable qui permettront de vaincre définitivement la résistance d'un débiteur qui répudie cyniquement sa dette et se dérobe à tous ses engagements.

Notre grand pays triomphera de toutes les épreuves, mais la défaillance de l'Allemagne aurait de plus terribles conséquences qu'un désastre financier. Elle constituerait un insolent défi à l'idée de justice, un encouragement à tous les crimes, crimes des nations et des individus ; elle signifierait qu'une nation de proie peut impunément déchaîner sur le monde le plus effroyable des conflits, faire tuer des millions d'êtres humains, piller, brûler, détruire, semer partout la désolation et la mort. Cela n'est pas possible et cela ne sera pas. Personne n'étouffera la voix de la justice. »

RAOUL PÉRET,
Président de la Chambre des députés.
(Discours prononcé dans les Deux-Sèvres, à Melle, le 3 avril 1921.)

8. — Le relèvement des Régions Dévastées.

« L'honorable M. Ribot a rendu aux admirables habitants de nos régions dévastées un hommage auquel je m'associe pleinement. Il l'a fait en s'élevant avec indignation contre cette note du Dr Simons à l'Amérique, qui tend à représenter la France comme spéculant sur sa plaie, se plaisant à l'envenimer, à l'étaler aux yeux du monde, pour entretenir la haine dans son sein et pour essayer de la proroger chez les autres. Il y a des chiffres, des faits que nos amis de tous les pays, que nos amis de l'Amérique doivent connaître.

On prétend que, après avoir spéculé sur leur détresse, ces populations ont déserté, et qu'elles sont parties sans aucun esprit de retour. Mais les chiffres sont éclatants et n'ont pas besoin d'être enveloppés de formules sonores pour se faire accepter par tous les gens sans parti pris.

En 1914, la population des régions dévastées était de 4 700 000 habitants ; à l'armistice, elle était tombée à 1 950 000 habitants ; à la date du 1er avril, elle était remontée à 4 100 000 habitants. C'est, à 600 000 près, son chiffre d'avant-guerre.

Quelle chose admirable et quelle satisfaction de constater cette confiance des Français qui ont été si profondément troublés dans leur vie, menacés dans leurs intérêts, ravagés dans leur pays et qui, presque au lendemain de la guerre, au milieu des ruines encore fumantes, sans toit pour les abriter, sans rien de sérieux, de confortable pour les aider dans leur travail, reviennent au sol natal ! Partis 4 700 000, les voilà 4 100 000 revenus avec la volonté de travailler en pleine confiance dans l'avenir.

Mais, messieurs, ce n'est pas tout. Nous n'avons pas fait d'efforts pour réparer nos désastres ? Quelle calomnie !

D'abord, au milieu de nos difficultés financières particulières, des sacrifices qu'elles imposent à notre pays et qu'il porte si allègrement, quoique avec tristesse, car c'est une injustice, c'est nous qui sommes obligés de faire les avances à notre débiteur, qu'avons-nous fait ?

Sur tant de surfaces cultivables, ravagées jusque dans leurs entrailles, sur ce sol culbuté par les obus et presque dénaturalisé, qu'ont fait nos paysans après tant de souffrances supportées pendant la guerre ?

Revenus, abrités derrière des murs noircis, n'ayant pas d'étables pour leur bétail, pour leurs chevaux, se nichant là où ils peuvent, qu'ont-ils déjà obtenu à l'heure actuelle ? Sur la totalité, 95 p. 100 de surface nivelée ; — sur la totalité, 80 p. 100 labourés, produisant. Voilà ce qu'a fait le paysan français des régions dévastées !

Et dans l'industrie ! Malgré la difficulté des payements par l'État, malgré l'incertitude de la situation, malgré les déceptions qui se succèdent depuis deux ans de mois en mois, après l'espoir d'un payement de l'Allemagne, l'ajournement, ensuite, de nos espérances, au milieu de tout cela, sur la totalité de nos usines, de nos industries dans les régions dévastées, 50 p. 100 ont été remises sur pied. Et, si le système financier français, si notre système bancaire n'était pas alourdi par la situation générale, c'est plus de 50 p. 100 de nos usines qui auraient repris leur essor dans nos régions dévastées.

Ce n'est pas tout. Savez-vous combien de kilomètres de chemins de fer avaient été détruits? 2 404 kilomètres. Et savez-vous combien ont été réparés : 99,5 p. 100, c'est-à-dire la quasi-totalité.

2 400 ponts avaient été détruits. 80 p. 100 sont refaits.

Voilà, messieurs, l'effort accompli par la France par ses propres moyens. »

(Extrait du discours prononcé au Sénat, le 6 avril 1921, par M. Aristide Briand, président du Conseil.)

9. — La situation après la première Conférence de Londres.

« Après la conférence de Londres, après la rupture des conversations entre l'Allemagne et les Alliés, quelle est la situation?

Les accords précédents : Boulogne, Spa, Bruxelles, puis Paris, avaient été une tentative de concordat avec le débiteur, destinée à être substituée au traité de Versailles, à l'esprit duquel ce concordat n'était du reste pas étranger.

N'ayant pas été accepté par le débiteur, il ne reste plus que le traité de Versailles. Nos alliés l'ont si bien compris — comme nous-mêmes — qu'aussitôt après le retour de Londres, la commission des réparations a fonctionné ; elle s'est mise à sa tâche, elle a rempli le premier objet de sa mission, c'est-à-dire sommer l'Allemagne d'avoir à payer le reliquat des 20 milliards qui devaient être versés avant le 1er mai et lui indiquer déjà le premier versement qu'elle aura à faire.

La commission des réparations a, par conséquent, commencé à remplir sa fonction. On peut dire que le traité de Versailles joue. Et nous, les Alliés, quelle est notre position, les uns vis-à-vis des autres? Nous avons arrêté des sanctions. Deux de ces sanctions ont un caractère économique : l'une proposée par nos amis et alliés anglais, c'est la sanction des 50 p. 100 ; vous aurez bientôt l'occasion de discuter le projet français qui a été déposé sur le bureau de la Chambre et qui sera soumis à vos délibérations.

L'autre, c'est la saisie des douanes, dans la région occupée, et l'établissement du cordon douanier entre la Rhénanie et l'Allemagne.

Ensuite, il y a les positions militaires que nous avons prises. Elles contrôlent une grande partie du charbon de la Ruhr, et, par elles, les Alliés, s'ils le voulaient, ont entre les mains des possibilités de taxes qui pourraient donner des résultats.

Enfin notre situation, à l'heure actuelle, est entièrement éclaircie. L'Allemagne avait tenté de nous dissocier ; elle ne l'a pas pu. Elle nous trouve étroitement soudés les uns aux autres.

Nous, la France, nous tenons maintenant dans la main notre sentence revêtue de la formule exécutoire : c'est le traité de Versailles.

Le 1er mai, il ne sera plus possible à l'Allemagne de tergiverser ; sa carence sera juridiquement constatée sur tous les points : désarmement — ce qui reste à faire du désarmement — châtiment des coupables, payement des 20 milliards, avec une signification de sa dette totale et l'indication des annuités fixées par la commission des réparations.

Ainsi notre position sera très simple ; nous dirons à nos alliés : voilà l'Allemagne en pleine mauvaise foi, constatez ; nous voici, nous, comme un créancier, d'après le droit commun, qui n'est pas différent quand il s'agit des nations de ce qu'il est quand il s'agit des individus.

Nous voici avec notre titre de créance ; il y a une formule exécutoire. Si le débiteur se dérobe, le créancier a le droit d'exercer une coercition. »

(Extrait du discours prononcé au Sénat, le 5 avril 1921, par M. Aristide Briand, président du Conseil.)

10. — La deuxième Conférence de Londres.
(Avril-Mai 1921.)

Total de la dette allemande fixé par la Commission des Réparations : 132 milliards de marks-or.
Part de la France : 68 milliards.

LES CONDITIONS ET LES GARANTIES FINANCIÈRES

Le 5 mai, à 10 heures, la Conférence de Londres a tenu sa dernière séance. Les délégués alliés ont successivement signé la déclaration qui énumère les manquements de l'Allemagne à ses obligations et les sanctions prises contre elle, et aussitôt après, M. Lloyd George remettait ce document capital à M. von Sthamer, ambassadeur d'Allemagne.

Voici le texte de cette déclaration :

Les puissances alliées, constatant que, malgré les concessions successives aites par les Alliés depuis la signature du traité de Versailles, et en dépit des avertissements et des sanctions décidées à Spa et à Paris, comme des sanctions notifiées à Londres et appliquées depuis, le gouvernement allemand manque à remplir les obligations qui lui incombent, aux termes du traité de Versailles, en ce qui concerne :

1º Le désarmement ;

2º Le versement de 12 milliards de marks-or, échu le 1ᵉʳ mai 1921, aux termes de l'article 235 du traité, et que la commission des réparations l'a déjà sommé de payer à cette date ;

3º Le jugement des coupables, dans les conditions où il a été à nouveau stipulé par les notes alliées des 13 février et 17 mai 1920 ;

4º Certaines autres questions importantes, et notamment celles que posent les articles 264 à 267, 269, 273, 321, 322 et 327 du traité ;

Décident :

A. De procéder, dès aujourd'hui, à toutes mesures préliminaires nécessaires à l'occupation de la vallée de la Ruhr par les forces alliées sur le Rhin, dans les conditions prévues au paragraphe D ;

B. D'inviter, conformément à l'article 233 du traité, la commission des réparations à notifier au gouvernement allemand, sans délai, les époques et les modalités de l'acquittement par l'Allemagne de l'intégralité de sa dette et d'annoncer sa décision sur ce point au gouvernement allemand, le 6 mai au plus tard ;

C. De sommer le gouvernement allemand de déclarer catégoriquement, dans un délai de six jours, à dater de la réception de la décision ci-dessus, sa résolution :

I. *D'exécuter sans réserves ni conditions ses obligations telles qu'elles sont définies par la commission des réparations ;*

II. *D'accepter et de réaliser sans réserves ni conditions, à l'égard de ses obligations, les garanties prescrites par la commission des réparations ;*

III. *D'exécuter sans réserves ni retard :*

Les mesures concernant le désarmement militaire, naval et aérien, notifiées au gouvernement allemand par les puissances alliées, par leur lettre du 29 janvier 1921 ;

Les mesures d'exécution déjà venues à échéance étant complétées sans délai, les autres devant être réalisées aux dates fixées.

IV. *De procéder sans réserve ni retard au jugement des criminels de guerre, ainsi qu'à l'exécution des autres parties du traité n'ayant pas encore reçu satisfaction et dont il est question dans le premier paragraphe de la présente note.*

D. De procéder, le 12 mai, à l'occupation de la vallée de la Ruhr et de prendre toutes autres mesures militaires et navales, faute par le gouvernement allemand d'avoir rempli les conditions ci-dessus.

Cette occupation durera aussi longtemps que l'Allemagne n'aura pas exécuté les conditions énumérées au paragraphe C.

M. Briand prit la parole pour remercier M. Lloyd George d'avoir présidé les délibérations avec son autorité habituelle, puis il ajouta :

Nous avons traversé des moments difficiles et parfois angoissants, mais finalement, grâce à l'ingéniosité de nos amis belges, à l'esprit de conciliation du comte Sforza, à la droiture du représentant japonais, nous avons traversé la bourrasque et pu conduire le navire à bon port. Je suis heureux de voir que les coups de mer n'ont pas emporté l'équipage. Il en sera toujours ainsi tant que nous resterons unis.

La solidarité interalliée sort de cette conférence encore renforcée. Nous regretterons de devoir employer la contrainte, mais nous sommes convaincus que, devant la volonté unanime des Alliés, l'Allemagne comprendra qu'elle doit s'exécuter.

M. Lloyd George remercia le Président du Conseil français de ses paroles.

Nous pouvons espérer, dit-il, que le navire, non seulement arrivera à bon port, mais qu'on pourra y embarquer une bonne cargaison. Mon collègue français a montré, une fois de plus, dans cette négociation, qu'il avait le pied marin. Il y a eu des moments difficiles, orageux même ; mais nous sommes des marins expérimentés. Je suis convaincu que nous touchons au but. Nous avons tous raison de nous féliciter d'être venus à bout de difficultés qui paraissaient, au premier abord, insurmontables.

Il est facile de comprendre, ajouta le premier ministre britannique, que des divergences se soient manifestées : elles proviennent de la différence de nos deux opinions publiques et de nos deux situations. L'Angleterre se sent protégée de tout danger extérieur par la mer ; l'Italie est défendue par les Alpes ; le Japon a pour rempart toute l'étendue de l'Asie et l'Océan Pacifique. Vous, Français, vous n'avez que la barrière du Rhin. Aussi nous ne sommes pas surpris que vous ayez par moments de graves inquiétudes.

Mais les différences de perspective dont je parle n'ont pu nous empêcher de nous entendre, car cette entente, nous en sommes convaincus, est la base indispensable de la paix et de la sécurité de l'Europe.

11. — La réponse du Gouvernement allemand à l'ultimatum des Alliés.

« Berlin, 10 mai 1921.

En vertu de la décision du Reichstag, je suis chargé de déclarer ce qui suit, au nom du nouveau gouvernement, relativement à la décision des puissances alliées, du 5 mai 1921.

Le gouvernement allemand est décidé :

1º A remplir, sans conditions, ni réserves, ses obligations telles qu'elles sont fixées par la commission des réparations ;

2º A accepter et à réaliser, sans conditions ni réserves, les mesures de garanties prescrites par la commission des réparations, au point de vue de ces obligations ;

3º A exécuter sans réserves ni retard les mesures en vue du désarmement sur terre, sur mer et dans les airs, qui ont été notifiées par la note des puissances alliées du 21 janvier 1921 ; les mesures dont l'exécution est en retard devront être exécutées immédiatement, les autres dans les délais prescrits.

4º A procéder, sans réserves ni retard, au jugement des coupables de guerre et à l'exécution des stipulations du traité mentionnées dans la première partie de la note des gouvernements alliés du 5 mai 1921.

Je vous prie de porter sans retard cette déclaration à la connaissance des puissances alliées.

WIRTH,
Chancelier d'Allemagne. »

12. — Au Soldat inconnu.

« Pauvre petit soldat inconnu, qui dors ici ton dernier sommeil, poilu de France obscur et glorieux, cher enfant de la patrie si chère, tu ne seras pas tombé en vain. Vainqueur de la plus juste cause, nous t'avons enterré sous le monument de la plus grande gloire, pour te vouer un culte où s'unissent tous nos cœurs. Ils seront dignes de toi, qui fus digne de la victoire, s'ils s'arment de volonté, de constance et de foi pour assurer à la France la sécurité de la paix réparatrice que lui ont rapportée, il y a deux ans, en passant sous l'arc du grand empereur, les grands soldats de la République !... »

(Extrait du discours prononcé le 5 mai 1921, par M. Louis Barthou,
ministre de la Guerre.)

CONCLUSION

La guerre a jeté dans le monde un trouble général dont
nous supporterons les conséquences pendant longtemps. Le
bouleversement des fortunes, les charges de l'État accrues
dans des proportions considérables, les conditions du travail
changées, la vie chère provoquée par l'absence de production
pendant quatre ans et une consommation effrénée, un affai-
blissement de la moralité, posent chaque jour des problèmes
inquiétants qui ne pourront être résolus que par de nouveaux
sacrifices.

La France, plus que tous les autres pays, sort meurtrie de
la tourmente. Sa souffrance est incalculable.

Qu'on se souvienne de ce que fut, pendant quatre ans, la
vie de nos soldats! 1 500 000 morts attestent devant le monde
l'étendue de notre sacrifice. De nombreux mutilés, des malades,
pendant de longues années, rappelleront à ceux qui seraient
tentés de l'oublier, qu'on ne supporte pas impunément les dangers et les fatigues de la guerre, la vie dans la boue des tranchées, les nuits sans sommeil, la tension continuelle et absolue
de tout l'être au moment du combat.

Qu'on se souvienne de ce que fut la vie des malheureuses
populations des régions occupées par l'ennemi. Avec un admirable stoïcisme, elles surent garder toute leur foi patriotique
et, en attendant avec confiance l'heure de la délivrance, elles
supportèrent avec une patience résignée, mais fière, toutes les
vexations, toutes les brutalités, toutes les souffrances physiques
et morales que l'Allemand leur imposa pour augmenter ses
propres ressources ou pour ébranler leur amour de la France et
leur foi en la victoire.

Qu'on regarde enfin l'étendue des destructions qui meur-
trissent nos départements du Nord et de l'Est. Des villes

en partie détruites, Verdun, Reims, Soissons, Saint-Quentin, Arras, Amiens, des bourgs rasés, des campagnes désolées, où le terrain bouleversé cache à chaque pas le danger d'engins de guerre non éclatés et où le fer de la charrue se heurte à des organisations défensives profondes, voilà le spectacle poignant qu'offre à nos yeux le champ de bataille de la grande guerre. La mort, les deuils, la dévastation, les souffrances, les ruines, tel est le résultat de la guerre qui nous fut imposée par Guillaume II et par l'Allemagne.

Ne l'oublions pas et sachons trouver dans l'étendue de nos ruines, dans le souvenir de nos malheurs, avec la haine de la guerre, la volonté de travailler, dans l'union de tous, à refaire une France plus grande et plus belle. Les indemnités que payera l'Allemagne ne peuvent suffire à remédier à tous nos maux. Elles pourront tout au plus réparer le désastre de nos départements ruinés et payer les pensions des veuves, des orphelins, des mutilés. Il faut que chacun consente à sacrifier un peu de son bien-être, s'astreigne à donner à l'État le concours de son économie et de son travail. Par le retour de l'Alsace et de la Lorraine à la France, la douleur de 1871 est effacée. Avec la même ardeur que nous avons mise à combattre l'envahisseur, tout en gardant les forces nécessaires à nous faire respecter, portons tous nos efforts, dans la paix si chèrement achetée, à maintenir l'union entre tous les Français, à travailler de toute notre âme au relèvement de notre pays.

TABLE DES MATIÈRES

PREMIÈRE PARTIE

Les Origines lointaines de la guerre. — Les Causes immédiates. — Le Prétexte.

CHAPITRE PREMIER. — *L'Allemagne a voulu la guerre.*

DEUXIÈME PARTIE

La Guerre.

CHAPITRE II. — *Les forces en présence. — 1914 : la guerre de mouvement. — La victoire de la Marne.*

TROISIÈME PARTIE

La Victoire des Alliés. — L'Europe nouvelle.

DOCUMENTS ET LECTURES.

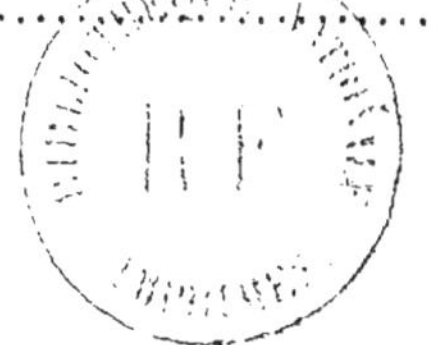

IMPRIMERIE CENTRALE DES CHEMINS DE FER

IMPRIMERIE CHAIX, 20, RUE BERGÈRE, PARIS. — 26532-12-24. — (Encre Lorilleux).